NEGÓCIOS E ÓCIOS

BORIS FAUSTO

NEGÓCIOS E ÓCIOS
Histórias da imigração

2ª edição

COMPANHIA DAS LETRAS

Copyright © 1997 by Boris Fausto

Capa:
warrakloureiro

Preparação:
Marcos Luiz Fernandes

Revisão:
Eliana Antonioli
Cecília Ramos

Dados Internacionais de Catalogação na Publicação (CIP)
(Câmara Brasileira do Livro, SP, Brasil)

Fausto, Boris, 1930-

Negócios e ócios / história da imigração / Boris Fausto.
— São Paulo : Companhia das Letras, 1997.

ISBN 978-85-7164-669-8

1. Família Fausto 2. São Paulo (SP) — Emigração e imigração 3. São Paulo (SP) — História I. Título.

97.2081   CDD-929.2

Índices para catálogo sistemático:
1. Fausto : Família : Histórias   929.2
2. Família Fausto : Histórias   929.2
3. Histórias familiares : Biografia   929.2

2011

Todos os direitos desta edição reservados à
EDITORA SCHWARCZ LTDA.
Rua Bandeira Paulista, 702, cj. 72
04532-002 — São Paulo — SP
Telefone: (011) 3707-3500
Fax: (011) 3707-3501
www.companhiadasletras.com.br
www.blogdacompanhia.com.br

SUMÁRIO

Introdução 7

1. Turquia e Sefarad 11
2. Da Europa central à América 46
3. Imigrantes em São Paulo 63
4. Bairros paulistanos e o Triângulo 97
5. Tempos angelicais? 127
6. Colégio Mackenzie 196
7. Final da história 219

NEGÓCIOS E ÓCIOS

Mapa parcial da Europa, por volta de 1914. Veja-se a região Bukovina (Império Austro-Húngaro), de onde é proveniente a famí[lia] paterna do autor, e o Império Otomano (hoje Turquia), de on[de] provém sua família materna.

INTRODUÇÃO

O texto que o leitor tem em mãos é uma história familiar na qual, a partir de certa altura, o narrador aparece como uma das figuras centrais. Desse modo, o texto participa, ao menos em parte, de um gênero que os historiadores franceses batizaram, com felicidade, de "ego-história".

Até que ponto faz sentido publicar um escrito desse tipo? A memória familiar, quando se destina à esfera privada, não necessita, a rigor, de justificação. Ela obedece ao impulso de um membro de um grupo e tem por objetivo fixar lembranças comuns, em que avulta a presença dos ascendentes. Para o pequeno círculo a que se dirige, uma narrativa familiar não é uma micro e sim uma macro-história. Como demonstram depoimentos recolhidos por Ecléa Bosi em *Memória e sociedade*, na memória dos velhos, o nascimento de um filho, a morte prematura de um parente ou mesmo mudanças de residência de uma rua para outra são mais significativos do que os chamados grandes acontecimentos.

A meu ver, a busca de uma audiência mais ampla para um escrito do gênero da "ego-história" se justifica quando ele combina as esferas pública e privada; ou seja, quando a narrativa se insere de algum modo em um universo coletivo, dizendo respeito a uma etnia, a uma nação, a uma classe social etc.; e também quando as relações internas entre os membros da família ajudam a iluminar um quadro cultural mais amplo, dizendo respeito ao modelo familiar de uma sociedade.

Meu filho antropólogo Carlos Fausto foi quem me incentivou e me sugeriu existir em minha história familiar uma combinação de ingredientes exemplares e ao mesmo tempo específicos, merecedores de se tornarem públicos. Acabei me convencendo de sua argumentação, ao perceber a possibilidade de elaborar uma narrativa que, se bem-sucedida, poderia ampliar um pouco o conhecimento da micro-história da imigração, da cidade de São Paulo da década de 20 até o início dos 50, do mundo dos negócios do café, da socialização escolar etc. Percebi ainda que a narrativa teria a possibilidade de suscitar no leitor uma reflexão sobre temas como o modelo de relações familiares — a partir de um tipo de família hoje em crise — ou sobre a transmissão de conhecimento e de valores, ou seu bloqueio, de uma geração para outra.

A narrativa procura cingir-se ao modelo da história, pelo menos da história como eu a entendo, e isso significa evitar a ficção. A tentação ficcional era forte, entre outras razões, por eu não estar lidando com famílias de elite, dessas que têm árvores genealógicas bem definidas, diários e anotações à disposição de quem queira utilizá-los. Na hierarquia social, meus personagens não vão além da classe média, de uma classe média que se deslocou no espaço, deixando para trás os traços escritos de sua existência.

Afora as poucas cartas conservadas, restaram apenas de minha família retratos das pessoas e, em medida muito menor do que eu desejaria, retratos de locais de trabalho. Disso resulta que não pude preencher muitas lacunas de fatos apenas aflorados, de datas, de vivências. Preferi descartar a ficção, não porque o recurso não me atraia, mas por me parecer que, no caso, levaria a um produto híbrido, algo enganoso. Nessa linha, achei melhor especular algumas vezes sobre idades de personagens e manter o caráter fragmentário de alguns relatos. Essa opção é, em si mesma, indicativa do quanto se perde e de quanto se recria na passagem de uma geração para a outra e, ainda mais, na longa duração das gerações.

Falo deliberadamente em "recriar" pois, se tratei de passar ao largo da ficção, não procurei escrever uma micro-história "objetiva". A esse respeito, é preciso levar em conta que a narrativa se apóia em minha memória e, em alguma medida, na de pessoas que me são próximas, quase todas pelo parentesco. Não só todos nós cometemos equívocos ao reconstruir o passado familiar, como de algum modo "inventamos" esse passado, a partir da perspectiva do presente. Além disso, convém lembrar que as lembranças citadas são também veículo de outras lembranças, de antepassados e amigos já mortos. O veículo não é neutro, impregnando também as histórias ouvidas, com sua própria elaboração.

Embora este livro tenha como base a memória e não a multiplicidade de fontes, devo citar alguns autores que foram relevantes para a sua realização. Uma parte do texto tem um pano de fundo histórico sumário que me pareceu indispensável ao entendimento da narrativa. Para compô-lo utilizei como livro geral o de Paul Johnson, *A History of the Jews* (Londres, Phoenix, 1995). As referências à presença dos judeus sefaradis na Espanha até a expulsão ocorrida em 1492 baseiam-se principalmente em Béatrice Leroy, *L'Aventure séfarade* (Paris, Flammarion, 1991) e Howard M. Sachar, *Farewell España* (Nova York, Vintage Books,1995). Para a presença dos sefaradis no Império Otomano, utilizei sobretudo Bernard Lewis, *Judeus do Islã* (Rio de Janeiro, Xenon Ed., 1990); Stanford Shaw, *The Jews of the Ottoman Empire and the Turkish Republic* (Londres, MacMillan, 1991); e Harvey E. Goldberg (ed.), *Sephardi and Middle Eastern Jewries* (Bloomington, Indiana University Press,1996). Com relação aos últimos tempos dos sefaradis no Império, obtive dados básicos em Paul Dumont, *Mustafa Kemal, 1919-1924* (Bruxelas, Editions Complexe, 1983). Para escrever a parte referente aos judeus no Império Austro-Húngaro, me baseei principalmente no livro de William O. McCraig, *A History of Habsburgs Jews, 1670-1918* (Indiana University Press, 1989). A parte relativa a Buenos Aires reconstrói algo da fisionomia urbana com base em James R. Scobie, *Buenos Aires: plaza to suburb,1870-1910* (Nova York, Oxford University Press, 1974). A descrição das redes de prostituição e da luta contra o tráfico de escravas brancas em Buenos Aires baseia-se em Donna J. Guy, *Sex and Danger in Buenos Aires* (University of Nebraska Press, 1995).

Obtive dados sobre religião e costumes judaicos na *Enciclopédia judaica*, editada em vários volumes, em Jerusalém.

As informações sobre a constituição do Colégio Mackenzie foram extraídas de Benedicto Novaes Garcez, *O Mackenzie* (São Paulo, Casa Editora Presbiteriana, 1970).

Devo ainda mencionar como trabalhos inspiradores os de Edgard Morin, *Vidal et les siens* (Paris, Seuil, 1989), e de Pierre Vidal-Naquet, *Mémoires* (vol. 1, Paris, Seuil, 1995). O livro de Morin, entre outros méritos, evitou que eu generalizasse para o conjunto dos judeus do Império Otomano uma experiência familiar com marcas próprias. Em um plano bem mais próximo, utilizei referências do livro de Helena Salem, *Entre árabes e judeus* (São Paulo, Brasiliense, 1991).

Dentre as pessoas que me ajudaram com indicação de livros, destaco Dulce de Lima Salem e meus colegas Roberto Grün e Oswaldo Truzzi. Foram muito úteis também as conversas que mantive com um minucioso conhecedor da velha São Paulo, Antônio Varella Junqueira de Almeida.

Cynira Stocco Fausto leu uma primeira versão do manuscrito e fez observações fundamentais para a revisão do texto. Os depoimentos de meus primos Alberto Mordoh, Maurício Salem, Samuel Levy Salem, Vidal Salem e Vidal Levy Salem, assim como de Alberto Nahum, foram importantes para a elaboração do livro e para a retomada de um convívio. Os primeiros emprestaram também várias fotos familiares de que não dispunha. Agradeço a todos eles por essa contribuição. Por último, registro um agradecimento especial a Luiz Schwarcz e Heloisa Jahn, pelo cuidado da leitura, sugestões, e pela publicação do texto.

Como sempre, vale a velha fórmula. O produto final é de minha responsabilidade, com eventuais virtudes e defeitos.

1

TURQUIA E SEFARAD

O FIM DE UMA ÉPOCA

As mulheres, sentadas em círculo, bordam bandeiras turcas, gregas, francesas e até inglesas, a partir das páginas coloridas do *Petit Larousse illustré*. Não se trata de nenhuma comemoração. Pelo contrário, trata-se de cobrir todo o leque de opções, em um tempo de terrível confusão, de rumores amplificados pela ausência de informações seguras.

Bordando as várias bandeiras, as mulheres da pequena comunidade de judeus sefaradis de Ourla antecipam a entrada na cidade de tropas de um daqueles países, nesse mês de agosto de 1922. Ourla quase não aparece nos mapas. É uma pequena cidade turca banhada pelo mar Egeu, a quarenta quilômetros de Esmirna, esta sim um grande centro urbano.

Com a aproximação das tropas, chega também a notícia de que os turcos estão ocupando a cidade, liderados por Mustafá Kemal, cognominado Ataturk, aproximativamente "pai dos turcos". Para os "turquinos" — como os sefaradis da Turquia se denominavam —, Kemal nunca seria Mustafá e muito menos Ataturk. Ele era Kemal Pachá, combinação do nome de família com as denominações funcionais do Império Otomano.

A notícia não era boa. Seria preferível que fossem os gregos, já instalados no país, de comportamento conhecido, para não falar dos franceses, opção tão desejada, como portadores do ponto mais alto da civilização ocidental.

Não é que os "ourlali" desconhecessem os turcos. Pelo contrário, tinham convivido com eles ao longo de vários séculos, de forma relativamente tranqüila, se comparada com a história dos judeus de outras regiões do mundo. Mas agora os turcos tomavam, ou melhor retomavam toda a costa da Turquia, partindo do interior da Anatólia, em uma guerra de libertação nacional contra os invasores gregos.

Após a Primeira Guerra Mundial, em que a Turquia se colocara ao lado da Alemanha e do Império Austro-Húngaro, e fora portanto derrotada, a Grécia ocupara o país, impondo aos turcos um humilhante domínio. Que fariam os turcos na sua grande revanche contra as populações minoritárias, não obstante o discreto comportamento dos sefaradis durante a ocupação? Era preciso, porém, abafar preferências e, mais do que isso, queimar vestígios comprometedores. As bandeiras gregas, francesas e inglesas consumiram-se nas chamas, embora a queima do pavilhão tricolor despertasse a sensação incômoda que despertam os sacrilégios. O essencial não era, porém, insistir em simpatias nacionais, que poderiam custar a vida, mas garantir a sobrevivência da família e, se possível, da comunidade.

Ao entrar em Ourla, no início de setembro de 1922, as tropas de Kemal Pachá, com seu cortejo de camelos, de mulas, de carroças puxadas a búfalo, de caminhões e automóveis sacolejantes, contemplam, pendendo das casas dos sefaradis, a bandeira turca onde brilha a lua branca, acompanhada de duas estrelas — uma maior e outra menor —, estampadas sobre um fundo vermelho. Pouco antes de se completar a tomada da cidade pelas tropas turcas, uma notícia tranqüilizadora percorrera a comunidade sefaradi. O "grão-rabino" de Constantinopla firmara um acordo com as autoridades turcas, pelo qual as vidas e as propriedades dos judeus seriam respeitadas. O ilustre personagem, cujo nome a maioria dos "turquinos" de Ourla nem sabia, era Haim Bejerano, nascido na Bulgária, que tinha estreitas relações com os nacionalistas turcos e se recusara sempre a cooperar com os pa-

12

triarcas gregos e armênios. Ele cumpria a função de protetor de seu povo, como tantos outros haviam feito, em condições difíceis, ao longo dos séculos.

Esse era um momento excepcional da história, em que o mundo se punha de cabeça para baixo, em que signos de discriminação e de vergonha se convertiam em indícios salvadores. Nas portas dos lares judeus, brilhava tranqüilizadora a estrela amarela de cinco pontas. Quando confrontados com as tropas, nas ruas e vielas estreitas, os judeus obedeciam com satisfação à ordem do mostrar o pênis, devidamente circuncidado. Anos mais tarde, outros judeus iriam repetir a cena, diante dos nazistas, mas com sentido tragicamente oposto.

O camponês-soldado, de pele curtida pelo sol, não quer saber de acordos que frustrariam seu direito elementar. Como todo soldado, fustigado pelas violências do inimigo e de seus superiores hierárquicos, quer explorar o butim, lado gratificante da guerra. Postado diante da casa de meu avô Samuel, desce do cavalo e força a entrada da casa, ignorando a estrela amarela e os gritos de "Yahudi, Yahudi!". Começa o saque por um objeto fácil de transportar, a máquina de costura portátil, da marca Singer, máquina inglesa de excelente qualidade, que ainda há pouco fora uma peça essencial no bordado das bandeiras.

O destino da Singer não era, porém, parar em alguma aldeia perdida da Anatólia e sim cruzar o Atlântico, indo morar na rua Jaguaribe, na Maria Antônia, na Theodoro Bayma, em casas das ruas paulistanas, enfim. Diante da impossibilidade de dialogar com o soldado, meu avô Samuel, cercado pelas mulheres da casa, implora ao comandante do pequeno destacamento que impeça a ação do saqueador. Em uma demonstração prática de que o acordo era para valer, o comandante obriga o soldado a devolver a máquina de costura e lhe aplica ali mesmo um corretivo exemplar: meia dúzia de bastonadas, nas costas e no traseiro.

Apesar do final feliz dessa pequena história, os Salem — como várias outras famílias sefaradis — começaram a considerar, seriamente, a partida da Turquia. Para entender este corte com uma terra onde tinham vivido por séculos, vamos recorrer a um longo *flash-back*, deixando provisoriamente em segundo plano a micro-história familiar.

SEFARAD

Os sefaradis haviam emigrado para a Turquia — núcleo central do Império Otomano — e para outras regiões do Mediterrâneo, a partir de sua expulsão da Espanha pelos reis católicos Fernando de Aragão e Isabel de Castela, em março de 1492. Esse ato pôs fim à presença judaica em uma região onde, segundo uma versão mitológica, haviam chegado em torno de 586 a. C., após a primeira destruição do Templo e do reino de Judá, pelos babilônios. Muito antes de se chamar Espanha (e Portugal), a região tinha um nome hebraico — Sefarad — que designaria, ao longo dos séculos, os israelitas originários dela.

Quando os romanos conquistaram a península Ibérica, os sefaradis ali já estavam instalados. Eles viveram a crise e a desintegração do Império. Viram chegar àquela longínqua província imperial, em torno do ano 400 da era cristã, os visigodos, vencedores dos romanos e de outros povos chamados de bárbaros.

A gradativa fusão entre cristãos e visigodos, com a absorção, por parte destes, da religião cristã, trouxe dias sombrios. A afirmação do cristianismo se fez através das perseguições, que obrigaram os judeus a refluir para a clandestinidade.

É possível que a comunidade judaica tivesse desaparecido, não fosse um fato auspicioso para ela e terrível para o mundo cristão. Em 711, partindo do Norte da África, os berberes, enquadrados por uma elite de árabes sob o comando de Tarik, transpuseram as Colunas de Hércules e dominaram grande parte da península Ibérica. A conquista árabe foi um alívio para os sefara-

14

dis. Ainda que discriminados, encontraram um lugar definido no mundo islâmico, com a concessão básica do direito de conservar sua identidade.

O estatuto dos judeus e também dos cristãos consolidou-se, quando o último príncipe da dinastia dos omíadas, proveniente de Damasco, veio refugiar-se na Espanha, fundando o emirato, depois califato, de Córdoba, por volta de 750. Judeus e cristãos foram enquadrados na condição de *dhimmi* (protegidos), designação que, em si mesma, diz quase tudo. Para a comunidade judaica, era o fim da celebração clandestina do Shabatt, do jejum do Yom Kippur e de outros tantos rituais.

Colocados sob a proteção do califa, os judeus dependiam da boa vontade deste que tanto podia expulsá-los do território, em um extremo, como chamá-los a participar da administração, em outro. Sofriam várias restrições, entre elas a proibição de construir novas sinagogas ou possuir escravos muçulmanos e, felizmente, a de participar da *djihad*, a guerra santa. Essas restrições não foram levadas ao pé da letra. Pagando o tradicional *bakchich* às autoridades, puderam expandir seus templos, manter escolas talmúdicas, cemitérios ou construções para o abatedouro ritual de aves e animais. Os sefaradis aprenderam o árabe, escreveram nessa língua e até adotaram nomes árabes que se conservaram no tempo. Mas a língua se perdeu, quando árabes e judeus tiveram de abandonar a península.

Não faltavam, porém, humilhações e marcas de discriminação. Um judeu não podia montar um animal nobre como o cavalo e só podia dispor de um ridículo burrico. Para não ser confundido com a massa dos crentes, devia trazer uma rodela amarela sobre o peito, um turbante amarelo e um cinto de franjas. Como se vê, responsáveis pela construção de uma tecnologia infernal para massacrar os judeus, os nazistas partiram de signos discriminatórios criados há séculos.

Seria equivocado, no plano da história, estabelecer uma relação intrínseca positiva entre islamismo e tolerância religiosa, invertendo-se a relação, no caso dos cristãos. As atitudes variaram,

15

de acordo com as circunstâncias e as correntes envolvidas. O desmembramento do califado de Córdoba e a entrada dos almorávidas, partidários da guerra santa, na península Ibérica, iriam afetar a situação de equilíbrio dos judeus, no início do século XI.

A conquista árabe não eliminara os reinos cristãos. Reduzidos a pequenas áreas no Norte da península, nutrindo relações complexas de luta e de aproximação com o califado de Córdoba, reinos como o de León, Castela, Navarra foram núcleos de resistência passiva e depois de luta contra a dominação islâmica.

A irrupção dos almorávidas incentivou a aproximação entre judeus e cristãos que já se esboçara nas áreas sob domínio destes. Os judeus se colocaram ao lado do rei Alfonso VI, empenhado na luta contra os almorávidas, no início do século XI. Segundo relatos lendários, foram os primeiros a ser dizimados, por serem facilmente identificáveis, no confronto que recebeu o nome expressivo de "batalha dos turbantes amarelos".

Nos reinos cristãos, reproduziram-se as *aljamas*, assembléias reunindo várias comunidades judaicas existentes nos territórios ocupados pelos árabes. Aí se estenderam também as *juderías*, bairros concentrados espontaneamente e que pouco ou nada tinham a ver com a fisionomia dos guetos. Na Catalunha, as *juderías* tomaram o nome de *call*, palavra que guarda óbvia semelhança com *calle*, mas deriva, de fato, de *quahal* (comunidade, em hebraico).

A autoridade espiritual era exercida no dia-a-dia pelos rabinos locais e pelo *rabi mayor*, representando toda a comunidade, chamado no nascente Portugal de *arrabi mor*. Ao longo dos séculos XIII e XIV, a autoridade dos rabinos se reforçou, por iniciativa tanto dos reis como da coletividade. Os primeiros preferiam tratar com uma só figura, em vez de lidar com personagens diversos, como acontecia no trato com sua própria nobreza; para os judeus era valioso dispor de uma autoridade que decidia controvérsias internas e tinha acesso direto à corte.

Nos reinos cristãos, os judeus não sofreram restrições à posse da terra e à livre circulação, a não ser em períodos excepcionais. Cultivaram os campos, plantando o vinhedo, os trigais, as oliveiras. Nas cidades, concentraram-se quantitativamente no artesanato, mas se destacaram como pensadores, financistas, médicos, arrecadadores de impostos e conselheiros do rei. Foi esse brilho que permaneceu na história, exemplificado em uma série de nomes, dos quais o de Moisés Maimônides — o autor do *Guia dos perplexos* — é o mais conhecido. Apesar da convivência com o mundo cristão e da proteção dos reis, os sefaradis viveram sob uma ameaça latente que, periodicamente, se convertia em realidade. Destruição de *juderías* e mortes pontilharam a história da comunidade, desde o século XI. Eram revoltas populares, nascidas do povo miúdo, ou insufladas de cima para baixo por inimigos da corte que localizavam nos judeus o bode expiatório.

Essa situação que a comunidade bem ou mal suportava, considerando as violências atos excepcionais que escapavam ao controle do rei, se agravou sobretudo pela ação da Igreja. As denúncias contra o "povo deicida" se multiplicaram, assim como as medidas discriminatórias: após o Concílio de Latrão (1179), o papa determinou que os judeus deviam se identificar pelo uso da rodela amarela sobre o peito e a Semana Santa, cada vez mais, converteu-se em pretexto para o desencadeamento de violências contra os judeus. Quem, além disso, poderia ser responsável pela Peste Negra que assolou a península Ibérica, em meados do século XIV, se não o bacilo judaico, na expressão posta em voga pelos nazistas, quase seis séculos mais tarde?

Se as decisões do papa nem sempre eram respeitadas, as grandes campanhas de conversão e a presença crescente da Inquisição criaram uma situação mais e mais difícil. O frei dominicano Torquemada — que passou para a história como sinônimo de violência policial — foi apenas o mais famoso dos inquisidores.

Na história dos árabes, como na história dos judeus, 1492 não foi o ano da grande aventura marítima de Colombo. Os árabes associam a data à queda de Granada, seu último reduto na península Ibérica. Os judeus lembram o terceiro grande desastre de sua história, após as duas destruições do Templo de Jerusalém:

a expulsão dos sefaradis da Espanha. Esse episódio marcou o fim da Espanha das três religiões, da convivência de diferentes etnias, apesar dos atritos e das confrontações.

O decreto de expulsão, assinado em 31 de março pelos reis católicos Fernando de Aragão e Isabel de Castela, determinava que todos os judeus, no prazo de três meses, deveriam se converter ou deixar a Espanha. A alternativa da conversão, além de constituir uma violência cultural, não livrava os judeus de problemas. Os conversos, ou melhor, os marranos, como a experiência prévia indicava, eram alvo especial de suspeita por parte da Inquisição e muitos deles morreram e iriam morrer queimados, sob a acusação de criptojudaísmo.

A decisão dos reis católicos liga-se a razões entrelaçadas de natureza ideológica e de natureza política. Ela se deu no âmbito do processo de construção de um Estado centralizado, em que a esfera pública começava a predominar sobre o âmbito privado. A esfera pública não admitia a diversidade de comunidades religiosas, pressupondo a identificação entre autoridade e crença. A introdução do Tribunal da Inquisição em Castela e a seguir em Aragão, por parte dos reis católicos, constituiu o mais importante instrumento coercitivo no caminho da homogeneidade social e política, cimentando-se assim a unidade de propósitos do Estado e da Igreja.

Não há dados seguros sobre o número de conversos e de emigrantes. Fala-se em algo em torno de 150 mil conversos e em 200 mil judeus que tiveram de abandonar apressadamente a Espanha, números muito significativos, mesmo considerando-se que a população da Espanha, em 1480, é estimada em 5,5 milhões de habitantes.

NO IMPÉRIO OTOMANO

Por razões geográficas e culturais, Portugal foi o destino principal dos refugiados. Mas, depois de poucos anos (1496), foram expulsos pelo rei d. Manuel, o Venturoso, que figura em nossos textos escolares. Os sefaradis se espalharam pelo Mediterrâneo e foram abrigar-se, em maior número, no Império Otomano. Quando aí chegaram, o império estava no apogeu. A partir da região da Anatólia, na chamada Ásia Menor, os turcos haviam se irradiado a leste até a Índia e em direção ao sudoeste da Europa que controlavam, em grande parte. Ao destruir o sultanato mameluco, incorporaram ao império os territórios do Egito, Síria, Palestina e parte da Arábia. A suserania otomana foi estendida ao Norte da África, incluindo as regiões onde hoje existem a Líbia, a Tunísia e a Argélia. Em 1534, numa das sucessivas guerras travadas entre os otomanos e os xás do Irã, o Iraque foi arrebatado aos persas e incorporado aos territórios otomanos.

Ao receber os sefaradis, a Sublime Porta mantinha a tradição de aceitar a convivência de diferentes etnias em seus domínios, até por força de sua extensão. A elite dos judeus vindos da Espanha trazia vantagens apreciáveis, portadora que era de contribuições culturais importantes, como a imprensa e os conhecimentos médicos. Familiarizados com os negócios europeus e, ao mesmo tempo, relativamente independentes com relação a estes, podiam exercer um papel na política exterior do império, aconselhando os diplomatas turcos, em seus contatos com o Ocidente.

A importância da elite sefaradi, nos primeiros tempos de instalação no Império Otomano, pode ser apreendida pela atuação de algumas figuras, dentre as quais se destaca o nome de Josef Nassi. Nassi dirigiu, na prática, a diplomacia dos sultãos Soliman, o Magnífico (1520-66), e, sobretudo, de Selim II (1566-74). Exerceu também o papel de intermediário da embaixada da França, quando se constituiu a ousada aliança entre Soliman e o rei francês Francisco I. Financiou o exército e a frota do sultão, tendo participado diretamente de operações de guerra. Não foram só os turcos os derrotados na batalha naval de Lepanto (1571), travada contra os espanhóis. Nassi aí perdeu parte de seus capitais e sua frota, tripulada principalmente por judeus sefaradis.

Do ponto de vista da comunidade judaica, deslocar-se para o Império Otomano impunha os inconvenientes comuns a toda imigração. Mas sobressaía a vantagem essencial da possibilidade de manter uma vida coletiva autônoma, embora em posição subordinada. As comunidades judaicas, assim como as cristãs, tinham um sistema legal próprio e pagavam um imposto calculado pelo número de membros componentes de cada agrupamento. A capitação, assim fixada, não era um imposto individual, mas comunitário, sendo arrecadado por um membro proeminente da comunidade, que se entendia, em nome dela, com as autoridades turcas.

Quando os sefaradis vieram se instalar no Império Otomano, aí viviam grupos de antigos imigrantes *ashkenazim*, provenientes da Alemanha e da França. Mas a maciça imigração sefaradi eclipsou esses grupos, a não ser em Istambul — a Constantinopla de cristãos e judeus. Esta foi sempre uma cidade cosmopolita, recebendo judeus alemães, franceses, poloneses e, com o correr do tempo, russos, principalmente da região de Odessa, que estavam a curta distância da capital turca, tendo apenas de cruzar o mar Negro.

Sob o aspecto religioso, até o século XIX, os rabinos parecem ter tido apenas jurisdição local. Nesse século, o sistema chamado de *millet*, concebido basicamente para o governo das comunidades gregas e armênias, foi estendido, em moldes análogos, aos judeus. Tal como foi interpretado, no contexto das grandes reformas otomanas de meados do século XIX, o *millet* definia, com maior grau de precisão, o estatuto autônomo das minorias, em matéria civil e religiosa. A partir daí, os judeus ficaram submetidos à autoridade do *hamambashi*, o rabino chefe, nomeado por decreto do sultão, a partir de indicação da comunidade, sendo-lhe concedido status semelhante ao atribuído aos patriarcas das igrejas grego-ortodoxas e armênias.

Os sefaradis conseguiram manter a identidade, através dos séculos, graças à autonomia de que gozavam e, sobretudo, à coesão propiciada pela religião e pela língua. Em torno das sinagogas, mantiveram-se os ensinamentos bíblicos, o aprendizado ainda que precário do hebraico, e o tempo continuou a ser escandido pelo calendário israelita.

A religião judaica, ou melhor, o messianismo, teve um momento de brilho, com o surgimento da figura de Sabbetai Zevi, que não caiu dos céus, mas realizou sua pregação em um clima mental peculiar. Desde meados do século XVI, constata-se no mundo sefaradi uma regressão da lei, em proveito da fé. A mensagem da cabala — visão ao mesmo tempo mística, filosófica e cósmica — se afirma em detrimento do código de prescrições ritualísticas, representado pelo Talmud. A cabala reinterpreta o Gênese: o nascimento do mundo deriva do exílio da divindade e não de sua intervenção. A criação é uma queda, onde a desordem prolifera, em que o Bem e o Mal se separam, em que cada um é exilado de si mesmo. O Messias, que realizará a redenção do mundo e de Israel, deverá assumir o Mal para suprimi-lo.

Zevi surge no século XVII, em torno de 1655, em meio a esse ambiente potenciado por acontecimentos trágicos: pogroms desencadeados por camponeses da Polônia, autos-de-fé que se multiplicam na Espanha. Esse jovem místico de Esmirna, com duas esposas e cercado de prostitutas, se anuncia como o Messias. As comunidades judaicas do Mediterrâneo, inclusive muitos de seus rabinos, acreditam na palavra do Salvador, que se espalha pela Europa. Comerciantes de Hamburgo, de Amsterdã abandonam seus negócios, tomando o caminho de Jerusalém. O Messias confere títulos de realeza aos fiéis que o cercam de perto. O mais curioso desses títulos é o outorgado a um médico — Meir Ben Yahia —, que se torna, por essa via, "rei de Portugal". As multidões jejuam com Zevi, casam os filhos sob suas bênçãos e, ao mesmo tempo, atacam e apedrejam os descrentes.

A princípio, o sultão Mehmet IV não se opõe ao Messias, mas a amplitude do movimento, que passa dos limites considerados aceitáveis, leva a uma mudança de atitude. Chegando a Istambul no inverno de 1666, Zevi é preso por ordem do sultão, que o coloca diante de um dilema: a condenação à morte ou a adesão ao Islã. Ele opta pela última alternativa, seja para salvar a vida, seja talvez como uma estratégia para manter a propagação de sua mensagem, começando a pregar nas mesquitas. Logo, porém, se viu impedido de continuar essa atividade; exilado na Albânia, acabou morrendo na miséria, mas não ignorado. Pelo contrário, o sabetaísmo sobreviveu à vida de seu inspirador, dando origem a dois ramos — um judaico, outro islâmico — que chegaram aos primeiros anos do século XX.

Na realidade, os israelitas não se sentiam inteiramente seguros no Império Otomano. Mantiveram-se em equilíbrio mais ou menos precário, de acordo com a época. Pouco a pouco, na medida em que perderam importância no império, e em que a dependência deste com relação aos países da Europa ocidental cresceu, os judeus valeram-se da proteção que lograram alcançar, junto a figuras representativas, no mundo europeu.

Um episódio, ocorrido em Damasco em 1840, quando um frade capuchinho e seu empregado foram assassinados, é um exemplo significativo desse fato. A ordem religiosa acusou os judeus, ressuscitando um tenebroso mito medieval: os cristãos haviam sido mortos para que seu sangue fosse utilizado nas cerimônias da páscoa judaica. O governador turco da Síria, com o apoio do sultão, realizou um inquérito brutal, entremeado de confissões sob tortura e de mortes. A isto se sucederam novas prisões e o rapto de dezenas de crianças judias, cuja libertação dependeria de "suas mães revelarem onde o sangue fora guardado".

Por sorte, encontrava-se entre os presos um cidadão austríaco, o que facilitou a mobilização de pessoas influentes como sir Moses Montefiore, cunhado do banqueiro Nathan Rothschild. Com a intervenção do primeiro-ministro inglês Palmerston, conseguiu-se libertar todos os presos e, mais do que isso, obteve-se um decreto do sultão, proibindo processos com base nas fantasias acerca do roubo de sangue.

Apesar de expulsos da Espanha, os sefaradis não repudiaram a língua que aí falavam, dando-lhe uma feição própria. Essa língua é o ladino, também conhecido como "judezmo", "espanyol" e "didjiô", que, em seus primeiros estágios, caracterizou-se por ter como base os dialetos hispânicos dos séculos XIV e XV. Pelo menos até o início do século XX, o ladino foi escrito em hebraico, na versão chamada de "rashi". Rashi foi um rabino comentador da Bíblia que viveu no século XI. A primeira Bíblia contendo seus comentários veio a ser impressa na Calábria em 1475, e seus caracteres diferem até certo ponto dos de forma quadrada, típicos do hebraico. Na realidade, o "rashi" se diferencia deste por ser uma escrita cursiva utilizada pelos judeus espanhóis na Idade Média.

De acordo com a região onde se assentaram, os sefaradis incorporaram expressões de outros idiomas — turco, grego, árabe, genovês, veneziano etc. —, às quais se acrescentaram, no século XIX, o francês e o alemão. Nos grandes centros do Império Otomano (Salônica, Constantinopla), surgiu e se consolidou uma imprensa sefaradi. Quando um enviado do barão de Rothschild visitou Esmirna, em 1883, ficou surpreendido ao constatar ali a existência de um jornal hebdomadário, escrito em ladino.

Desde o início do século XVI, o porto de Salônica se converteu no grande centro judeu (em grande medida, sefaradi) do Império Otomano, chegando a população judaica a superar numericamente as populações muçulmanas e cristãs reunidas. A partir da primeira metade do século XVII, a população de Esmirna cresceu bastante, graças sobretudo aos sefaradis provenientes do centro irradiador de Salônica.

A história do Império Otomano, do século XVI em diante, se caracteriza por uma lenta mas irredutível crise. Um dos traços mais significativos da crise foi a crescente inferioridade do império diante dos países ocidentais, tanto no que diz respeito ao potencial militar quanto à capacidade administrativa. Desde o século XVIII, a Rússia dos czares, que, bem ou mal, modernizara o exército e a administração segundo os padrões da Europa ocidental, representou um novo entrave ao poderio do império.

A batalha de Lepanto simbolizou o início de uma longa decadência. Os turcos fracassaram, pela segunda vez, na tentativa de conquistar Viena (1683) e três anos depois perderam

Budapeste. Em conseqüência das derrotas, foram obrigados a assinar com os Habsburgo, no fim do século XVII, um tratado de paz em que figuraram, pela primeira vez em sua história, como potência derrotada. Em 1783, os russos conquistaram a Criméia e, a partir daí, espalharam-se para leste e para oeste, ao longo da costa setentrional do mar Negro.

No correr do século XIX, as condições internas do Império Otomano e a política expansionista dos países europeus o levaram a novas perdas de território. Um país inimigo se formava à sua ilharga, com a independência da Grécia, apoiada pela intervenção européia, em 1831. Os britânicos ocuparam o porto estratégico de Áden — escala conveniente nas viagens para a Índia — e passaram a controlar os governantes das províncias do golfo Pérsico. Por sua vez, os franceses desembarcaram na costa argelina e ocuparam Argel, dando início a um amplo processo de colonização.

O Império Otomano passou a ser um peão no jogo das potências européias, como se tornaria claro na Guerra da Criméia, travada contra a Rússia (1853-6). O apoio franco-inglês ao império custou-lhe, entre outras coisas, a aceitação do estatuto próprio dos estrangeiros residentes em seu território — as chamadas capitulações. Anos depois, em 1877, nova guerra com a Rússia, pelo controle dos Bálcãs, acabaria com uma derrota e a concessão de autonomia às províncias búlgaras do império.

Desde pelo menos o início do século XIX, os dirigentes otomanos tentaram interromper a decadência, adotando medidas reformadoras: dentre elas, a tentativa de criação de um exército coeso, formado a partir da introdução do serviço militar obrigatório, em substituição ao superado corpo de janízaros; e a formação de uma burocracia eficiente, que administrasse de acordo com regras formais e não segundo as decisões arbitrárias das altas autoridades. Pretendia-se, ainda, em um esforço homogeneizador, que as leis não deveriam reconhecer diferenças entre otomanos muçulmanos, cristãos e judeus, garantindo-se, por outro lado, a livre circulação e a atividade comercial dos estrangeiros. Em suma, o pressuposto dessas idéias era de que a Europa ocidental representava a civilização moderna, a quem o Império Otomano devia imitar, tornando-se seu parceiro.

Os ventos da modernização chegaram ao império sobretudo pela melhora das comunicações e dos transportes, facilitando sua integração, após a perda da maior parte das províncias européias. O telégrafo se estendeu a todo o território, nas décadas de 1850 e 1860; no fim do século XIX, estradas de ferro tinham sido construídas na Anatólia e na Síria.

Mas, como um todo, as medidas de reforma da administração, a que se acresceram outras de reforma política, deram magros resultados ou foram anuladas. Esforços por introduzir algum grau de representação originaram, em 1876, a promulgação de uma constituição e a eleição de um Parlamento, na época do sultão Mahmud II. A igualdade civil foi concedida a todos os grupos minoritários, que, em princípio, poderiam ocupar funções públicas. Entretanto, a constituição acabou sendo suspensa pelo novo sultão Abdulhamid II (1876-1909), assim que se sentiu suficientemente forte.

No âmbito desta longa história, a comunidade sefaradi da Turquia perdeu grande parte de sua importância. Um relato intitulado *Cartas sobre a Turquia*, escrito por Ubicini em 1854, oferece um bom quadro da perda de posições dos sefaradis, acentuando, por outro lado, suas virtudes morais. Essas observações soam familiares a quem conviveu com os grupos sefaradis de origem turca, vários decênios depois. Diz Ubicini:

> Ainda que os judeus tenham degenerado intelectualmente, que, por sua própria culpa, tenham se colocado no nível mais subalterno entre as nações sujeitas à Porta, compensam essa inferioridade com virtudes morais e econômicas que os colocam bem acima dos cristãos. Nenhuma comunidade é tão bem administrada quanto a sua. Raramente se ouve dizer que um judeu tenha abjurado sua fé. Sua moral é rígida; nunca ocorrem escândalos entre eles. Nem mesmo abusos, exceto talvez aqueles engendrados pela absoluta onipotência dos rabinos [...] as desordens e escândalos tão comuns entre os gregos e armênios, a simonia, extorsão, bebedeira, fraude, o roubo e o assassinato são desconhecidos entre os judeus.

É necessário, porém, matizar esse quadro, introduzindo diferenças sociais. Embora muitas famílias sefaradis constituíssem uma classe média estabilizada, outras não poderiam ser definidas assim. Continuaram a existir setores de elite em Constantinopla, dedicados a operações financeiras, ao comércio internacional e, em alguns casos, envolvidos na política. Judeus ricos de Esmirna moravam em Bournava, pequeno balneário de luxo, situado a poucos quilômetros da cidade. Bournava era um verdadeiro enclave, com suas ricas vilas ocupadas por negociantes franceses e gregos, onde a presença turca quase não existia.

Nas grandes cidades, em Constantinopla e em Esmirna principalmente, existia uma população judaica pobre que se misturava à pequena burguesia. Concentravam-se em alguns bairros, formando *juderías* à maneira espanhola, onde o espaço público era privilegiado. Apertadas nos quartos abafados, as famílias saíam à rua, nas noites de verão. Também na rua instalavam-se as feiras em que, em meio ao alarido, vendiam-se objetos de ourivesaria, frutas, peixes, verduras.

Esses locais eram uma forte referência negativa para a classe média, em que se incluíam os comedidos Salem. Tanto assim que, já em outro meio social, assim reprimiam os filhos quando estes se excediam na fala e nos gestos: *"Para con esto, no estás na judria"*.

Foram várias as razões da tendência ao declínio da comunidade judaica. Ao saírem de um rico mundo cultural, integrado ao ocidente da Europa e sob o influxo da civilização árabe, os sefaradis que se dirigiram à Turquia sofreram uma enorme perda. No Império Otomano, governado por uma oligarquia de funcionários, sob o comando de um sultão, havia lugar para a existência de diferentes etnias, mas pouco incentivo à criatividade. A comunidade tinha menores possibilidades de renovar-se pois, entre outros fatores, cessara a corrente imigratória que poderia concorrer para uma revitalização.

A elite sefaradi de Istambul tratou, é certo, de manter seus conhecimentos e o contato com a cultura ocidental. Para tanto, enviou seus filhos e filhas às escolas cristãs — aos jesuítas e a Notre-Dame-de-Sion —, mas sérios concorrentes surgiram na arena política e administrativa. Em suas crescentes necessidades de contato com a Europa cristã, os sultãos foram utilizando seus próprios quadros, os gregos e cristãos otomanos. Os últimos tinham possibilidades maiores do que as dos "turquinos" de circular pelo Ocidente e contavam com o apoio da Europa cristã, tendente a favorecer sua influência, em detrimento dos competidores.

OS SALEM E OS ARDITTI

A família de meus avós maternos tinha o sobrenome Salem pelo lado masculino e Arditti pelo feminino. Na tradição familiar, afirmava-se que Salem deriva da expressão hebraica Shalom (paz).* Não há muitos Salem entre os sefaradis e sim entre os árabes, prestando-se pois o sobrenome a equívocos de origem. Teriam os Salem de Ourla ouvido falar de um ilustre homônimo chamado Emmanuel Raphael Salem, nascido em Salônica em 1859, célebre especialista em direito internacional? Arditti evoca uma ascendência italiana; de fato, meu avô dizia que os antepassados de vovó Rachel tinham vindo da Itália, provavelmente de Livorno, um importante centro irradiador dos israelitas pelo Mediterrâneo. Dentre os Arditti, ganhou evidência o jornalista Eliá Arditti, residente em Esmirna, que utilizava o italiano em seus escritos de maior fôlego. Talvez em razão dessa origem, ele era um adversário do ladino, sustentando, nas duas últimas décadas do século, que se os sefaradis da Turquia insistissem em

(*) Em seu livro *Entre árabes e judeus* (Brasiliense, 1991), que lida em parte com um dos ramos da família, Helena Salem se refere a essa tradição e a um ancestral ilustre — Schlomo Salem — cuja litografia estava pendurada na parede de sua casa no Rio de Janeiro. A autora esclarece que Schlomo Salem nasceu em Andrinópolis (Turquia), foi rabino em Sófia e em Amsterdã, na sinagoga portuguesa desta cidade.

manter uma língua própria deveriam adotar o hebraico, verdadeira língua do povo de Israel.

A família era típica dos "turquinos" da classe média acomodada, de horizontes restritos, de moral rígida, boas mães e bons pais de família, voltados essencialmente para o seu mundo. Os homens se dedicavam ao comércio e as mulheres cuidavam da casa. No seu interior, lançavam-se a atividades bem aceitas que permitiam amiudar os laços entre elas; por exemplo, reuniam-se pelas tardes afora com o objetivo de preparar o enxoval das mais novas, mesmo quando ainda não havia um noivo em perspectiva.

O núcleo familiar representava a referência básica e, em contraste com ela, os demais contatos eram cuidadosos e cheios de desconfiança. Um provérbio já traduzido e ensinado aos descendentes sintetizava o comportamento dos Salem. Quando um jovem e incauto membro da família elogiava as virtudes de alguém pouco conhecido, lá vinha a ressalva: "Caras vemos, corações não conhecemos". Associada à desconfiança, transmitia-se a sensação de que o mundo era composto basicamente de chatos, merecedores de diferentes qualificativos em ladino, em grego e em turco: *pudre piedras* (apodrece pedras), *megalo prossopos* (presunçoso), *crushum* (chumbo).

Do ponto de vista de sua vinculação nacional, ou melhor, regional, eles se definiam como israelitas do Oriente Médio, judeus sefaradis vivendo na Turquia, e não como cidadãos turcos. Mais ainda, insistiam em acentuar sua especificidade, dizendo que eram "ourlalis", distinguindo-se não só da gente mais cosmopolita de Constantinopla, como também dos "ismirlis", relativamente próximos. Os "ismirlis" eram vistos com o olhar a um tempo comiserativo e de admiração que os moradores das pequenas cidades dirigem aos habitantes dos grandes centros.

Na sua visão, a vida em Esmirna tinha aparentes vantagens: as pessoas viam muitas novidades, os israelitas formavam uma extensa comunidade; mas como podiam suportar a sujeira das ruas, o cheiro de óleo que emanava do porto, o ar carregado de fumaça? Ourla era modesta, porém tinha um ar limpo, um céu transparente, praias serenas. Vivendo em um meio ambiente tão equilibrado, contrastando-o com o que viam a seu redor e o que veriam depois em terras longínquas, os Salem valorizavam, sem conhecer a expressão, o que hoje chamamos de qualidade de vida. Quando cruzaram o Atlântico e vieram morar em São Paulo, trataram de transmitir a seus descendentes o prazer derivado da natureza preservada. Nas viagens de férias que eu e meus primos fazíamos ao interior paulista, havia sempre momentos em que minhas tias aspiravam o ar lenta e longamente, nos aconselhando: *"Aire puro, respirá hijicos, respirá"*.

Meu avô Samuel era dono, em Ourla, de um típico armazém de interior, reunindo as mais variadas mercadorias. Sacos de trigo e cevada ficavam dispostos cuidadosamente no chão. Nas prateleiras envidraçadas, presas nas paredes, subindo ao teto, exibiam-se, de um lado, facas, foices, tesouras, pedras de amolar; de outro, chocolate, chá, café. Ele ficava no comando de seu negócio, atrás de um longo balcão de mármore, em que grandes vidros, cheios de iogurte, enfileiravam-se à espera de um freguês. Os vidros tiveram um dia uma utilidade diferente, quando um turco desesperado entrou correndo no armazém e enfiou o braço até o fundo de um deles, tentando amenizar a dor, que, provocada pela ferroada de um escorpião, conseguiu afogar naquela massa cremosa.

Além de ser proprietário de um respeitável estabelecimento comercial, meu avô recolhia o imposto pago escrupulosamente pelos sefaradis de Ourla, entregando o produto à autoridade turca. Esse encargo constituía motivo de orgulho tanto para ele como para toda a família.

Os traços provincianos dos Salem eram em parte mitigados pelo fato de que mesmo uma pequena cidade como Ourla tinha uma população etnicamente diversificada: gregos, armênios, judeus sefaradis e, naturalmente, turcos. Entretanto, os contatos interétnicos não eram profundos, pois até a comunicação verbal se reduzia ao conhecimento precário das diferentes línguas. Consciente ou inconscientemente, as minorias rejeitavam a língua turca, que, em princípio, poderia ter servido de língua comum de comunicação.

As minorias étnicas encaravam com desprezo a população turca, sobretudo por razões sociais. Tanto assim que o desprezo não abrangia as autoridades, a quem os sefaradis respeitavam e reverenciavam. Quando algum alto personagem visitava Ourla, organizavam-se recepções que incluíam banquetes e homenagens. Certa vez, uma de minhas tias foi escolhida para fazer um discurso elogiando as qualidades de um visitante. Muito nervosa, só conseguiu tartamudear: "Paxá, paxá". O paxá teve o bom senso de acalmá-la e, em um gesto carinhoso, passou a mão por seus cabelos. Essa história, na aparência corriqueira, foi conservada, em meio a outras lembranças aparentemente mais importantes, expressando a forte sensação de embaraço e depois de alívio da família, diante de uma alta autoridade. Em outros ambientes e outros contextos, ela conservaria essa sensação mista de respeito e temor, diante da elite.

Curiosamente, os "ismirlis" pobres conheciam melhor a língua do país em que viviam do que os "ourlalis" de classe média. Pelo contato mais próximo, pelo exercício de atividades semelhantes, como vendedores de rua, artesãos ou humildes empregados, aprendiam a língua turca de orelhada e, sem abandonar o ladino, usavam-na naturalmente.

Os Salem designavam o ladino pelo nome genérico e pouco expressivo de *jargon*. Desse modo, assumiam na prática, e talvez sem o saber, uma das vertentes de uma discussão travada entre os intelectuais sefaradis: seria o ladino uma língua independente, ou um dialeto, considerado mera variante do espanhol?

Na medida em que o francês penetrou na região, através da Aliança Israelita Universal, fundada em Paris (1873), por um grupo de judeus franceses, os mais jovens da família aprenderam o francês, língua que para eles era um símbolo de cultura e de refinamento, passando a utilizar na sua correspondência, em caracteres latinos, o *jargon*, entremeado de frases em francês.

30

A Aliança Israelita Universal não chegou, porém, a monopolizar a educação dos Salem. Em regra freqüentavam, em criança, uma escola rabínica, que combinava rigidez disciplinar com um ensino lastimável. Chicotadinhas "estimulantes" nos pés incentivavam os alunos ao aprendizado da leitura do hebraico, mas não ao entendimento do que estavam lendo. Em conseqüência, o hebraico foi se transformando num murmúrio sagrado, mas ininteligível.

Depois dessa etapa, alguns membros da família alternaram a freqüência à Aliança com as escolas de padres e freiras franceses. Nessas escolas havia um clima de respeito religioso e praticamente não existiam tentativas ostensivas de conversão. Todos pertenciam à mesma cultura e os judeus eram encarados como pais, algo extraviados, do cristianismo. Os meninos e meninas judeus, freqüentando escolas separadas, ficavam dispensados da missa e da comemoração das festas cristãs.

Os fragmentos que restaram da memória dos Salem, como toda lembrança, passaram por uma operação seletiva e pelo filtro de três gerações. Mas a própria seleção e a persistência do que restou são, em si mesmas, expressivas. Da Espanha, conservara-se o legado básico do judeu-espanhol, instrumento essencial de definição da identidade e de comunicação. Nunca porém ouvi falar de um passado glorioso, da Espanha das três religiões, de Maimônides ou de outros personagens ilustres. Quando já adulto tomei conhecimento desse passado, e fiquei surpreendido ao constatar que aquela gente de horizontes limitados, pouco intelectualizada, tivera antecessores brilhantes.

Esse laço fluido com a Espanha era específico dos Salem e de outras famílias provincianas. Ainda nos dias de hoje — mito ou realidade, pouco importa no caso —, encontram-se sefaradis que afirmam guardar a chave da casa deixada para trás, por ocasião de sua expulsão da península ibérica. Se não esperam retornar a uma morada específica, materializam desse modo a sensação de que a Espanha é, sem dúvida, sua "casa de origem".

Os Salem guardavam pelo menos uma ressonância religiosa dos velhos tempos na Turquia. Ela surgiu de forma inesperada quando, lendo um livro de Van Loon — divulgador de idéias muito em voga, nos anos 40 —, encontrei uma referência a Sabbetai Zevi. Referi o fato a minha tia Rebecca, que se mostrou muito interessada pelo assunto, e chamou meu tio Jacques para que eu lesse um trecho do livro, pois sabiam algo de Zevi. Li então umas linhas que falavam do personagem, cercado de mulheres e de prostitutas, das quais uma certa Sara era sua preferida. O espanto foi geral: que livro é esse? quem escreveu isso? Não sei qual a fonte do misto de surpresa e de estranheza, mas talvez se devesse a duas razões combinadas. De um lado, ao fato de que um livro publicado em português, que nada tinha a ver com a religião judaica, falasse de uma figura messiânica que eles guardavam em seu íntimo como uma referência secreta. De outro — reação puritana típica da família — ao fato de que na minha boca aflorasse a palavra prostituta e a história de um homem sexualmente promíscuo.

Meus avós viveram boa parte de suas vidas sob o reinado do sultão Abdulhamid II, entre 1876 e 1909. Minha mãe e meus tios tinham dele lembranças de infância. Referido, simplesmente, como sultão Hamid, era cognominado, no Ocidente, de "Doente da Europa", uma alusão à enormidade das violências que praticava. Não se suspeitava sequer que doenças sociais, de proporções nunca dantes imaginadas — a Primeira Guerra, o nazifascismo —, iriam se abater sobre o continente.

Entretanto, na memória familiar, o sultão Hamid não era tão terrível assim. Ouvia-se falar de suas façanhas, mas ele não criara grandes problemas para os sefaradis, gente que sabia se conter dentro de seus limites. Tendo em vista o que viria depois, Hamid seria até idealizado, como tantas vezes acontece quando se contrasta um passado remoto com um passado próximo, cheio de desajustes e turbulências. Se tivessem de decidir entre um sultão de velho estilo e o construtor do Estado turco, os Salem — como quase todos os "turquinos" — optariam pelo primeiro.

32

Por ora, porém, nos primeiros anos do novo século, eles não percebem isso. O Estado nacional turco ainda não existe, embora comece a se delinear. Em 1908, a partir de Salônica, estoura a revolução dos jovens turcos, com o apoio de parte do Exército. A Constituição de 1867 é restaurada, anuncia-se a eleição de um Parlamento. O sultanato ainda permanece, mas Hamid perde o poder e é substituído por um sultão mais flexível, Mahomet v.

Em um primeiro momento, a euforia se generaliza em todo o Império Otomano. O povo vai às ruas, em Salônica, em Constantinopla, em Esmirna, não só para ouvir os oradores — que falam turco, espanhol, francês, grego, búlgaro ou romeno — como também para dançar, cantar a *Marselhesa* e canções populares. A vaga chega mesmo a uma pequena cidade como Ourla. Como explicar a amplitude da onda mobilizadora? A revolução dos jovens turcos foi um desses momentos em que, no curso da história, ocorre a explosão de um sentimento de confraternização geral, logo sepultado pelas rivalidades, pela rotina, pelo jogo de interesses. Nesses momentos, até mesmo gente à margem da vida política é arrastada pela corrente.

Os Salem saem às ruas, cantando e dando vivas, numa combinação de turco e *jargon*, que exprime melhor do que um longo relato o clima de confraternização: "*Iashasim horiet* (viva a Constituição)! Somos todos unos".

Mas não éramos "todos unos", nem queríamos ser. A revolução dos jovens turcos não se encaminhou para a formação de um Estado nacional otomano, de natureza pluriétnica. Era muito tarde para isso. Ela deu lugar, ao contrário, a uma reafirmação das várias nacionalidades, no interior do império, e, por fim, à criação de um novo país: a Turquia moderna.

Alguns ativistas políticos sefaradis participaram da revolução de 1908; no Parlamento, eleito logo após o episódio revolucionário, havia porém apenas quatro judeus, em um total de 288 membros. Essa minúscula bancada era menor que a de outras minorias, como árabes (sessenta), albaneses (27), gregos (26) e armênios (catorze). Era muito problemático ser representante de um grupo cujos componentes, em sua grande maioria, não desejavam ser cidadãos da Turquia, esperando apenas viver em paz, com um mínimo de direitos e de obrigações.

O desinteresse e mesmo a oposição passiva à formação de um Estado nacional turco derivavam das próprias características do Império Otomano e das relações nele estabelecidas entre turcos e judeus. De um lado, o influxo das correntes políticas de renovação quase não alcançou os "turquinos". De outro, no Império Otomano, não ocorreu nada semelhante à implantação das idéias iluministas e revolucionárias, como base de afirmação dos Estados nacionais modernos, atraindo à participação política pessoas e grupos étnicos minoritários. Os esforços de muitos intelectuais sefaradis, no sentido de que a população judaica aprendesse a língua turca e a transformasse em seu veículo principal de comunicação, tiveram escasso êxito até a implantação da República nos anos 20.

Para ficar em um exemplo comparativo na área do Mediterrâneo, a situação dos "turquinos" contrasta com a dos sefaradis italianos. Estes superaram discriminações e, sobretudo a partir de 1848, se integraram nas lutas pela unificação italiana, para eles tão ou mais importante do que a origem judaica.

A revolução dos jovens turcos começou a realizar o que outros movimentos reformistas não tinham conseguido, ou seja, a construção de um Estado onde se fixassem direitos e obrigações gerais para todos os nascidos em seu território, que assim obtinham a condição de cidadãos.

Mas a família de minha mãe queria ser *dhimmi* e não via nenhuma vantagem em obter essa cidadania. No limite, seria melhor partir.

EMIGRAÇÃO

A opção emigratória foi facilitada pelo fato de que, nos primeiros anos do século xx, os deslocamentos de população tinham se tornado coisa comum. Porém, o detonador da partida dos jovens da família Salem foi a obrigatoriedade de servir o exército e, principalmente, o risco de ser convocado para uma guerra. Prestar o serviço militar constituía uma obrigação que, mais do que qualquer outra, simbolizava a integração de um membro de uma comunidade autônoma em um Estado nacional. Realizar esse ato contra a vontade era uma situação vivida como uma imposição insuportável. Tanto assim que a decisão de emigrar, longe de ser apenas familiar e isolada, foi tomada por centenas de famílias sefaradis em Constantinopla, em Esmirna, em Ourla e em outras cidades do Império Otomano.

Além das motivações que ficavam no terreno da sensibilidade, havia um cálculo mais definido, na opção emigratória. Fazer o serviço militar significava separar-se de casa, ficar nas mãos dos militares turcos, lançar-se em pesados e inúteis exercícios, enfrentar uma disciplina desordenada, imposta à custa de castigos físicos. Como permitir que os *hijicos*, tão bem cuidados, fossem parar nos confins da Anatólia, interrompendo praticamente suas vidas e seu papel de auxiliar dos negócios, para se sujeitar a sofrimentos a que não estavam acostumados?

A outra e mais poderosa razão para emigrar — o risco de guerras — revelou-se profética. Nos anos 10, o Império Otomano entrou em uma série de conflagrações: a guerra declarada pela Itália (1911), visando ao controle da Tripolitânia — a Líbia de nossos dias; as guerras balcânicas (1912-3) e, por fim, o conflito merecedor de letras maiúsculas por sua extensão e por seus horrores: a Primeira Guerra Mundial.

Entretanto, a emigração permanecia no horizonte como uma possibilidade, pois significava riscos e dolorosas separações. Para que a hipótese se concretizasse seria preciso que ocorresse um fator desencadeante. Ele surgiu em 1910, quando meu tio José, então com 23 anos, foi reconvocado para servir o exército turco. Reconvocado, sim, pois ele, apesar de todos os inconvenientes, chegara a fazer o serviço militar, manobrando aqui e ali para escapar aos exercícios mais penosos. Agora, a situação era outra: falava-se, abertamente, em ameaça de guerra contra a Itália, pelo controle da Tripolitânia.

Tomada a decisão, era preciso determinar para onde ir. Dentre várias possibilidades, a América constituía a alternativa mais viável. A América não era, porém, os Estados Unidos, que vinham recebendo milhões de imigrantes, e sim a América Latina, quando mais não fosse, por afinidade lingüística. Buenos Aires constituía o centro mais atraente para os jovens sefaradis. Não por acaso, eles repetiam a frase: *"Buenos Aires ya se abrió, de mancebos ya se enchió"*. Em Buenos Aires, os sefaradis teriam uma adaptação relativamente fácil, como um grupo curioso que falava um castelhano entremeado de palavras arcaicas ou desconhecidas.

Entretanto, os mancebos da família Salem não contribuíram para encher Buenos Aires. Escolheram o Brasil, em parte pelo balanço das alternativas, em parte pelo desejo de uma calculada aventura. É certo que a Argentina constituía uma possibilidade mais tranqüila. Porém, comentavam os imigrantes em suas cartas que o país já estava "meio tomado" e para começar seria melhor o Brasil, apesar de ser uma terra quente, habitada por muitos negros.

Foi preciso subornar as autoridades para conseguir que tio José pudesse escapar do país. O êxito na iniciativa indica como os Salem guardavam distância do Estado, mas tinham contatos suficientes para livrar-se de suas malhas, em situações delicadas. Mostra também como, nessas situações, sabiam tomar iniciativas ousadas.

Disfarçado de barqueiro, camisa amarrotada fora da cintura, chapéu de palha na cabeça, bagagem exígua e, pior de tudo, um aperto avassalador no peito, tio José foi levado em uma canoa até o navio, iniciando uma longa viagem. Ele pressentia o que era verdadeiro: uma etapa de sua juventude se fechava e ele nunca mais voltaria à Turquia.

Dois anos mais tarde, seu irmão mais novo — meu tio Isaac — veio juntar-se a ele. Juntar-se é modo de dizer, pois os dois irmãos levaram alguns anos até reunir-se em um mesmo empreendimento no Brasil. José foi tentar a vida no interior de Minas Gerais. Com alguns recursos fornecidos por seus pais, comprou mercadorias — roupas de cama, vestidos, ternos, perfumes —, um vistoso cavalo branco e um revólver. Assim apetrechado foi ser cometa, ou seja, mascate. Como cometa, José percorreu estradas enlameadas ou cobertas de poeira, parando nas pequenas cidades e nas fazendas.*

Depois de alguns anos, acumulou reservas suficientes para se estabelecer. Escolheu a cidade de Varginha, onde montou uma oficina de costura e loja de roupas, chegando a empregar mais de uma dezena de costureiras. A casa comercial recebeu o título distintivo e atraente de Au Bon Marché, indicativo de que ali se vendiam artigos finos — mesmo que não fossem franceses — e, além disso, baratos.

Tão logo chegou ao Brasil, tio Isaac seguiu os conselhos do irmão e foi também ser cometa, percorrendo o estado de São Paulo em várias direções que abrangiam o Vale do Paraíba e a Alta Araraquarense. Com o dinheiro que conseguiu juntar, deslocou-se para a cidade de São Paulo, melhorando suas condições de trabalho. Se desde o início tivera a pretensão de ser um "mascate de luxo", "um mascate de madame", realizava plenamente tal desejo, ao fixar-se na capital. Nessa época em que as senhoras não iam às compras com freqüência, ele percorria os Campos Elíseos, Higienópolis, oferecendo produtos importados. Seu êxi-

(*) Muitos anos depois das andanças de meu tio José, ocorreu um episódio exemplificativo das distâncias e do desconhecimento entre uma geração e outra. Minha família e a do tio, em princípios dos anos 40, estavam passando férias em Atibaia. Como de praxe, ele veio visitar-nos em um fim de semana e disse, para surpresa dos mais jovens, que gostaria de andar a cavalo. Queria um cavalo esperto e não um desses matungos destinados às crianças. Montou uma fogosa égua tordilha e saiu trotando com a maior tranqüilidade, em meio ao espanto geral. Não explicou como um homem gordo, cinqüentão sedentário, tinha tal habilidade. Preferiu lançar à garotada um sorriso, com os olhos semicerrados, lembrando quem sabe o serviço militar na Turquia e o cavalo branco de Varginha.

to foi garantido pelas boas maneiras e por outros sinais de distinção, pois não batia de porta em porta, como tantos "mascates comuns", vergados ao peso de suas mercadorias. Percorria, isso sim, as avenidas e as ruas mais importantes, conduzindo uma aranha ou charrete, puxada por um cavalo branco de crina sedosa, muito bem tratado.

Depois de vários anos, meus tios José e Isaac decidiram reunir-se, entrando no comércio prestigioso de café, algodão e cereais. A escolha de uma atividade comercial que incluía o principal produto brasileiro de exportação não se limitou aos Salem. Em Santos, os Sion, os Hazam, os Curiel comerciavam também com café.

A história da ascensão social dos Salem e, provavelmente, de outras famílias sefaradis assemelha-se e, ao mesmo tempo, diferencia-se da história dos judeus *ashkenazim*, que começaram a chegar ao Brasil em meados da década de 20. Nos dois casos, a atividade inicial como mascate parece ter sido relevante como fonte de "acumulação primitiva" de recursos. A partir daí, os caminhos se separaram, pois os *ashkenazim* dedicaram-se sobretudo ao comércio de móveis e de tecidos e à indústria.

Essa separação tem muito a ver com a época em que cada um dos grupos chegou ao Brasil. Quando os *ashkenazim* reuniram condições para tentar um empreendimento de maior vulto, as brechas de entrada no setor cafeeiro haviam se reduzido bastante. Além disso, a crise de 1929 afastou-os dessa atividade. Guiados por seu faro nos negócios e pelas condições existentes, eles acertaram na escolha, integrando-se ao avanço do comércio e da indústria ocorrido no Brasil, sobretudo após 1930.

Meus tios não tinham capital suficiente para iniciar sozinhos um novo negócio. Decidiram associar-se a um parente — Leon Levy —, irmão de minha tia Cadem e cunhado de tio José. Por um breve período, entrou também com recursos Jacques Jessouroum, um sefaradi sem vínculos familiares com os Salem. Jessouroum não se interessou em participar diretamente da empresa, nomeando um procurador, chamado Alberto Levy.

Apesar do sobrenome, Alberto Levy não era parente dos Levy da Turquia. Seu pai nascera no Egito e ele na ilha de Rodes.

Formou-se assim, no início da década de 20, a Levy Salem & Cia. O local da instalação deveu-se ao conhecimento que meu tio Isaac tinha da região da Alta Araraquarense, em plena expansão. Depois de uma breve passagem por Taquaritinga, os sócios construíram um armazém em uma boca de sertão — São José do Rio Preto, ou simplesmente Rio Preto. A empresa beneficiava café, cereais e algodão em rama. Às vezes, limitava-se a beneficiar a mercadoria para terceiros, sem se envolver em operações de compra e venda.

As instalações da firma eram modestas. Velhas máquinas beneficiavam as mercadorias, destacando-se o arroz, naquela época produzido em grande escala na região. Um acordo de fornecimento para a Companhia Antarctica Paulista, que utilizava arroz na fabricação de cerveja, favoreceu a sustentação do negócio.

Mas havia várias limitações. Não existiam recursos para a compra de uma prensa de algodão que permitiria colocá-lo em fardos prontos para a venda. Como o fornecimento de energia elétrica era muito irrregular, foi necessário tocar as máquinas por energia a vapor, fato que deu à empresa uma aparência fabril, pois uma grande chaminé escoava a fumaça proveniente das caldeiras.

Nas cartas que enviavam à família, José e Isaac falavam de um mundo batido pelo sol e por um calor quase insuportável nos meses de verão, mas onde não ocorriam terremotos ou revoluções. A família se reunia em círculo para ouvir a leitura das cartas, de que se incumbia uma das moças da casa. A tarefa não era simples: a leitura se interrompia com freqüência pela emoção e por tropeçar em nomes como Taquaritinga, Araraquara, Pindamonhangaba ou Guaratinguetá.

Sem contar com homens em idade militar, meus avós e suas duas filhas puderam acompanhar, com certa frieza, as notícias do conflito mundial. A ameaça aos Dardanelos não os tocou de perto e menos ainda as sucessivas derrotas do exército turco diante das potências da Entente, que resultam na perda do Iraque e de quase todos os territórios árabes. A guerra não chegara a Ourla e isso era aparentemente o essencial.

Nem mesmo o genocídio dos armênios, em 1915, nos confins da Anatólia, produziu um grande efeito. O fato parecia distante e até mesmo duvidoso nesse tempo de guerra propício aos rumores de todo tipo. Afinal, não afirmava o governo turco que tudo não passava de propaganda do inimigo?

Para os Salem, o episódio mais penoso da Primeira Guerra foi o de uns parentes distantes que moravam na Bélgica. Tratando de fugir ao avanço alemão, esconderam-se em um celeiro, onde chegaram a comer serragem e acabaram por morrer tuberculosos. Na cronologia familiar, a guerra não começou em 1914, mas em maio de 1919.

Derrotado na guerra, o Império Otomano teve de aceitar as humilhantes condições que lhe foram impostas pela Entente, no armistício de Moudros, em outubro de 1918. Entretanto, a questão turca não fora resolvida em definitivo. Pelo contrário, a partir do armistício, a França, a Inglaterra, a Itália e a Grécia começaram a concretizar o retalhamento do império. Em fins de 1918, mais de cinqüenta navios de guerra dos países vitoriosos se deslocaram para as águas do mar de Mármara, diante de Istambul, onde vivia uma significativa minoria de 250 mil gregos. O general francês Franchet d'Esperey fez uma entrada triunfal na capital turca, desfilando garbosamente em seu cavalo branco, à frente das tropas. Explodiram as aclamações entusiásticas dos gregos, que, além de verem derrotado um inimigo de muitos séculos, sonhavam com a *megali idea*, a constituição de um grande reino, tendo como centro Atenas. Os armênios participavam do mesmo entusiasmo, pois não só esperavam vingar-se de uma sucessão de genocídios, como também acalentavam a idéia da constituição de uma Grande Armênia, no leste da Anatólia, pela qual tantos deles tinham dado a vida. Até mesmo alguns turcos receberam as tropas com alívio, na esperança de que, por fim, seria possível contar com algum tipo de estabili-

40

dade. Só os "turquinos", com poucas exceções, ficaram prudentemente à espreita.

A região de Esmirna era cobiçada pela Itália e pela Grécia. Na surda disputa entre os dois países, os gregos acabaram levando a melhor, graças ao apoio das potências integrantes da Entente — a França, os Estados Unidos e, principalmente, a Inglaterra. Em 15 de maio de 1919, o governo grego, sob a chefia do general Venizelos, ordenou o desembarque de tropas em Esmirna. A invasão foi um erro de trágicas conseqüências. Se os turcos admitiam penosamente conviver com a presença das grandes potências em seu território, jamais aceitariam a ocupação por parte da Grécia, uma arquiinimiga de longa data.

Mas, a princípio, a balança pendeu favoravelmente para os gregos, que já no dia 16 de maio conquistaram Ourla e, a seguir, toda a região de Esmirna. Foi nesse dia que o mundo bem ordenado dos Salem sentiu a presença da guerra: mortos e feridos, as aclamações de gregos e armênios, a amargura dos turcos e a mudança das autoridades, na pequena cidade.

Entre marchas e contramarchas, no interior da Anatólia, os turcos organizaram a resistência, sob o comando de Mustafá Kemal, um oficial que iria romper com o sultão e se demitir do Exército, passando ao combate contra as tropas de ocupação. Passo a passo, combinando êxitos políticos e militares, os nacionalistas turcos chegaram ao êxito final e empurraram, literalmente, os invasores gregos, pelo caminho do mar, de volta à Europa.

PARTIDA PARA O BRASIL

Aqui retomamos o fio linear desta história, interrompido pelo *flash-back*, no momento em que os sefaradis conseguiram escapar à revanche sangrenta dos vencedores.

Desesperados, muitos civis gregos viram os navios, já carregados de refugiados, abandonar a costa, deixando-os nas mãos de seus piores inimigos. Na sua vingança, os turcos incendiaram igrejas, violaram mulheres, massacraram gregos e armênios. Um misterioso incêndio, cuja responsabilidade nunca foi determinada com certeza, destruiu grande parte da velha Esmirna, cinco dias após a entrada das tropas turcas na cidade. O fogo que começou no bairro armênio e foi espalhado pelo vento causou a morte de milhares de pessoas, além de deixar mais de 300 mil desabrigados.

Ourla não escapou ao quadro geral. A população e as autoridades turcas começaram a desforrar-se de humilhações impostas na vida cotidiana, massacrando as minorias gregas e armênias. Um barbeiro grego, vizinho de meus avós, veio esconder-se no sótão da casa deles. Além do temor genérico, o homem tinha razões específicas de pânico, pois tivera a má idéia de afrontar os turcos durante a ocupação, batizando inclusive seu cachorro de Kemal Pachá.

O barbeiro passou semanas escondido até que a família decidiu penosamente que não poderia mais correr aquele enorme risco, o que equivalia a uma sentença de morte. Trêmulo, com andar vacilante, uma bandeira branca improvisada nas mãos, o barbeiro se entregou às autoridades turcas. De nada adiantou sua fraqueza e o símbolo de pacificação. Poucos dias depois da prisão, passou amarrado com outros prisioneiros, diante da casa de meus avós. Ia a caminho de uma montanha, de onde o magote humano, dividido em feixes pesados — pois pedras eram atadas aos pés daquela gente —, seria atirado no abismo.

Diante daqueles horrores e do desejo de reunir a família, meus avós, aconselhados pelas filhas, tomaram a decisão difícil: partir para o Brasil.

O caminho da emigração, a que se lançaram tantas famílias sefaradis, era obviamente muito diferente da partida da Espanha, vários séculos antes. O governo turco, em seu esforço modernizador, não pretendia impor a ninguém como condição de permanência no país a renúncia à fé religiosa, mas a adoção de uma cidadania. Sob esse aspecto, porém, encontramos uma semelhança entre os dois deslocamentos humanos, guardadas as diferenças de tempo, lugar e dramaticidade. Em ambos os casos, a emergência de Estados nacionais levou à impossibilidade de comunidades minoritárias continuarem a viver uma vida sujeita a regras próprias. No primeiro deles, era muito doloroso aceitar a condição de súdito, impondo a renúncia à fé judaica. Mesmo porque essa renúncia estava longe de assegurar a simples sobrevivência. No segundo, era mais fácil sopesar vantagens e desvantagens; não por acaso, famílias sefaradis, principalmente de Istambul, resolveram permanecer na Turquia. Mas muitas outras recusaram a cidadania, cansadas também dos horrores que estavam presenciando, preferindo a condição de estrangeiras em terras distantes.

Além disso, as razões da emigração dos sefaradis são diversas das que ditaram a resolução individual de milhões de famílias no período de emigração em massa. Em regra, eles não emigraram premidos por sua condição econômica, mas pela sensibilidade diante de mudanças sociais e políticas.

A decisão de emigrar provocou, na família de meus avós, sentimentos contraditórios. Ela despertava incerteza e crescente ansiedade, à medida que a data da partida se aproximava. Mas gerava também a expectativa do reencontro, compensando os temores. Havia, ao mesmo tempo, inúmeras decisões práticas a tomar e a necessidade de cercar de cuidados minha avó Rachel, atingida pelo mal de Parkinson, e meu avô Samuel, vítima de catarata.

Que bens, afora algum dinheiro em libras esterlinas, conviria levar para o Brasil? Decisão difícil para a qual a informação dos *hijos* não era suficiente. Qualquer que ela fosse, acabaria associada a uma sensação de perda. Ao longo dos muitos anos em que viveram no Brasil, os Salem lamentaram ter deixado para trás os tapetes turcos, as coberturas de mesa finamente bordadas, a prataria lavrada, com seus desenhos de inspiração oriental, as caixas de madeira entalhada onde brilhavam as madrepérolas. Nos enormes baús trancados com cadeado, trouxeram uma mínima parte desses bens, como se quisessem partir do princípio, conservando apenas fragmentos de uma fase de suas vidas que se encerrara irremediavelmente.

Apesar da parcimônia de objetos, eles deram um toque especial às casas em que a família residiu em São Paulo, e, se não foram a "*madeleine* proustiana", foram, ao menos, a "*madeleine* turquina". Uma mirada em direção a uma caixinha de madrepérola ou a um tapete provocava longas evocações e o sentimento de perda, concentrado nos bens vendidos a baixo preço, que ia, entretanto, muito além do prejuízo material.

Partiram para o Brasil, em meados de junho de 1924, meus avôs Samuel e Rachel, ele com 69 e ela com 61 anos, acompanhados da filha mais nova — Eva, com 23 anos, que viria a ser minha mãe. Embarcou também minha tia Esther, prima e noiva de tio Isaac, com quem se casaria pouco depois da chegada ao Brasil. Em 1921, Isaac fizera uma viagem à Turquia para sondar a viabilidade de trazer a família para o Brasil e firmar uma perspectiva já esboçada de casamento.

A viagem do grupo não foi um incidente qualquer. Foi A Viagem, com letras maiúsculas, acontecimento único que não iria repetir-se e nem de longe poderia comparar-se às triviais e raras idas anteriores ao interior da Turquia e, mais tarde, ao interior do Brasil. Tanto assim que a família de minha mãe nunca se esqueceu de seus detalhes, dos nomes dos navios, das tempestades, do enjôo num mar agitado.

Com a travessia oceânica, reuniam-se as duas partes da família Salem, que haviam deixado de conviver por muitos anos. Aos membros masculinos jovens, assentados no Brasil, caberia garantir o sustento familiar. Os que agora emigravam constituíam, de um lado, a parte feminina — cujo suporte afetivo e de trabalho doméstico seria fundamental para todos — e, de outro, a parte dos idosos, de quem seria necessário cuidar.

A família partiu de Esmirna no *Barletta*, navio italiano que fez uma parada em um porto albanês onde todos os passageiros foram submetidos a uma humilhante inspeção sanitária. Daí seguiram para o porto italiano de Brindisi, onde se encontraram com a irmã mais velha de minha mãe, tia Rebecca. Ela e seu marido Jacques, a quem décadas mais tarde eu e meus irmãos daríamos o apelido de Paisico, haviam embarcado meses antes, clandestinamente, de Esmirna para a Itália, pois tio Jacques tinha problemas com o serviço militar. A família assim reunida seguiu então rumo ao Brasil, num navio mais confortável, de designação ilustre — o *Duca degli Abruzzi*.

Em consonância com sua condição, os Salem viajaram em camarotes de segunda classe, olhando com uma mirada diferente para o alto e para baixo, como fariam ao longo de suas vidas. No alto, na primeira classe, estavam os inatingíveis graúdos, que era preciso respeitar, vestidos com requinte, dançando em espaçosos salões, bronzeando-se ao sol de uma piscina, gente de muito dinheiro, pelo menos na aparência. Embaixo, no porão, viajavam apertados os pobres imigrantes da terceira classe. Os de cima, na hierarquia social e espacial do navio, tinham por eles comiseração, tratando porém de guardar distância daquela gente.

Em uma manhã brumosa e fria de julho de 1924, o *Duca degli Abruzzi*, guiado pelo prático, entrou por fim no porto de Santos. Para os Salem, a ansiedade natural da chegada cresceu, pois temiam que a doença impedisse o desembarque dos "velhos". Ainda por cima, os recém-chegados receberam a notícia de que um general revolucionário, um certo Isidoro, tinha ocupado São Paulo, não sendo assim prudente subir imediatamente a serra. No Brasil talvez não houvesse terremotos, mas certamente havia revoluções: os *hijos*, pelo jeito, tinham se enganado. Ou será que embelezavam a imagem do Brasil para assegurar a presença dos pais a sua volta?

2
DA EUROPA CENTRAL À AMÉRICA

KORLUFKA

Em Korlufka não há trigais que conversam com o vento. Nem os vinhedos, impregnando os campos de roxo, de onde parte a gritaria de homens e mulheres que colhem a uva, no começo do outono. Os invernos são longos e rigorosos, o céu prefere o cinza ao azul e ao dourado durante grande parte do ano. Aqui, não é possível sonhar com o banho de mar, nas noites de verão. O mar mais próximo — mesmo assim um mar interno, o mar Negro — está a centenas de quilômetros de distância. Para se chegar ao Atlântico, é preciso atravessar meio continente.

Korlufka é apenas um povoado do ducado da Bukovina, nos confins do Império Austro-Húngaro, confrontando com a Galícia, a Transilvânia, a Hungria e a Romênia. Região de difícil acesso, bloqueada em parte pela cadeia dos montes Cárpatos, famoso hábitat dos vampiros e do conde Drácula.

O estabelecimento dos judeus nessa região da Europa central, da qual a Bukovina faz parte, data do fim da Idade Média, quando os imperadores do reino da Polônia-Lituânia começaram a acolher a população judaica expulsa da Alemanha, ou melhor, do Sacro Império Romano-Germânico.

Por alguns séculos, essa população gozou ali de uma autonomia, em termos relativos, que jamais conhecera. Ao mesmo tempo, longe dos grandes centros urbanos do ocidente da Europa, de cidades como Viena e Praga, a comunidade judaica tendeu a fechar-se sobre si mesma, levando uma vida de isolamento e pobreza. Uma grande mudança política ocorreu em 1772 quando os Habsburgo anexaram todo o território situado ao norte dos Cárpatos, integrado ao império austríaco sob a denominação de reino da Galícia e Ludoméria. A Galícia constituía a maior parte da área incorporada, trazendo para dentro do império habsburgo uma população judaica numerosa, que constituiria um dos centros mais importantes da vida judaica em toda a Europa.

Até as últimas décadas do século XIX, os judeus da Galícia se caracterizaram pela intensidade da vida religiosa, pela pobreza e pelos baixos níveis de educação. Ao contrário dos judeus de outras partes do império — como a Boêmia —, a gente da Galícia, em sua maioria, falava iídiche e polonês.

A Bukovina era uma pequena região com forte presença de romenos e rutenos. Fazia parte do principado da Moldávia — um protetorado do Império Otomano — e foi anexada ao império austríaco pouco depois da incorporação da Galícia. Na época da anexação, havia cerca de duzentas famílias judaicas na Bukovina. Seu número cresceu lentamente, ao longo das décadas. A partir de meados do século XIX, sobretudo depois que o império austríaco desmembrou a Bukovina da Galícia, em termos administrativos, formando um ducado autônomo (1848), a população judaica cresceu bastante, em termos relativos: um censo de 1890 constatou a presença de mais de 82 mil judeus, constituindo cerca de 13% da população da Bukovina.

A estratificação social seguia linhas previsíveis, com alguns traços específicos. O censo revelou que os judeus eram em sua maioria comerciantes, mas 1% deles foram definidos como "agricultores", abrangendo-se nessa expressão desde camponeses muito pobres até alguns grandes proprietários. Provavelmente, os cultivadores do campo se originaram da política fisiocrática do imperador José II (1780-90), que procurou facilitar o acesso dos judeus à terra, na tentativa de integrá-los como súditos leais ao império.

A composição populacional majoritária de "comerciantes" poderia ocultar o fato de que a pobreza era generalizada, tanto entre os judeus da Bukovina como da Galícia. Entre os comerciantes, incluíam-se vendedores de rua ou gente que vivia de pequenos expedientes, comprando aqui para vender um pouco mais adiante objetos de valor reduzido ou mesmo ínfimo.

A Bukovina apresentava, em muitos aspectos, características semelhantes à Galícia, mas tinha marcas específicas. Tal como a Galícia, era uma região muito pobre, de população analfabeta em sua imensa maioria, mal articulada aos grandes centros do império austríaco. A estrada de ferro só chegou à Bukovina em 1870, após ter alcançado a Galícia. Relações feudais predominaram no campo até meados do século XIX; o comércio era incipiente, para não falar na indústria. Em resumo, mesmo uma modernização incipiente não chegara à Bukovina até a separação da Galícia.

Porém, ela se diferenciava desta última, entre outras coisas, pela composição étnica. A influência polonesa era muito reduzida. No campo, tanto os grandes proprietários como os camponeses eram majoritariamente moldávios, equivalendo, em termos aproximativos, aos romenos. O ruteno, o alemão e um iídiche meio estropiado constituíam as línguas mais faladas, no cruzamento de vários idiomas nas dimensões de um pequeno território.

Do ponto de vista religioso, a penetração do movimento hassídico chegou tardiamente à Bukovina, mas aí se implantou com maior força. Iniciado em fins do século XVIII, no reino da Polônia-Lituânia, por Ba'al Shem Tov, esse movimento veio a ser um ramo duradouro do judaísmo, com sua noção peculiar da idéia de Deus, seus ritos próprios, sua tendência ao êxtase, em contraste com o ascetismo. Após o estabelecimento de três grandes centros dos *hassidim*, a Bukovina se transformou numa das mais significativas regiões de influência do hassidismo em todo o mundo.

Ao longo das últimas décadas do século, em meio à pobreza rural, um núcleo urbano ganhou destaque. Suas várias denominações — Czernowitz para os austríacos, Chernovitsy para os russos, Cernauti para os romenos — são reveladoras das contínuas mudanças de controle territorial dessa região de fronteira. Contando apenas 6 mil habitantes em 1800 (Viena tinha na época cerca de 200 mil), um século depois passou a ser a quinta cidade do Império, com quase 70 mil habitantes.

Não era muito diante de cidades como Viena, que chegara a 1,7 milhão de pessoas, ou mesmo diante de Budapeste, Praga e Trieste. Mas a relativa modéstia dos números não dá conta da importância qualitativa da cidade no ducado da Bukovina e da presença judaica, que, a partir de 1880, representava cerca de 32% de sua população. Em meados do século XIX, abriram-se em Czernowitz muitas oportunidades educacionais para os jovens judeus. Isso começou a ocorrer especialmente depois que os *maskilim* — ou seja, membros da Haskalah, movimento iluminista judaico iniciado nas últimas décadas do século XVIII — tomaram o controle da sinagoga local das mãos dos ortodoxos e começaram a promover um amplo movimento educativo.

Quando, em 1872, o governo imperial fundou uma universidade em Czernowitz, muitos jovens judeus acorreram para ela. Daí resultou a formação de um núcleo de intelectuais cuja língua era o alemão, com uma visão modernizante acerca dos rumos do império. Esse grupo, ao mesmo tempo em que tratava de manter a identidade judaica, veio a participar cada vez mais da vida política, a partir de uma posição de lealdade para com o imperador.

A participação judaica na vida política de Czernowitz foi incentivada pelo fato de que o eleitorado de língua alemã, com forte presença de judeus, representava o fiel da balança na disputa entre romenos e rutenos pelo controle da cidade; a tal ponto que, de 1906 até a ocupação da cidade por tropas russas, no curso da Primeira Guerra Mundial, Czernowitz teve vários prefeitos judeus.

Por último, Czernowitz se notabilizou por ter sido a cidade do império menos tocada pelo anti-semitismo. Apesar da criação de um partido anti-semita romeno, pouco antes da guerra, as relações sociais existentes na cidade, a lealdade dos judeus para com o imperador foram fatores que, pelo menos, reduziram a força do preconceito.

Os Brettschneider e os Fuss, meus ascendentes paternos pelo lado de meu avô e minha avó, eram pequenos comerciantes em Korlufka. Para sustentar a mulher e os vários filhos, meu avô Boris não podia se limitar às minguadas oportunidades comerciais em Korlufka. Junto com um sócio, procurava aproveitar as oportunidades abertas pelas feiras internacionais, para ir vender cereais e, principalmente, trazer de volta utensílios de cozinha, brinquedos, bens de consumo que eram escassos ou novidade na região. A maior atração era a feira alemã de Leipzig, distante algumas centenas de quilômetros de Korlufka. Os dois sócios percorriam de carroça a longa distância, sacolejando pelos caminhos. Levavam dias no percurso, revezando-se na boléia, dormindo pouco, tomando cuidado para não estropiar os insubstituíveis burros.

Em uma dessas viagens, cruzaram como sempre faziam a fronteira da Alemanha, onde exibiam seus documentos e obtinham autorização de passagem. Atravessaram de regresso, como tinham feito na ida, com uma diferença: meu avô Boris seguira vivo e retornava morto, vítima de um ataque cardíaco. Seu sócio, ainda sob o impacto de uma morte súbita, decidira que não era possível voltar a Korlufka de mãos abanando, após ter enterrado meu avô em um canto qualquer. Quem sabe não pensasse até que sua volta, sozinho, pudesse despertar alguma suspeita. Resolveu então amarrar disfarçadamente o cadáver na boléia, escorando-o com seu corpo, e assim atravessou a fronteira, retornando a Korlufka.

A morte de meu avô pôs fim à situação de relativo equilíbrio econômico da família. Minha avó — Rachel, como a materna — tratou de reduzir despesas e cortar os poucos confortos. Dormiam todos, ela e as crianças, em um único quarto, onde se acendia o fogo no centro, nas noites de inverno. Com cerca de dez anos,

50

meu pai, Simon, foi aprender o ofício de alfaiate, sem ganhar nenhuma remuneração.

A emigração como alternativa àquela vida de horizontes estreitos não era excepcional, pois a onda emigratória dos últimos decênios do século xix e de princípios do século xx alcançara as cidades e aldeias da Europa central. Surgiu para Simon uma oportunidade quando o alfaiate com quem trabalhava decidiu emigrar para a Argentina e o convidou a partir com ele. Nessa época de documentação imprecisa, foi fácil converter o alfaiate em tio de meu pai, que, desse modo, agregou-se a sua família.

ARGENTINA

Nos primeiros anos do século, em torno de 1907, Simon empreendeu a longa viagem, separando-se da mãe e dos irmãos. Que idade teria? A esse respeito só é possível conjeturar. Era certamente um menino, mas não é crível que tivesse apenas dez anos, como dizia quando queria acentuar o caráter dramático de sua história.

Na sua última cédula de identidade, expedida no Brasil em 1958, figura a data de 16 de março de 1896. Ela parece pouco compatível com sua história de vida, pois é certo que da Argentina emigrou para o Brasil em 1913, um ano antes da Primeira Guerra Mundial. Mesmo levando em conta que os meninos pobres amadurecem precocemente — e mais ainda naquela época —, é difícil acreditar que, entre os dez e os dezesseis anos, Simon tenha vivido de forma independente na Argentina.

Além disso, quando aludia aqui e ali ao passado, ele gostava de dizer que ninguém sabia sua idade, sendo mais velho do que declarara em seus documentos. Para não ficar na total incerteza, tendo em vista essas pistas, é provável que andasse pelos catorze anos, ao decidir emigrar.

A emigração de meu pai enquadrava-se, sob certos aspectos,

51

na moldura típica daqueles anos: o impulso fora ditado por razões econômicas, agravadas com a morte de meu avô, e não tinha nada a ver com motivações socioculturais, como iria acontecer com a família de meus avós maternos.

Por outro lado, sua decisão se afastava dos casos típicos porque era tomada não por um jovem membro de uma família em condições de trabalhar e, quem sabe, prosperar, tendo por horizonte chamar a família para a nova terra. Constituía o projeto aventuroso de uma quase criança, nascido de uma determinação fantástica, brotando da recusa de continuar vivendo uma existência sem perspectivas.

Por mais fragmentadas que fossem as lembranças que a família de meus avós maternos transmitiram a seus descendentes acerca de sua terra de origem, elas parecem compactas quando comparadas às deixadas por meu pai. Ele partiu da Bukovina menino e a extensão de sua vida na Europa tinha sido assim muito curta. Mas não só esta circunstância óbvia determinou a pobreza, se não das lembranças, pelo menos da vontade de falar delas diante da nova geração. É que o mundo de Korlufka, ao contrário do mundo de Ourla, estava associado às privações materiais e às perdas afetivas, a tal ponto que podia ser quase suprimido como capítulo inicial da história de um *self-made man*. Simon limitava-se a reproduzir imagens e não um relato concatenado: os Cárpatos perdendo-se de vista no céu brumoso, o dormitório com o fogo aceso no centro, a presença dos rutenos, "um povo de que vocês nunca ouviram falar, mas que existe". No máximo, vangloriava-se de saber algumas palavras de ruteno, uma língua ucraniana escrita com utilização do alfabeto cirílico.

Entretanto, uma fala de meu pai, nos últimos anos de vida, me surpreendeu. Um belo dia ele começou a dizer que gostaria de voltar a Korlufka, naquela altura incluída no território da União Soviética, projeto que evidentemente se situava no plano da fantasia e era, por isso mesmo, muito expressivo.

"Korlufka, que diabo é isso?", perguntei.

Como se tivesse vergonha daquele povoado, sequer assinalado nos mapas-múndi, Simon nunca mencionara Korlufka. Para todos os efeitos, nascera em Czernowitz. Korlufka, porém, surgia do fundo da sua memória, como a volta a uma casa materna, desaparecida havia muito tempo.

Simon tratou também de reprimir a lembrança das tensões provocadas pela decisão de emigrar. Quando muito, ressaltava a tristeza da mãe, que nunca mais veria, procurando ocultar a dele próprio. A longa viagem até o porto de Bremen, na Alemanha, era um hiato jamais preenchido; a penosa travessia do Atlântico, um salto no escuro, dela não restando pessoas ou a imagem do navio que era para os imigrantes uma casa com nome, às vezes mais importante do que as pessoas.

O salto no escuro se iluminava de repente, primeiro com a sensação do calor, depois com a visão dos negros, do verde gritante, da serra ao longe, compondo o porto de Santos. Dias depois, os ares mais frios abriam caminho para o casario baixo e sem graça de Montevidéu.

A vida de Simon, no plano da memória seletiva, começava de fato em Buenos Aires. Precisou atravessar o Atlântico para conhecer um grande centro, com mais de 1 milhão de habitantes, onde fluía uma vida urbana cheia de atrativos e de misérias. O contato inicial não lhe provocou um súbito entusiasmo. No porto de águas barrentas, havia uma intensa atividade de gente que corria de um lado para o outro; nas construções, predominavam os tons escuros dos armazéns e das chaminés.

Viu, pela primeira vez, La Boca, bairro pobre, sujeito a inundações, que os antigos pescadores genoveses iam abandonando, em busca de lugares mais seguros. Atrás da Boca, começava a despontar o bairro de Barracas, onde as construções da indústria nascente acrescentavam-se aos armazéns: cervejarias, destilarias, processadoras de carne, alguns lanifícios.

Simon nunca se esqueceu dessa mirada inicial, associando La Boca e Barracas a um misto de trabalho intenso, de sujeira e de *mala vida*. Mas ela era apenas um lampejo, diante do deslumbramento. O deslumbramento eram os grandes edifícios públi-

53

cos, as lojas de artigos finos, o centro da cidade movimentado e cheio de luzes. Era sobretudo o Teatro Colón, onde meu pai se espremia na "torrinha", junto com outros imigrantes, contemplando de perto o teto de pinturas neoclássicas, o lustre tcheco composto de milhares de vidrilhos. Ali chegavam, depois de um longo percurso do palco às alturas, as vozes das sopranos e de baixos, como o russo Chaliapin, nascendo de vultos mal definidos à distância.

Simon admirava a elite portenha, gente bem vestida, de gestos refinados, segura de si, que via entrar e sair dos palacetes da avenida Alvear ou da praça San Martín. Mas ele, morador num quartinho do bairro judeu, junto à praça Lavalle, estava a uma distância social e cultural intransponível com relação àquela gente.

Os primeiros anos do século se caracterizaram, em Buenos Aires, por amplas mobilizações operárias e populares, tendo como pico o ano de 1907, quando anarquistas e socialistas organizaram uma greve contra a chamada lei de residência. A lei autorizava o Poder Executivo a expulsar do território argentino os estrangeiros considerados "perturbadores da ordem e incompatíveis com os objetivos de uma comunidade civilizada".

Simon misturou-se à massa que afluía aos comícios para escutar os discursos inflamados dos líderes populares, conclamando à solidariedade dos oprimidos. Sensível àquele discurso pelas idéias e principalmente pelos toques emotivos, não se identificava, porém, com a massa operária. Apesar de todas as suas carências, não se sentia propriamente um oprimido e a solidariedade de classe não lhe dizia respeito. Não era operário nem pretendia ser, não tinha a experiência das greves ou outras formas de solidariedade coletiva. Seu projeto era outro, voltado para a ascensão individual, que lhe parecia ser possível através da perseverança e do trabalho. Como tantos imigrantes, acreditava nas virtudes do *self-made man*, corroboradas por uma época em que o capitalismo nascente, no Brasil e na Argentina, abria possibilidades de êxito. Não desejava, porém, ascender a qualquer custo: na "luta pela vida", como gostava de dizer enfaticamente, para tentar transmitir, pela entonação de voz, o conteúdo dramático dessa luta, se impunha limites éticos. Ao mesmo tempo, apesar de suas dificuldades no contato com as pessoas, e talvez em razão disso, valorizava imensamente os laços sinceros de amizade e a família que, por muitos anos, praticamente não possuiu.

Se não se identificou com a massa operária, foi em Buenos Aires que Simon formou sua consciência política. Apesar de os anarquistas terem maior visibilidade em princípios do século, não foi influenciado por eles, e sim pelos líderes do Partido Socialista, de tendência moderada, como o senador Justo e principalmente Adolfo Dickmann. O dr. Dickmann era a epítome do sonho realizado do imigrante. Por alguns traços de sua vida, Simon tinha boas razões para identificar-se com ele. Nascido em uma pequena cidade da Rússia, imigrou sozinho e sem dinheiro para a Argentina, em 1890, aos dezesseis anos. Trabalhou como colono em uma área de colonização judaica de Santa Fe e daí mudou-se para Buenos Aires. Educou-se com extrema dificuldade até formar-se pela faculdade de medicina, em que foi discípulo de Justo, tanto no terreno acadêmico como político.

Quando, muitos anos mais tarde, eu e meus irmãos optamos por um caminho político radical, meu pai, sem nos censurar, se definiu claramente como social-democrata cujo modelo eram os grandes nomes do socialismo argentino. Não concordava com nossos excessos e, além disso, como observava sabiamente, não podia trabalhar contra seus próprios interesses.

Buenos Aires se tornou uma referência obrigatória, não só para meu pai como para seus filhos. Senti isso com clareza quando fui pela primeira vez à cidade, no início dos anos 50, em plena euforia peronista. Não se tratava apenas do fato de que, para um jovem para quem a Europa era um sonho quase inacessível, Buenos Aires constituía um digno substituto. Lá estavam os jardins ingleses, as construções de estilo espanhol da avenida de Mayo, os restaurantes como a Emiliana, com o andar superior aberto, à semelhança de um balcão de teatro, as confeitarias diante das quais o paulistano Bar Viaduto ou o salão de chá do

Mappin se reduziam a suas acanhadas proporções. Havia mais do que isso. Havia a sensação de pisar em terreno conhecido, algo que existia no fundo da memória, ainda que a memória original fosse a de meu pai.

Não idealizemos, porém, a visão que Simon tinha de Buenos Aires, composta de elementos contrastantes. De um lado, a cidade era um grande centro de cultura e de civilização, qualidades que ele sempre valorizou e ambicionou, sem ressentimentos, apesar de ser apenas um imigrante semi-alfabetizado. Ao mesmo tempo, a partir do convívio diário com a gente portenha, brotou uma avaliação negativa típica do imigrante bem-comportado, para quem o trabalho era o valor supremo, com relação a certos grupos sociais. Definia quase todos os rapazes argentinos, provenientes das camadas populares, como *compadritos*, vagabundos de cabelos engomados, roupas limpas e bem passadas, graças ao sacrifício de uma mãe extremosa. Sugeria mesmo que alguns passavam da exploração da mãe a outro tipo de exploração das mulheres.

Meu pai não se agregou, na Argentina, à família do "tio". Este já fizera muito ao possibilitar sua viagem e, além disso, acabou partindo para o interior. Simon foi buscar trabalho na única área de que tinha algum conhecimento, em uma pequena alfaiataria. Acolhido pelo alfaiate judeu e sua família, alcançou algum grau de apoio afetivo de que, como todo imigrante sem laços na nova terra, necessitava bastante. Pelo menos, não ficava dolorosamente só, por ocasião das festas judaicas, celebradas com o grupo familiar.

Mas essa foi uma breve passagem na história de um imigrante que se sabia solitário e que, no fundo, desejava essa condição. Arriscou-se a sair do emprego e se lançou nas ruas, vendendo quadros baratos, que expunha, com cuidados de *marchand* nômade, nas esquinas movimentadas. Tratava de convencer os passantes de que aqueles sóis insólitos, aqueles entardeceres sangrentos, aqueles peixes defuntos, aquelas verduras e frutas mortas eram obras de arte da melhor qualidade. Logo, porém, desistiu da argumentação estética. Era bom não estar submetido a ordens, mas o preço a pagar, sob o sol e a chuva, acossado pela ameaça do ganho incerto, era muito alto.

Com os conhecimentos adquiridos na alfaiataria, meu pai se achou em condições de conseguir um emprego que lhe desse mais estabilidade. Atendendo a um anúncio, alcançou algo que lhe interessava — um emprego para atender o público em uma casa comercial de prestígio, a Gath & Chavez, que existiu até época relativamente recente. Foi no balcão da Gath & Chavez que Simon teve duas experiências positivas. Em primeiro lugar, o contato com uma clientela bem-educada, de classe média alta, ou mesmo de elite. Em segundo lugar, a aquisição de conhecimentos sobre os diferentes tecidos, suas qualidades, suas mínimas diferenças.

Esses conhecimentos eram para ele uma marca de prestígio e acabaram tendo também uma utilidade prática. Por força de suas atividades, Simon se tornou um mestre da barganha, como iria demonstrar bem mais tarde. Eu e meus irmãos, em vez de aproveitar essa arte, nos envergonhávamos dela. Certa vez — quase advogado —, acompanhei a longa negociação para a compra de uma sólida máquina de escrever usada, em uma lojinha da travessa do Comércio, no centro de São Paulo. Eu torcia para que comprador e vendedor chegassem a um acordo, mas ambos pareciam torcer para que a corda se esticasse até o limite do possível. A certa altura, Simon afirmou, para meu espanto, que não faria negócio e, com um gesto brusco, saiu da loja comigo, caminhando lentamente pela travessa. Diante do meu espanto, me cortou energicamente: "Fique quieto que o homem vai nos chamar". Não deu outra. Sua afirmação quase foi abafada pela voz lamuriosa do patrício: "Senhor, senhor, volte, não precisa se zangar".

Além da capacidade de barganha, a familiaridade com os tecidos possibilitava a utilização de uma estratégia muito particular. Ao entrar nas lojas paulistanas, meu pai exalava uma esmagadora superioridade. O que era a R. Monteiro diante da Gath & Chavez? O que eram, diante dele, aqueles pobres balconistas que não sabiam distinguir uma casimira fina de um simples cheviotezinho, senão meros vendedores de pano para uma clientela ignorante?

A superioridade dava maior força à ousadia. Tão logo entrávamos em uma loja de tecidos, meu pai me impunha silêncio. Era como se dissesse: "Eu comando o espetáculo". Depois de demonstrar, na escolha do pano, sua incomensurável superioridade diante do balconista, desfazendo suas afirmações sobre a natureza e a qualidade da mercadoria, Simon fazia suspiroso a escolha, que sempre lhe parecia o mal menor. Chegava a hora do preço. Ao ser informado, fingia não ter ouvido, impondo uma humilhante repetição. Por fim, demonstrava espanto pelo absurdo que se pretendia cobrar e contra-atacava: "Você não calculou meu desconto de alfaiate". Ao mesmo tempo, fuzilava o "cliente" com os olhos, para que não abrisse a boca. Quando o vendedor lhe pedia um comprovante, pareceria que toda a jogada tinha ido por água abaixo. Ledo engano. Do alto não de sua estatura, mas de sua superioridade, Simon respondia olímpico, caminhando para a vitória: "Que comprovante rapaz, eu lá sou alfaiatezinho de cartão?".

Mas essas são histórias de Simon em São Paulo, separadas por várias décadas da vida do menino imigrante em Buenos Aires. Voltemos pois às cenas dessa vida.

Ao assumir um emprego desvinculado das famílias judaicas, meu pai reforçou um projeto que vinha esboçando, tão logo chegou a Buenos Aires. Dissociar-se das marcas de pobreza, integrar-se na nova terra e afastar-se da colônia. No primeiro caso, era preciso livrar-se de suas marcas ostensivas — o traje em primeiro lugar. Como não dispunha de recursos suficientes, optou por despesas preferenciais, nesta ordem: primeiro as boas roupas, depois o lazer cultural e, finalmente, a alimentação. Essa estratégia, em uma fase de crescimento, contribuiu para acentuar sua magreza e a baixa estatura.

No que diz respeito à integração, seus traços e a cor morena o ajudavam a passar por um *criollo*, desde que não abrisse a boca. Tinha imenso orgulho em contar um caso, ocorrido num fim de semana em que teve a curiosidade de conhecer Montevidéu, uma cidade de fama terrível, onde *blancos* e *colorados* se envolviam em lutas sangrentas. Cruzou sem problemas o rio da Prata; na volta, ao tentar embarcar, foi barrado por um guarda que lhe exigiu documentos. Ele nem pensara nesse detalhe, correndo o risco de ser detido, apesar da sua insistência em retornar. Até que outro guarda, talvez movido por um sentimento de pena, diante da angústia de um menino, aproximou-se e disse a frase não só salvadora como reforçadora: *"Dejalo ir, se ve que es muchacho de Buenos Aires"*.

Entre outras dificuldades simbólicas à integração, o nome e especialmente o sobrenome avultavam como obstáculos sérios. Como ser portenho, carregando o sobrenome Brettschneider Fuss? Um episódio vinculado a uma breve passagem de Simon pela escola primária argentina levou-o a tomar, segundo dizia, uma decisão radical. Na chamada para verificar a presença, o professor ironizou: *"Simon Brettschneider Fuss? Que chorizo!"*. Meu pai achou complicado mudar o primeiro nome; livrou-se porém do Fuss. Por razões de sonoridade e porque a designação, como primeiro nome, era comum entre os imigrantes de origem italiana, que vinham se integrando à vida portenha, substituiu o "pé" — *fuss*, em alemão — por uma alusão à riqueza: o Fuss virou Fausto.

Desse modo, ao emigrar, meu pai reinventou sua identidade. Renasceu simbolicamente, optando por uma nova data de nascimento e por um novo nome de família. Mas nem tudo foi apagado. O que teria acontecido com o Brettschneider, sobrenome materno? Simon quase nunca se referia a ele e só assinava Simon Fausto; entretanto, em sua cédula de identidade, esse sobrenome sobreviveu, quando não teria sido difícil suprimi-lo. Entre facilitar ainda mais sua integração na América e expressar a manutenção de um vínculo com a mãe distante, a última alternativa teve mais força.

59

Tão logo se sentiu suficientemente forte para dispensar o comparecimento às festas religiosas, meu pai afastou-se dessas cerimônias e começou a organizar-se segundo princípios éticos que ia incorporando; passou a desacreditar das religiões e a pôr entre parênteses a idéia de Deus. Esse agnosticismo perdurou até sua morte e décadas mais tarde foi convertido em arma que esgrimia, na rivalidade com os cunhados.

Restou, porém, um vínculo com a colônia judaica de que Simon muito se orgulhava. Ao instalar-se no bairro judeu de Buenos Aires, deu-se conta da existência de muitas prostitutas que viviam lado a lado com "pessoas respeitáveis". Levou um pouco mais de tempo para perceber que a cidade, com uma população imigrante constituída predominantemente de homens solteiros, era um importante mercado da prostituição internacional, alimentado pelo tráfico de escravas brancas.

Pior do que isso, a maior parte do tráfico estava nas mãos de caftens judeus da Europa central, que atraíam sobretudo moças pobres daquela região. Elas eram enganadas através de promessas de casamento com jovens que supostamente estavam à sua espera, ou optavam claramente por prostituir-se para fugir à pobreza e aos pogroms do império czarista.

O vínculo entre a etnia judaica e o tráfico proporcionava munição aos círculos anti-semitas que exploravam a fundo essa circunstância: os "russos" — dizia-se nesses círculos —, quando não eram *cambalacheros*, desprezíveis negociantes de artigos de segunda mão, eram coisa pior, ou seja, traficantes de escravas brancas.

Pelo que se depreende de um texto histórico, quando Simon chegou a Buenos Aires existiam duas associações cujo objetivo era o tráfico internacional de mulheres: uma se chamava significativamente Varsóvia e a outra se denominava Asquenasum. A mais importante delas — a primeira —, localizada no subúrbio operário de Avellaneda, funcionava sob a aparência de uma sociedade de socorros mútuos. Os caftens da Varsóvia não viam nenhuma incompatibilidade entre suas atividades e suas crenças religiosas, tanto assim que fundaram um cemitério em Avellaneda onde passaram a ser enterrados caftens e prostitutas, com observância do rito judaico.

Embora muitas mulheres fossem clientes das lojas pertencentes a imigrantes judeus, elas e sobretudo os caftens eram uma vergonha para a comunidade, que tratou de se organizar a fim de combater o tráfico. Desde criança, ouvi meu pai referir-se, com um orgulho temperado de mistério, ao fato de que, quando vivia na Argentina, integrara-se na luta contra a Zwi Migdal, uma sinistra sociedade destinada à exploração de mulheres.* Movido pelo sentimento de repulsa e pelo fato de que muitas prostitutas provinham de regiões próximas à que nascera, Simon se tornou membro de uma das sociedades de combate — a Associação Judaica para a Proteção das Moças e das Mulheres, fundada em Londres, que tinha em Buenos Aires seu principal centro de atuação na América Latina. Por vários anos, depois de ter emigrado da Argentina, conservou uma carteirinha dessa sociedade e lamentava tê-la perdido em uma de suas andanças.

O tráfico despertou em Simon tal emoção e se impregnou de tal modo à vida de meu pai em Buenos Aires que a expressão *trata de blancas* foi uma das poucas que empregava em castelhano, quando viveu no Brasil.

O emprego na Gath & Chavez era seguro mas rotineiro e as possibilidades de ascensão eram pequenas. Desejo de aventura e de melhora de vida sempre se combinaram nos projetos de

---

(*) Essa referência é curiosa, pois em seu livro *Sex and Danger in Buenos Aires* a historiadora americana Donna J. Guy, cujas informações utilizei, afirma que a Zwi Migdal surgiu só na década de 20, como resultado da transformação da Varsóvia e da Asquenasum. Aparentemente, o nome Zwi Migdal não existia em princípios do século. Haveria aí um lapso da historiadora ou teria Simon utilizado retrospectivamente o nome Zwi Migdal, que figurava seguidamente na imprensa brasileira como alvo da repressão por parte do governo argentino, na década de 30?

Simon. E assim amadureceu a idéia de reunir as economias e seguir rumo ao sul, na direção da província de Chubut e da Patagônia, onde a exploração do petróleo se esboçava. Naquelas áreas abertas a novas possibilidades, Simon foi se deslocando como um comerciante nômade, vendendo alimentos, utensílios agrícolas e de cozinha.

Nesse périplo, chegou à Terra do Fogo, onde habitou um pequeno cubículo, em companhia de um "índio manso", referência que deveria provocar arrepios em seu neto antropólogo, não tivesse ele uma grande compreensão por sua ascendência. Mas um fato nebuloso cortou essa história de bons ganhos e de aventura. Um incêndio ateado nos campos de petróleo acabou atingindo a tenda de negócios de Simon, deixando-o quase a zero.

Foi esse pelo menos o fator desencadeante de uma nova emigração. Retornando a Buenos Aires contra a vontade, meu pai já não viu na cidade o brilho de alguns anos antes. Começar de novo naquele cenário conhecido era penoso e monótono. Por que não tentar, como muita gente fez, um salto próximo, sobretudo para quem já ousara o mais difícil, cruzando o Atlântico praticamente sozinho? E foi assim que, um ano antes da Primeira Guerra Mundial, em 1913, meu pai chegou ao Brasil, desembarcando no porto de Santos. Aquela que seria sua mulher, de cuja existência não poderia sequer suspeitar, entraria no Brasil, pelo mesmo porto, como sabemos, mais de dez anos depois, em julho de 1924.

3

IMIGRANTES EM SÃO PAULO

A INTEGRAÇÃO DOS SALEM

Em julho de 1924, a elite paulista buscava fugir da capital, bombardeada a esmo pelas forças legalistas, descendo a serra em seus automóveis ou em táxis. A família Salem tratou de fazer o caminho inverso. A situação reinante na cidade de São Paulo despertava temores, mas os filhos que tinham ido a Santos receber os recém-chegados decidiram pela partida imediata. Em São Paulo, era preciso continuar no comando dos negócios e havia uma casa à espera da família.

De fato, meu tio Isaac alugara, para esse fim, uma casa na rua Jaguaribe, no bairro da Consolação. Era uma construção típica de classe média, sem recuo da calçada, de janelas abrindo para a rua, entrada pelo lado e quintal nos fundos. Aí se acomodaram todos os membros da família Salem, com exceção de meu tio José, tia Cadem e o filho Maurício, que, naquela altura, residiam no Rio de Janeiro, onde Levy Salem & Cia. abrira uma filial. O imóvel não tinha nem de longe a largueza das casas de Ourla, mas não era isso o que desagradava, ou melhor, assustava os recém-chegados.

Os misteriosos tenentes, dos quais toda a gente falava, tinham ocupado a cidade. As ruas estavam cortadas por trincheiras que os revolucionários haviam erguido com sacos de areia e paralelepípedos arrancados do calçamento. Eles patrulhavam as ruas e controlavam a movimentação dos civis, cujo maior desejo era livrar-se daquela situação, descendo a serra ou fugindo para o interior.

O bombardeio desencadeado pelas forças leais ao governo constituía o principal motivo de pânico. Situadas em uma posição elevada do Alto da Penha, um bairro ainda periférico, lançavam tiros de canhão contra a cidade, com uma imprecisão espantosa. Ruíam edifícios públicos, residências e algumas ruas ficavam intransitáveis pelas crateras abertas no leito, enquanto o número de mortos e feridos crescia. Contavam-se histórias de saques de grandes armazéns, trazendo à mente dos recém-chegados cenas semelhantes de que tinham sido vítimas gregos e armênios. Faltavam notícias de "gente da comunidade", isolada em bairros onde a comunicação fora interrompida.

Afinal, o pesadelo passou. Em 27 de julho de 1924, os revolucionários, sob o comando do general Isidoro, decidiram retirar-se de São Paulo, deslocando-se para o interior do estado. Pouco a pouco, as coisas foram entrando nos eixos. Os jovens da família estavam em plena atividade e, aparentemente, adaptados na nova terra. Meus avós seriam assim bem cuidados e as atenções se voltaram para a jovem Eva, para quem, na ótica familiar, era preciso arranjar um bom casamento.

O projeto implícito dos Salem buscava uma vida estável e tranqüila, projeção em outros moldes daquilo que fora sua vida na Turquia. Isso não quer dizer que não se atirassem ao trabalho, em busca das oportunidades abertas pela enorme expansão de São Paulo. Porém, tinham sempre o cuidado de caminhar em terreno seguro, limitando os riscos especulativos em seus negócios. Gostavam de ver as imensas casas dos graúdos, na avenida Paulista, na avenida Higienópolis, sentindo, porém, estar muito distantes daquela gente. O essencial não era enriquecer em excesso e sim evitar, a todo custo, a ruína financeira, o descenso social. Minha tia Rebecca, pelo lado feminino, expressava bem essa tendência. Quando lhe acenavam com viagens e outras atrações, colocava as miragens na reencarnação: *"Si, si, para la otra vez que venga"*.

A fim de alcançar uma vida tranqüila, os Salem almejavam viver de uma renda sólida, na idade madura. O objetivo tinha muito a ver com a natureza da sociedade de onde provinham, que, à falta de melhor designação sintética, poderíamos chamar de pré-capitalista. Criou-se, assim, uma "cultura familiar" que se estendeu a vários descendentes: alguns de meus primos abandonaram cedo suas atividades como técnicos, gerentes de empresa, para viver de rendas, o que, aliás, constitui para mim um mistério, neste país de inflação febril.

A valorização de uma vida que podia dispensar as tensões e as incertezas das atividades como empresário ou mesmo empregado com boa posição não era uma característica apenas familiar, mas também grupal. Em certa ocasião, ouvi um velho "turquino" elogiar um dinâmico comerciante sefaradi, dono de uma torrefação de café, não por sua atividade básica, mas por outra que, no caso, era claramente secundária. Com os olhinhos brilhantes de admiração, o homem me segredou: *"Alberto está munto bem: es rentier"*.

Meu tio Isaac, até se fechar em casa dominado pela asma, fugia ao quadro familiar morigerado e introvertido. Sem deixar de ser atento aos negócios, vestia-se como um dândi, de terno e colete bem cortados, o chapéu cuidadosamente assentado na cabeça, bengala encastoada elegantemente segura pelas mãos finas. Nessa época, chegou a possuir um Chevrolet pavão conversível. No comando da máquina, passeava aos domingos com a família a um tempo inquieta e contente em pontos distantes da cidade, como a Cantareira, o Horto Florestal e o Museu do Ipiranga. Às vezes, ousava mesmo descer a estrada de Santos, levando os amigos ao Gonzaga.

Os Salem inseriram-se em São Paulo com relativa facilidade. Os filhos tinham sido os batedores a abrir caminho para os mais velhos e as mulheres. A preocupação de ganhar a vida concentrava-se nos jovens, que tinham de arcar com as despesas de uma família ampliada, mas ninguém vivia da "mão para a boca".

Além disso, o ambiente paulistano estava longe de ser hostil aos estrangeiros. Quando a família chegou a São Paulo, a cidade tinha cerca de 580 mil habitantes, dos quais em torno de 35% eram estrangeiros. Essa percentagem seria muito maior se fossem somados aos estrangeiros seus filhos nascidos no Brasil. Como se sabe, o grande impulso da corrente migratória situou-se entre os anos 1887-1914, quando cerca 1,6 milhão de pessoas imigraram para São Paulo, entrando pelo porto de Santos. Uma parcela dessa gente havia retornado à terra de origem, decepcionada com a frustração de suas expectativas; alguns optaram por seguir para os países vizinhos. Os que ficaram, em sua maioria jovens nas últimas décadas do século XIX, eram, em meados dos anos 20, gente implantada na cidade. Seus filhos, quase todos nascidos no Brasil, tinham crescido, tornando-se adultos em plena atividade produtiva.

Isso não significa deixar de levar em conta a diversidade da condição social. Imigrantes pobres ocuparam o Brás, a Mooca, ampliaram esses bairros e mudaram sua fisionomia, como é arquiconhecido. Outros acumularam fortunas e puderam construir palacetes na "jóia da oligarquia" — a avenida Paulista — ou ao lado de suas fábricas, como ocorreu com os Jafet, no bairro do Ipiranga. Ao mesmo tempo, a classe média imigrante fixou-se um pouco por toda parte, vindo a constituir o núcleo mais representativo da mobilidade social ascendente.

Sem o mesmo ímpeto das últimas décadas do século, novas levas de imigrantes chegaram a São Paulo, após a interrupção provocada pela Primeira Guerra Mundial: italianos, em menor número do que no passado, espanhóis, japoneses, sírio-libaneses e, pouco a pouco, judeus da Europa central e oriental. A família Salem vinha assim inserir-se em um meio urbano em que os estrangeiros e seus descendentes se sentiam relativamente à vontade.

Eles constituíam parte essencial da vida da cidade, ganhando posições em todas as frentes. Mais do que isso, se a elite paulistana os via com certo desprezo, pela pouca instrução, pelos trabalhos a princípio humildes a que muitos se dedicaram, eles, em sentido inverso, não se encolhiam. Dividiam o universo social entre "nós" e os "brasileiros". "Nós" não constituía um grupo homogêneo, pois todos "sabiam" que, "por natureza", turco é embrulhão, espanhol é encrenqueiro e o judeu da prestação um tipo esperto que não merece confiança. Mas havia um traço que os unia, além da condição de serem pessoas em terra estranha. Era o fato de que todos se viam como gente independente, voltada para o trabalho, valor supremo.

A maioria dos brasileiros não passava de uma gente acomodada, quase sempre em busca de um "encosto", um cargo público se possível, valendo-se das conexões de parentes e amigos. Os mais radicais assumiam, talvez até sem saber, uma noção presente em alguns escritos que vinculava os "males do Brasil" à degenerescência racial. Lançavam contra os brasileiros essa suspeita, potenciada pela onipresença de certas doenças, como a sífilis. Nos primeiros tempos da imigração em massa, tal representação funcionou como uma barreira meio precária ao casamento de gente de certas etnias com brasileiros ou brasileiras.

Em minha casa, a preguiça era um pecado. Meu pai apressava a mim e a meus irmãos com exortações imperiosas e aflitas, não fôssemos perder a hora de entrada na escola. Minha tia Rebecca optava por pressões indiretas, narrando apólogos da "terra" que continham lições de moral. Um desses apólogos falava sobre os Tember de Istambul — um grupo familiar extenso, caracterizado pela imobilidade. Viviam todos juntos, em alguns quarteirões da cidade, e qualquer esforcinho representava para eles um imenso trabalho. Certo dia, as casas em que viviam pegaram fogo; eles não se moveram, à espera de alguém que viesse carregá-los para fora. Mas ninguém quis se arriscar e assim chegou o triste fim dos Tember, consumidos pelo fogo.

Um dos principais fatores que ajudaram a integração dos Salem foi a língua. Afinal de contas, entre o ladino e o português as diferenças não eram muito grandes. Mesmo assim, alguns mal-entendidos nasciam, nos primeiros tempos, do desconhecimento da língua portuguesa, sobretudo quando manipulada por imigrantes de outras etnias. Um exemplo disso foi o caso de uma empregada que, depois de namorar um rapaz sírio e se tornar sua noiva, desapareceu de cena. Choroso, o jovem apaixonado foi à porta da casa da rua Jaguaribe queixar-se aos patrões da ingrata criatura. Meneando a cabeça, os olhos no limite das lágrimas, repetia a mesma frase: "Essa moça fez um babel, essa moça fez um babel". Impressionadas, minha mãe e minha tia queriam ver o contrato, o "papel" que a moça assinara, para avaliar a responsabilidade que poderia advir daquela história.

Essa narrativa sempre me pareceu sugestiva, não só pelo desencontro lingüístico como também pela inversão de papéis estereotipados, com o perdão do trocadilho. Em meio a tantas histórias reais ou imaginárias de sedução de donzelas, aí estava um caso em que um rapaz surgia como vítima da volubilidade de uma mulher.

Além de não terem muitas dificuldades de aprendizado, os recém-chegados da família Salem se divertiam com certas palavras que lhes pareciam especialmente engraçadas. Uma delas era *quirera*, expressão freqüentemente utilizada por meus tios José e Isaac, que comerciavam esporadicamente com essa mercadoria. Usando um dos sentidos então correntes da palavra *quirera*, sinônimo de coisa sem importância ou de uma pequena quantia de dinheiro, os recém-chegados ironizavam comportamentos censuráveis, segundo suas normas de recato. Quando algum visitante considerado "papudo" aparecia na casa dos Salem, um diálogo se repetia, após sua saída.

"Sabe quem esteve aqui? O senhor Nifussi falando sem parar de seus grandes negócios."

"Negócios, que negócios?"

"Ora, os de sempre, negócios de quirera..."

Com o correr do tempo, na mescla de idiomas, o português, falado com acento, prevaleceu nitidamente sobre o ladino. A gíria entrou mais devagar e um estoque de expressões em *jargon* se manteve para sempre, relacionado em geral à expressão dos sentimentos. Quando algo de desagradável acontecia, exagerava-se o desagrado até o limite: "*Que me muriera era mijor*"; nunca se dizia "Ai que coisa" ou "Puxa vida" para expressar espanto e sim "*Ah Dio Dio, que no me manques*". Nos momentos difíceis, usava-se uma expressão cujo sentido sempre me escapou: "Em que *call* estamos metidos", até que fiquei sabendo que *call* era o termo empregado na Catalunha para designar o bairro judaico e suas sinagogas. Metaforicamente, associavam-se assim problemas difíceis à vida nas judiarias.

Mas o *jargon* brotava também como expressão de cortesia, quando recebiam-se as visitas com um "*vengas en bon hora*", ou como xingamento eufemístico acompanhando a perseguição de insetos incômodos. Tio Paisico, grande caçador de pulgas colecionadas nos transportes coletivos, "despulgava-se" com fúria ao chegar em casa, aos gritos de "*Hija duna zed*", a letra do alfabeto substituindo uma filiação infamante.

Certas práticas religiosas foram sendo gradativamente amputadas, dando lugar a um comportamento pragmático. O jejum do Yom Kippur — o Dia do Perdão — e o comparecimento à sinagoga nessa ocasião eram das poucas coisas estritamente observadas. O final do jejum constituía um momento de encontro comunitário, quando parentes e amigos reuniam-se na casa de uma pessoa grada da comunidade para "cortar *cani*" (cortar o jejum, em hebraico), com uma fumegante canja de galinha. Também se comemorava o Rosh Hashaná, o Ano-Novo judaico. Mas a comemoração era muito menor do que a festa realizada por ocasião do Ano-Novo cristão. No Rosh Hashaná, a família ia à sinagoga e Paisico comprava um minúsculo calendário contendo os dias, os meses e as efemérides do ano entrante. Folheando suas páginas — diga-se de passagem — percebi pela primeira vez que a cronologia não é um dado da natureza e sim produto da elaboração dos homens.

O ritual de Pessah — a Páscoa judaica — não era inteiramente observado. Comparecia-se à sinagoga e comiam-se *matzes*, ou seja, pão ázimo, não fermentado, único alimento que teria sido utilizado pelo povo judeu no deserto de Sinai, guiado por Moisés no rumo da Terra Santa. A família não realizava um *seder*, a cerimônia familiar de rigor nos lares judaicos em que são oferecidos pratos com forte conteúdo simbólico e durante a qual é lida a Hagadá — o relato do êxodo do Egito — acompanhada de preces. Mesmo assim, um dos doces sempre presentes à mesa de um *seder* era, em minha casa, sobremesa freqüente, nos dias de Pessah: o *harosset*, pasta feita de *matzes*, amêndoas, maçãs e vinho.

Os mais velhos dos Salem não se davam ao trabalho de explicar à nova geração o sentido das festividades, como se aquilo fosse uma tradição reservada apenas a eles. Em certa ocasião, na área aberta que ficava ao lado da sinagoga, vi várias choupanas cobertas com folhas. Curioso, perguntei a minha tia Rebecca de que se tratava. "É a festa das cabanas", foi a resposta. Tratava-se da comemoração de Sukot, celebrando um período, depois do Êxodo, em que as crianças israelitas moraram em cabanas, no deserto.

Na vida cotidiana, abandonou-se a rigidez de só comer comida *kosher*, passando-se a misturar pratos e panelas, sem separar os utensílios destinados à carne dos do queijo. Quando novos grupos de sefaradis turcos chegavam a São Paulo, estranhavam os novos hábitos, mas se acalmavam com a respeitável afirmação de meu avô Samuel, de que no Brasil não era possível nem necessário seguir à risca os preceitos religiosos. Em resumo, existia pecado no lado de baixo do Equador, mas era melhor não exagerar.

Ao serem perguntados sobre suas origens, os Salem e os "turquinos" em geral não se definiam como "turcos". "Turco" para eles era um qualificativo humilhante com o qual também nada tinham a ver. Seus passaportes continham expressões como "israelita da Ásia Menor", ou mesmo "italiano", quando se tratava de famílias que tinham comprovado essa ascendência. Algumas pessoas consideradas pretensiosas se definiam como franceses, o que lhes valia a ironia dos demais: "Fulano, francês? Ah, sim, francês de Hamid".

A integração dos Salem e, em geral, da comunidade "turquina" em São Paulo não pode ser entendida como uma fusão. Convivia-se bem com os "cristianos" — nunca ouvi a palavra *goi* entre os sefaradis —, nos contatos dos dias de semana, mas sem grande intimidade. Havia a clara consciência de sua identidade, distinguindo o grupo não só dos "cristianos" como dos *ashkenazim*.

Desse modo, não era apenas a religião que servia para delimitar fronteiras, pois existiam fronteiras dentro das fronteiras. Gente como os Salem, proveniente da Turquia continental, assinalava até mesmo as pessoas que vinham de áreas próximas da Ásia Menor: "Alberto Levy é de Rodes". Não havia nisso traços de preconceito, mas a inclinação quase espontânea de indicar que não tinham tido uma infância em comum com pessoas cujo convívio, no Brasil, era muito próximo.

Entretanto, o mesmo não acontecia com os *ashkenazim*. A identidade religiosa não chegava a amenizar as diferenças, tão comuns em ramos de uma mesma etnia. Fisicamente, por sua alimentação, por sua língua, sua maneira de ser, os "russos" eram também chamados pelo termo depreciativo de *lehlis*, palavra turca que significa "sujo", aplicada pelos otomanos aos judeus poloneses, quando alguns deles emigraram para a Turquia, nos séculos XVII e XVIII. Os *lehlis* eram vistos como uma gente estranha, que pouco ou nada tinha a ver com os sefaradis; quando alguém em minha casa dizia que fulano era *beneameno*, isto é, filho de um povo, o povo — antes e acima de tudo — significava os sefaradis.

Censuravam-se especialmente os supostos ou reais desbordamentos dos *ashkenazim*, um comportamento considerado perigoso na comparação com um grupo recatado e que tinha muita dificuldade de exprimir seus sentimentos. Em certa ocasião, por exemplo, meu tio Paisico chegou da rua contando o burburinho que os "russos" faziam em frente a uma de suas sinagogas, saindo da comemoração de Rosh Hashaná. Minha tia Rebecca observou, entre sarcástica e amarga: "Eles se comportam desse jeito e depois não sabem por que acontecem as perseguições".

O contraste entre a cena dos "russos" e o clima imperante na sinagoga sefaradi da rua Abolição era evidente. À saída das efemérides, alegres ou tristes, a ordem era "dispersar". Tirava-se a cobertura da cabeça, evitavam-se as efusões e mergulhava-se, como cidadãos comuns, entre muitos outros, na vida cotidiana de São Paulo.

Curiosamente, as representações que os *ashkenazim* elaboram sobre os sefaradis e sobre si mesmos, nos dias de hoje, são o oposto das elaboradas pelos "turquinos", em outra época. Os *ashkenazim* se vêem, muitas vezes, como recatados, tristonhos e até depressivos, em contraste com a expansividade dos sefaradis, demonstrada em suas roupas coloridas e suas danças. Na verdade, os sefaradis objeto dessas representações são provenientes de outras partes do Oriente Médio, da Bulgária e do Norte da África, que se sobrepuseram aos "turquinos".

Na minha infância e no começo da juventude, ouvi falar vagamente do bairro do Bom Retiro, um bairro cuja sociabilidade e costumes me eram totalmente estranhos. Só recentemente fui visitar o Bom Retiro, em companhia de dois jovens pesquisadores, buscando localizar os vestígios da presença judaica, semi-sepultada pela leva dos coreanos. Embora o impacto do pouco que resta fosse para mim diferente do experimentado por um colega de origem católica, vi pela primeira vez, como algo que não pertencia a meu mundo, os açougues *kosher*, a sede do TAIB (Teatro de Arte Israelita Brasileiro), o restaurante Cecília, o "Buraco da Sara", mais modesto, a sede dos Lubavich — ramo dos judeus hassídicos —, a sinagoga da rua Guarani que fornece aos velhos comida *kosher*.

O preconceito dos sefaradis com relação aos *ashkenazim* era uma via de duas mãos, como vim a saber mais tarde. O casamento com um "turco" não podia trazer nada de bom e mesmo entre os judeus originários da Europa central faziam-se distinções: um polonês era um polonês, um russo era um russo.

A socialização em clubes como o Círculo Israelita e a Hebraica foi aproximando os diferentes grupos judeus, separados durante muitos séculos, espacial e culturalmente. Nos primeiros tempos após a chegada a São Paulo, judeus poloneses buscaram também contato comercial com alguns israelitas libaneses e sírios instalados na rua 25 de Março, comprando a crédito mercadorias que vendiam de porta em porta, como mascates. Desse modo, forjou-se no Brasil, ao longo dos anos, uma identidade comum judaica, à semelhança do que ocorrera com os italianos, nas últimas décadas do século XIX, provenientes de uma Itália recém-unificada.

Ao contrário dos *ashkenazim* que viveram, em regra, a experiência de um bairro de comunidade, as poucas famílias sefaradis, chegadas da Ásia Menor nos anos 10 e 20, espalharam-se por vários bairros da cidade. Em meio a gente de outras etnias, o pessoal de classe média preferiu morar junto ao centro, no bairro da Liberdade; os mais pobres atravessaram as porteiras do Brás e se instalaram no Brás e na Mooca, onde já havia um núcleo de sefaradis libaneses e sírios.

A convivência era estreita, constituindo um misto de satisfação e de necessidade, sobretudo nos primeiros tempos da imigração. A sinagoga desempenhava um papel socializador importante por ocasião das festas judaicas, quando nela se encontravam os Carmona, os Salem, os Donio, os Algranti, os Cattan e umas poucas famílias mais. A partir das obrigações religiosas, as famílias adquiriram o hábito de "se freqüentar", aos domingos. Como nem todas tinham telefone, marcavam visitas em seqüência, a cada encontro, ou então, informalmente, despencavam na casa dos amigos, declarando como se necessário fosse: *"Vinimos a visitar"*.

Nessas visitas, comiam-se *burrecas* (ah! as *burrecas* da tia Luna), os *boios* de tomate ou de *handrajo*, estes últimos recheados de berinjela e assim chamados porque a berinjela desfiada lembra farrapos, andrajos. Comiam-se doces como o *mogadô de sussam*, feito de amêndoas, e se falava da terra. A terra não era Eretz Israel, cuja existência praticamente ignoravam, mas a Turquia. Não se tratava de recordações nacionais, como é fácil deduzir de tudo o que já se disse. Era uma saudade telúrica, da infância e da juventude, do clima ameno, dos banhos de mar nas noites de verão, do ar puro, elementos valorizados e idealizados por aquelas famílias em sua maioria provincianas de origem, que viviam na já áspera São Paulo dos anos 20 e 30.

Afora as visitas, os mais jovens começaram a freqüentar os restritos locais de lazer que a cidade proporcionava. O parque da Aclimação, onde vaqueiros traziam algumas vacas e serviam leite fresco à população, nessa São Paulo ainda com muitos traços rurais, em que os carros se misturavam às carroças; o Museu do Ipiranga, com seu jardim francês de buxos bem recortados e pequenos lagos; o rio Tietê, onde os esportistas nadavam e assistiam-se às regatas, do alto da velha Ponte Grande. Ia-se ao Parque São Jorge, não para ver o Corinthians, mas para matar saudades da terra, comendo uvas na chácara do Marengo, embora elas fossem de qualidade inferior. O hábito de ir ao cinema, especialmente nas matinês de domingo, já se implantara; freqüentavam-se também os cafés do centro, onde se passava horas tomando cafezinho e, em sigilo, os cabarés e os bordéis.

As incursões para fora da cidade abrangiam o Horto Florestal, a Cantareira, parques servidos pelo trenzinho que saía da rua que tem esse nome. Aos poucos, os moços foram se tornando mais arrojados, fazendo incursões a Santos. Só se folgava no domingo, pois não existia a semana inglesa e além disso o dinheiro era curto. A moçada preparava um lanche, tomava o trem e ia ao Gonzaga ou ao José Menino, onde existiam cabines para a troca de roupa. Depois do banho de mar, os mais ousados alugavam cavalos e tomavam o rumo de São Vicente. Retornavam apressados, para tomar o último trem que subia a serra e prepararse para mais uma segunda-feira como as outras.

Antes de erguer uma sinagoga, os sefaradis se congregavam nos Hasson, que tinham uma casa ampla, misto de residência e loja comercial de sedas, onde hoje se situam a rua Marconi e a Bráulio Gomes, no centro da cidade. Depois, empenharam-se em erguer uma sinagoga na rua Abolição, na Bela Vista, cuja construção foi completada em 1928. Ela foi batizada de Templo Israelita-Brasileiro do Rito Português, nome de uma sinagoga estabelecida quase cem anos antes em Belém.

Um dos maiores entusiastas da construção chamava-se Amadeu Toledano. O templo não poderia começar sob melhores auspícios: um amante de Deus, originário de uma família rabínica de Toledo. Na verdade, essa era a ascendência remota do sr. Toledano, pois ele nascera na ilha de Malta, tendo a qualidade de falar perfeitamente inglês e ladino. Lembrado pelo gosto de tocar pianola e pela capacidade de construir rádios de galena, antecessores dos de válvula, o sr. Toledano foi uma figura muito querida entre os "turquinos", apesar de não ser um deles. Isso se deve a seus esforços no sentido de reforçar os laços entre as famílias e de colaborar na busca de um emprego para os sefaradis recémchegados a São Paulo.

Não obstante a referência ao rito português, até pelo menos os anos 40, as orações na sinagoga eram feitas em hebraico. A introdução da última flor do Lácio provocou resistências entre os mais ortodoxos, que, no fundo, não eram nada ortodoxos quando comparados com as tendências associadas a essa denominação. Em meio a uma peroração em português, proferida por um rabino que chegara de Lisboa, um velho "turquino" resmungou: "Português entende Dios?". A observação era uma blasfêmia, pois punha em dúvida a onisciência do Altíssimo, sugerindo que ele só fosse versado em hebraico e em ladino.

Até os anos 40 havia tranqüilidade não só na sinagoga, como a seu redor. Pela rua Abolição — uma via estreita de casas geminadas — passavam poucos carros e algumas carroças. A sinagoga, ao contrário do que sucede hoje, quando foi ampliada com aproveitamento de todo o terreno, ficava um pouco recuada da rua, tendo uma grande área livre em uma das laterais e nos fundos, que davam para extensos terrenos baldios. O interior do templo era extremamente austero e asséptico; quase nada convidava ao arrebatamento religioso. O mármore branco predominava, os vitrôs eram discretos, os assentos individuais de madeira duros e incômodos, sem diferença material entre aqueles em que se sentava a maioria dos fiéis e os que eram reservados aos benfeitores da comunidade. A diferença de prestígio se expressava porém no fato de que naqueles assentos estavam inscritos os nomes de seus titulares, dignificados pelo fato de terem contribuído para a edificação da sinagoga. Entre esses nomes figuravam os de meu tio Isaac e meu avô Samuel.

A integração familiar na vida de São Paulo não abrangia a política. O comportamento dos Salem e de Simon nesse terreno correspondia ao padrão de setores imigrantes da classe média em ascensão. De um lado, a elite paulista não estava disposta a abrir-lhes o acesso a cargos públicos e menos ainda ao poder, o que aliás acabaria sendo obrigada a fazer. De outro lado, os imigrantes voltavam-se para o mercado e não para o Estado, nas mãos dos políticos e de seus protegidos nacionais. Isso não quer dizer que não fosse importante contar com boas ligações no mundo da elite, seja para promover os negócios, seja para promover a carreira dos filhos.

Mas, se gente como os Jafet ou os Matarazzo, por força de sua vertiginosa ascensão, precisava estabelecer compromissos e estreitas vinculações com o Partido Republicano Paulista, o grosso dos empresários imigrantes só tinha a ganhar adotando uma postura cautelosa, sem se comprometer em demasia com este ou aquele grupo político.

Tal foi o comportamento básico dos Salem nos anos atribulados que vão de meados da década de 20 a meados dos 30. No curso da revolução de 1924, com a cidade ocupada pelos revolucionários, Levy Salem & Cia. ofereceu alimentos à população, atendendo ao apelo da Associação Comercial.

Anos mais tarde, a revolução de 1930 foi bem absorvida nos primeiros tempos, quando mais não fosse porque os sócios da empresa tinham vínculos de amizade com José Maria Whitaker, diretor do Banco Comercial e ministro da Fazenda de Getúlio. Até hoje, diga-se de passagem, um de meus primos se lembra com orgulho de que o dr. Whitaker enviou um telegrama de felicitações a meus tios Isaac e Esther, por ocasião do casamento deles em setembro de 1924.

Quando os paulistas romperam com o governo federal, os Salem acompanharam com prudência os acontecimentos e não se envolveram no clima regionalista que tomou conta do estado. O 9 de julho de 1932, data do início da revolução, caiu em um sábado. No dia seguinte, os jovens parentes de minha mãe foram às corridas de cavalo, como faziam habitualmente. No prado da Mooca, apesar de terem a atenção concentrada na pista de grama, onde os páreos se desenvolviam, puderam ver à distância os trens da SPR que passavam, carregando integrantes da Força Pública e voluntários, rumo às trincheiras.

QUEREMOS TRABALHO

Em uma hora de almoço como tantas outras, em fins de 1924, pouco tempo depois da chegada dos velhos, a família estava reunida na casa da rua Jaguaribe. Os pratos tinham sido colocados à mesa, quando a campainha soou. O início do almoço foi adiado pela chegada inesperada de José Salem, vindo de Esmirna acompanhado de um primo chamado Maurício. Ambos eram primos em segundo grau de minha mãe.

Diante da surpresa geral, José se adiantou e foi logo avisando: "Não viemos dar trabalho, queremos trabalho", sintetizando assim, brilhantemente, as expectativas de um imigrante recémchegado com relação aos que já viviam na nova terra. Para estudar a situação dos rapazes, que tinham pouco mais de vinte anos, meus tios Isaac e José, Leon Levy e Amadeu Toledano reuniramse na rua 15 de Novembro, no café Guarany. Entre um cafezinho e outro, tomaram uma decisão. Maurício, por ser de educação mais refinada e já ter na Turquia alguns conhecimentos de ótica, iria para o Rio de Janeiro trabalhar na ótica Lutz Ferrando, opção facilitada pelo fato de um dos sócios dessa empresa ser parente de Leon Levy. José — mais rústico — foi integrado na Levy

Salem & Cia. como comprador de café, sendo enviado em viagens ao interior com essa finalidade.

De média estatura para os padrões atuais, José era um rapaz alto quando comparado com aquele mar de *judiôs baxicos*. Graças a isso ganhou o apelido de José Comprido ou Zé Alto. Seus pais — situação excepcional entre os Salem — eram muito pobres. A meia-voz, falava-se em casa que José tivera uma vida muito dura, pois já em criança andava pelas ruas, empurrando uma carrocinha cheia de sacos de carvão, oferecidos de porta em porta.

José Comprido se converteu na figura central do folclore familiar. As razões desse contraditório prestígio vinculam-se ao fato de que levou uma existência diversa dos padrões comuns, sendo, além disso, um brilhante contador de histórias. Sempre teve prazer em narrar a viagem de terceira classe a caminho do Brasil que, comparativamente, não considerava penosa. Lembrava, lambendo os beiços, o *gigot de mouton roti* servido a bordo, como se a designação em francês transformasse o prato em uma rara iguaria. Falava da estranheza da passagem pelo Rio de Janeiro, onde lhe serviram *havicas negras* (feijão-preto) em um restaurante do porto. Recusou-se a comer pois, como todo mundo sabe, *havicas negras* dão tontura.

Dois traços marcantes de Zé Alto eram o individualismo e a extrema sensibilidade reprimida. Em casa, dizia-se que precisávamos ter cuidado ao falar com ele pois "José era muito bom, mas bastante sentido", ou seja, muito sensível. Também se dizia que, quando ficava nervoso, acentuando uma leve gagueira, tornava-se difícil abordá-lo. Para lidar com ele era preciso colocar "um chapéu buracado", expressão que tem semelhança com outra, hoje corrente na linguagem coloquial brasileira: o "chapéu buracado" ajuda a "não esquentar a cabeça".

Os dois traços indicados condensavam-se na história afetiva de José. Nunca se casou e nunca se soube que tivesse tido uma namorada. Sugestões familiares para que se casasse levaram-no a deixar de freqüentar minha casa por certo tempo. Apoiava-se no exemplo dos solteirões que tinha à sua volta e vibrava quando alguma coisa reforçava suas convicções. Cantava com entusiasmo uma marchinha mambembe de Carnaval que começava assim: "Casamento é loteria, pra que que quero me casar".

Quem vislumbrasse aí uma inclinação homossexual estaria equivocado. José não se ligava afetivamente a uma mulher por ser demasiado rústico e individualista ferrenho. Para ele, o caminho natural, no contato com as mulheres, era a zona do meretrício, tendo facilidade no relacionamento com as putas. Seu ponto noturno preferido ficava na esquina da avenida São João com a rua D. José de Barros, onde se situava o Bar e Café Juca Pato, de propriedade de um "turquino" muito respeitado, o sr. David Nahum. Saudava pelo nome as putas que entravam no bar ou que passavam pela calçada, onde às vezes tomava conta de uma banca de jornais para dar a mão ao amigo jornaleiro, quando este se ausentava por algum tempo. Da mesma forma, era delicado com as garçonetes, no umbral da prostituição, que serviam nos bares da rua Aurora e da rua Guaianases. Sua preferência se concentrava no bar de um "russo" cujo sincretismo combinava sanduíches de sardinha com o som de uma barcarola e pinturas na parede, pretendendo representar barqueiros do Volga.

O ato de fechamento da zona pelo governador Lucas Garcez provocou no Zé Alto uma profunda indignação, por ser um atentado ao âmago de sua sexualidade. Porém ele logo se recompôs, substituindo a zona do meretrício — um espaço de sociabilidade que lhe agradava — pelo recesso da pensão onde vivia. Daí para a frente, "a metidinha de sábado à tarde na pensão", numa cama de casal onde se esparramava sozinho e feliz nos dias de semana, integrou a série de atividades que ritualmente cumpria.

Zé Alto organizara seu mundo nos mínimos detalhes e o naturalizara: o mundo era assim e quem investisse contra a ordem que considerava natural introduzia um elemento desagregador, abrindo caminho para o caos. Num fim de semana de agosto de 1928, voltando de uma de suas viagens ao interior, ouviu dos primos uma sugestão: não iriam ao cinema, como costumavam fazer, mas às corridas de cavalos. José se surpreendeu e resistiu o quanto pôde: "Corridas de cavalo? Que diabo é isso?".

Até que se lembrou de que, quando menino, assistira a umas corridas na "terra", levado pelo pai, sem ter percebido sequer a finalidade principal das disputas. A lembrança devia ser evocativa, pois o impeliu a acompanhar os primos ao prado da Mooca. A partir de 1929, até pouco tempo antes de sua morte, ocorrida quase cinqüenta anos depois, ele nunca deixou de ir um só domingo ao Jockey Club. Concessão suprema, quando tinha de ir a um casamento ou a um enterro, cortava uma parte do programa. Quando começaram a ser promovidas corridas aos sábados, acrescentou um elemento ao ritual: jogava na casa de apostas do centro da cidade e acompanhava os páreos pelo rádio, entre uma "metidinha" e outra.

O comportamento metódico se revelava também no fato de que apostava sempre muito pouco, nas pontas, placês ou acumuladas. Quando muito corrigia valores, no compasso de uma suave inflação. Gostava evidentemente de ganhar — quantas vezes não o vi torcer por um potro na reta final —, mas acima de tudo queria divertir-se e recusava-se a arriscar algo que lhe fizesse minimamente falta. Conhecia o destino dos pobres tipos que prometiam à mulher uma geladeira nova quando saíam de casa para ir ao prado. Perdiam tudo, mendigavam um dinheirinho para pegar o ônibus de volta e retornavam a casa como cães humilhados.

Teve oportunidade de entrar de sócio do Jockey, mas recusou, pois nunca se sentiria bem nas sociais. Estava próximo dos freqüentadores das arquibancadas, barbeiros, engraxates, motoristas de praça, pequenos comerciantes. Em certa ocasião, vi-o cumprimentar com certo formalismo uma mulher madura que respondeu no mesmo tom. Quando lhe perguntei de quem se tratava, me respondeu: "Essa é a Odete, que faz a vida na rua dos Timbiras. Mas hoje é domingo, eu finjo que não sei que ela é puta e ela finge não saber que eu sei".

Não só as idas ao Jockey e as apostas marcavam o ritmo natural da vida. Também os jantares das sextas-feiras na casa da irmã, onde comia uma "comidinha caseira" e trocava farpas com o cunhado, os almoços dos dias de semana no Barsotti ou — supremo luxo — no Guanabara se enquadravam na ordem natural das coisas.

O Guanabara, localizado na rua Boa Vista próximo ao largo de São Bento, foi, por muitos anos, um restaurante freqüentado na hora do almoço pela gente mais abastada do mundo do comércio. À noite, recebia uma clientela que saía dos cinemas e dos teatros ou que adquirira o hábito de jantar fora, de vez em quando. Para chegar às mesas da parte do fundo — as mais requisitadas —, os clientes atravessavam uma área ladeada por balcões de mármore onde se alinhavam os frios variados (exceto a mortadela, considerada comida popular) e as saladas de maionese. A parede do fundo do restaurante ostentava um mural em que um artista anônimo traçara um híbrido de baía de Guanabara e baía de Nápoles. Mesmo no Guanabara, Zé Alto não se deixava seduzir pelos excessos. Guardanapo bem amarrado no pescoço, cobrindo o peito, comia sempre os mesmos pratos, de acordo com a estação do ano: saladas no verão e tainhas na época do inverno. A sobremesa não variava: era sempre uma porção de mamão, bem caprichada, como dizia ao fiel garçom Osvaldo, pois seria dividida entre três ou quatro, conforme o número de pessoas que estivessem à mesa.

Zé Alto fazia com que seus acompanhantes obedecessem também aos ditames da natureza. Certo dia, meu irmão Ruy, que integrava excepcionalmente a mesa de almoço, decidiu investir contra esses ditames pedindo um doce de mil-folhas como sobremesa. O fato foi lembrado por Zé Alto por vários anos, como um abalo sísmico que quebrara a regra do mamão ingerido "para escorregar" e provocara a imprevisibilidade da conta, conhecida, em regra, de antemão. Eu mesmo, apesar de seu fiel seguidor, não deixei de ouvir uma admoestação indireta: "O teu irmão com aquelas dez mil folhas, francamente".

Zé Alto nunca se deixou seduzir pelas larguezas da vida. Fazia o rodízio de dois ou três ternos pelos anos a fio, usava camisas puídas que a irmã *in extremis* remendava. Nunca pensou em ter um carro e fez pouquíssimas viagens, além das idas a negócio ao interior de São Paulo. Uma viagem ao Rio de Janeiro para assistir a um casamento de um parente foi um acontecimento extraordinário, um marco na sua cronologia vital. Durante anos relatou a viagem: as sensações do ônibus noturno, o abafado calor carioca, a admiração dos parentes por vê-lo sempre jovem, segundo dizia. Quando lhe perguntavam qual a receita da sua juventude, respondia, enfático: "Filosofia, filosofia", uma filosofia intuitiva que estava mais para Epicuro do que para Wittgenstein ou Platão.

O território de Zé Alto se compunha de dois espaços descontínuos. O primeiro deles se situava no centro da cidade, ou mais precisamente nas ruas do Triângulo. Pontos relevantes eram o largo do Café; a adjacente travessa do Comércio, onde, em um nicho minúsculo, colaborava com o amigo Alberto Nahum, um dos proprietários de uma torrefação — o Café do Centro —, atendendo a freguesia que vinha em busca de pacotes quentes de café moído na hora; por fim, havia o escritório da rua João Brícola. José Comprido o alugara como ponto de uma atividade de corretagem que exerceu esporadicamente após a dissolução da Levy Salem & Cia. Com o correr dos anos, passaria a utilizar o escritório para fins mais amenos. Pouco lhe importavam o abandono reinante, a máquina de escrever coberta de teias de aranha, a pilha de jornais velhos amarelecidos, ameaçando chegar ao teto. Depois do almoço, embalado por essa moldura, reclinava-se em um sofá cujas molas estavam prestes a saltar e cochilava tranqüilamente. Só despertava sob a pressão de uma urgência, quando então pegava um papel de jornal e corria ao banheiro para "passar um telegrama".

O segundo território, situado a poucos quilômetros do centro, localizava-se na Boca do Lixo, onde Zé Alto morava, passados os anos de vida de pensão. Quando comprou um apartamento na rua Martins Fontes — na época um ponto semi-residencial —, os parentes sugeriram que fosse morar lá. Recusou-se a isso porque dizia sentir-se deslocado se saísse de um bairro em que toda gente o conhecia.

Convivia bem com as putas, com os malandros, mas tomava cuidado para estabelecer fronteiras. Um de seus orgulhos residia no fato de que quando a polícia entrava num bar da Boca do Lixo para averiguações, pedindo documentos e revistando suspeitos, era sempre dispensado com um sorriso: "O senhor a gente conhece, pode ir embora".

Viveu até a morte num pequeno apartamento da rua dos Andradas que dividia com outras pessoas, certamente para quebrar a solidão, embora nunca admitisse isso. Por muitos anos, residiu na companhia de um casal de velhos *ashkenazim* cujos hábitos surrealistas impunham a convivência com enormes carpas que os velhos criavam em uma banheira; depois, sublocou um quarto a uma senhora separada — com a qual negou sempre ter tido relações sexuais — que tinha um filho pequeno. O menino amoleceu o já então velho Zé Alto, convertendo-se numa espécie de neto por adoção.

SIMON EM RIO PRETO

Chegando a São Paulo em 1913, Simon não se impressionou muito com a cidade. O que era São Paulo comparada com Buenos Aires? Além disso, a busca do ganho e da aventura continuava a integrar seu horizonte.

Nas andanças rumo ao sul da Argentina, tivera contato com as imensas pastagens do pampa de Santa Fe e com a criação de ovelhas que ganhava ímpeto em Chubut. Ele não tinha condições de comprar terras e a idéia não o atraía; mas por que não converter-se em negociante de gado? Passou à ação, optando assim por uma atividade incomum entre os judeus. Ia até o Mato Grosso, onde comprava algumas cabeças de gado, entrava em São Paulo pelo oeste do estado, e tratava de vender a mercadoria nas cidades médias. Nunca se utilizou do incipiente sistema bancário. Leva-

va praticamente todas as suas ecónomias em uma bolsa amarrada à cintura, seguindo caminho com seus poucos tropeiros, dormindo em ranchos, quando possível, ou ao ar livre. Sempre se
vangloriou de que, sendo um homem frágil, desarmado, nunca
fora assaltado. Tinha horror às armas e não se aproximava delas,
com a sensação de que poderiam disparar, por conta própria, a
qualquer momento. Atribuía ter escapado ileso em suas andanças
não à sorte, mas ao fato de ser leal para com os tropeiros, que
acabavam funcionando como seus guarda-costas.

Simon continuou a oscilar entre a aventura e a vida seden-
tária, como fizera na Argentina. Depois de anos de viagens, de
ausência de uma residência fixa — a não ser que se desse esse
nome às pobres pensões onde morava por algumas semanas no
interior paulista —, decidiu que chegara a hora de mudar de vida.

Conhecia bem Rio Preto, que ia se convertendo em um dos
principais entrepostos comerciais entre o Sudeste de Mato
Grosso e o Oeste paulista em expansão. A cidade atraía cada vez
mais imigrantes de várias etnias, especialmente sírios e libaneses, muitos dos quais chegavam como cometas e acabavam nela
se estabelecendo. O município, incluindo portanto a zona rural,
contava com cerca de 125 mil habitantes no início da década de
20. A partir daqueles anos, Rio Preto se transformou num grande
centro de influência sírio-libanesa, como demonstram o número
de políticos da cidade com essa origem, a disseminação da comida típica, o clube Monte Líbano à beira da rodovia Washington
Luís, e tantas coisas mais.

Rio Preto está estampada na minha memória não como uma
cidade, mas como um álbum de quase mil páginas, em papel
cuchê, publicado em meados da década de 20 e encadernado em
couro vermelho, com cantoneiras azuis. Era preciso folhear
muitas páginas para dar com a Casa Fausto, que contribuíra para
a feitura do grosso volume. Viam-se o frontispício do estabelecimento com Simon à porta, a rua de terra batida, as carroças esta-
cionadas junto à calçada de contornos imprecisos. O álbum se
destinava a fazer propaganda da cidade, mostrando o contraste

entre "a Rio Preto de hoje e a Rio Preto de outrora". Naturalmente, "outrora" correspondia a poucos anos antes — e nem a diferença era tão nítida.

De qualquer forma, o que me atraía não era o "presente", mas o "passado", sintetizado numa gravura colorida de estilo primitivo, onde se viam homenzinhos de revólver na mão disparando traços de tinta preta, e outros caídos ao solo com pequenos filetes de sangue escorrendo de seus corpos minúsculos. O espaço cênico era rural, dominado pelo verde, verde do chão, verde das árvores, quebrado apenas por uma cerquinha preta.

Nos primeiros tempos em que Simon viveu em Rio Preto, chegou ao Brasil seu irmão mais novo, Isaac, com quem mantivera uma correspondência precária mas suficiente para incentivar sua vinda para o Brasil. Simon e Isaac eram bem diferentes. Fisicamente, o irmão mais novo era louro, de pele muito branca, revelando claramente suas origens da Europa central. Um retrato de corpo inteiro o revela bem composto, cabelo repartido na forma chamada de "pastinha", um livro nas mãos. De fato, tinha conseguido estudar em Czernowitz, escrevia bem e gostava de ler. Simon sempre falava da diversidade de temperamentos e insistia no fato de que o destino reservara papéis opostos a ele e ao irmão. Via-se como uma pessoa inculta, que não tivera oportunidade de instruir-se, mas com muita energia para enfrentar a "luta pela vida". Isaac era para ele um rapaz sensível, educado, e sem talento para os negócios.

Como irmão mais velho e dadas essas características, Simon se tornou uma espécie de protetor do irmão, a quem poupava de trabalhos excessivos. Tal tendência se acentuou quando, em 1918, Isaac foi vítima da gripe espanhola, contraindo uma tuberculose que praticamente o impediu de trabalhar. Seria desumano manter Isaac em meio ao calor e à poeira de Rio Preto. O jeito foi interná-lo no sanatório Vicentino Aranha, em São José dos Campos.

Mas a internação tinha também graves inconvenientes. Não só ela consumiu as reservas financeiras de Simon como, pior do que isso, deixou Isaac isolado. Tentando amenizar a solidão, ele escrevia seguidas cartas. Quando a angústia crescia, fugia do sanatório e tomava o longo caminho que levava a Rio Preto, para desespero do irmão. Por fim, morreu em 1925, com apenas 25 anos.

Simon teve em Rio Preto um grande contato com a diversidade étnica. Conviveu com os espanhóis fabricantes de presunto, provenientes muitos deles da zona rural; conviveu com os "turcos", hábeis comerciantes que, de modestos donos de lojas de armarinho, convertiam-se em proprietários de grandes casas de tecidos; conviveu com os portugueses, capazes de suportar infinitos sacrifícios para levar adiante suas padarias.

Assistiu também a muitas cenas de violência, ainda comuns naquela zona de fronteira, onde uma altercação verbal desembocava freqüentemente em facadas e tiros. Desses confrontos, uma imagem sobressaía na memória de meu pai. Estava no barbeiro, junto à porta de entrada, quando viu passar, enquanto a lâmina da navalha subia e descia por seu rosto, uma carroça transportando dois cadáveres. Vítimas de uma rixa, os mortos ensangüentados, as bocas entreabertas, sacudidos pelos solavancos da carroça, pareciam soluçar ao longo do caminho.

Menos por tradição étnica e mais por pragmático esquadrinhamento das oportunidades, Simon optou por abrir uma casa de móveis. A cidade crescia, as casas precisavam ser mobiliadas, os concorrentes eram poucos. Assim nasceu a Casa Fausto. Montou uma marcenaria nos fundos da loja, o que lhe permitiu fabricar móveis simples, mas de primeira mão, abandonando os usados com que predominantemente comerciara. Foi além e resolveu abrir uma segunda loja para acompanhar a expansão da cidade. Muito prudente, decidiu a princípio investir o mínimo na filial. Não tinha aí sequer um vendedor e sim um garoto que atendia a um ou outro interessado. Quando farejava a possibilidade de se fechar algum negócio, o garoto saía correndo pelas ruas em busca de meu pai na casa matriz.

Nos tempos de Rio Preto, apesar de não ser religioso, Simon estabeleceu relações pessoais, a partir de proximidades étnicas. Conviveu com os irmãos Salem, de quem acabaria se tornando parente por afinidade. Estabeleceu também dois laços de amizade, não isentos de farpas, que perduraram por toda sua vida. A figura mais próxima era Jacques Rousselle, personagem baixinho, de tipo sangüíneo, olhos azuis, rosto sulcado por uma rede de riozinhos vermelhos, que conheci calvo e nunca imaginei que algum dia pudesse ter tido cabelos.

Jacques era judeu de origem, mas não tinha nada de religioso. Antes de chegar ao Brasil, vivera na França e na Argélia. Admirador da cultura francesa, dizia-se natural daquele país. Meu pai, maldosamente, afirmava que Jacques era russo e um russo bem tradicional, pois tinha visto um retrato dele com a família, em que os homens ostentavam longas barbas.

Autodidata, valorizando o tempo disponível para leituras, Jacques nunca se estabeleceu por conta própria, vivendo da corretagem de café e cereais. Quando mudou-se para São Paulo, nos anos 30, encontrou um lugar que lhe convinha, como uma espécie de homem de confiança e conselheiro de uma família tradicional — os Teixeira de Camargo —, proprietária de uma fazenda moderna em Campinas, dedicada à produção de café e leite.

Nunca se casou e, já cinqüentão, continuava buscando a improvável mulher de seus sonhos: morena de boa figura, por volta dos trinta anos no máximo, pianista, disposta a viver com ele no interior. Tal como Zé Alto, rompeu com meu pai por alguns meses, quando ele procurou fazê-lo "cair na real", dizendo-lhe que deixasse de fantasias e procurasse uma companheira séria, de meia-idade.

Jacques se vestia desleixadamente, mas tinha seus prazeres, além dos livros e de vagas mulheres. Fazia periodicamente viagens à Europa — ou melhor, à França e à Suíça, o resto não o interessava — e foi proprietário de um Ford bigode no qual rodava pelas estradas precárias do interior e que nunca trazia a São Paulo. A imagem das estradas poeirentas ou lamacentas do interior, conforme a época, fixou-se na sua memória para sempre; quando eu e meus irmãos começamos a viajar, em meados dos anos 50, ele nos lembrava sempre de que era preciso levar correntes para os pneus, evitando-se assim correr o risco de ficar atolado na estrada.

Francófilo convicto, Jacques tivera também, quando jovem, nítidas tendências de esquerda. Nos tempos de Rio Preto, chegou mesmo a integrar um grupo de rapazes que se diziam comunistas, os quais se reuniam para ler jornais clandestinos e livros de divulgação marxista. Quando estourou a revolução de 1932, as reuniões da célula se interromperam, pois a turma aderiu à "guerra paulista" e alguns até se alistaram como voluntários. Terminada a revolução, foram procurar Jacques, que os recebeu desdenhosamente: "Vocês correram atrás do Pedro de Toledo e agora vêm me falar de revolução socialista?".

Com o correr dos anos, as opções políticas de Jacques se tornaram mais pragmáticas. Começou a jogar, com cautela, na bolsa de Nova York e a oscilação das ações ditava suas preferências. As coisas andavam mal quando um Kruschev, excepcionalmente desafiador, tirou o sapato e bateu na mesa, em uma assembléia da ONU, provocando a admiração de Jacques: "Esse Kruschev é um grande *irronista*", dizia, dobrando os erres na língua. Como as ações não baixam sempre, mudava de postura nos momentos de alta, afirmando que "Fidel Castro era um ditador sangrento, como outro qualquer".

O outro amigo de Simon era um sefaradi nascido na ilha de Rodes, o nosso já conhecido Alberto Levy. Baixinho como todos, moreno, cabelos grossos, o sr. Levy — como sempre foi chamado pelos Salem — tinha na testa larga ou nos olhos grandes óculos de aro de tartaruga. Sua aparência se compatibilizava com a imagem de intelectual que sempre teve na Levy Salem & Cia.

O sr. Levy foi uma das primeiras pessoas no pequeno mundo dos sefaradis a romper uma interdição básica, casando-se com uma "cristiana". Muito cedo revelara uma forte tendência à transgressão, insistindo em trabalhar nos dias das festas religiosas. Mesmo assim, a decisão assustou a pequena comunidade judaica de Rio Preto, pois além de tudo o sr. Alberto, filho de rabino, desmentira o ditado de que filho de peixe, peixe é.

D. Tereza, moça do interior e ainda por cima pobre, sofreu mais do que ele a oposição da família Salem. Acabou sendo aceita e respeitada, graças a seu desprendimento e a uma infinita paciência. Mais do que isso, viu realizada uma profecia. No auge do desprezo a sua pessoa, profetizou que os filhos daquela gente se casariam todos com mulheres de origem católica. Quando alguém, em minha família, procura encontrar motivações sociopsicológicas para esse fato, ouço o discurso com ceticismo. Os casamentos mistos não decorreram dessas complicadas motivações, mas, pura e simplesmente, da força profética de d. Tereza.

Constantes escaramuças marcavam as relações do trio Simon, Jacques e Levy. Simon ironizava a incapacidade de Jacques no sentido de tentar uma vida independente. Em troca, Jacques lembrava que "o Fausto não passava de um semi-analfabeto". Um flanco aberto por Jacques, recebendo as críticas não só de meu pai como de minha tia Rebecca, eram suas maneiras. "Limpava constantemente o salão", ou seja, enfiava o dedo no nariz à cata de melecas, escarrava em meio do jantar em um lenço sujo, comia arenque com as mãos e depois esfregava os dedos nos olhos, que se avermelhavam pela ação do sal. À medida que envelhecia, minorava suas angústias bebendo várias "caninhas". Era patético vê-lo à mesa meio alto, acusando com a voz entrecortada pelos soluços: "Este Jânio é um *tarrado* e um cachaceiro". Minha tia Rebecca resumia em uma frase a distância entre a cultura formal e os "modos", quando dizia: "Como é possível um homem tão preparado se comportar assim?".

A disputa entre Jacques e Levy se situava no terreno intelectual. Com a determinação e o orgulho dos autodidatas, um se considerava mais letrado do que o outro, embora a ofensiva partisse quase sempre de Jacques, por inclinação muito mais agressivo. "O Alberto é um *neutre*, sai de um livro como entrou", costumava dizer.

Tive oportunidade de comprovar que Jacques tinha certa razão. Um dia, nos anos 60, o sr. Levy me perguntou se eu tinha lido *A elite do poder*, de Wright Mills. Respondi que sim, agradavelmente surpreendido com sua leitura do livro de um sociólogo americano de esquerda. Perguntei animado se havia gostado e ele me respondeu: "Claro que sim; é uma descrição muito interessante de como vivem os ricos nos Estados Unidos". De fato, se não era um *neutre*, ele tinha lá suas formas particulares de entender os escritos que lhe caíam nas mãos.

Um ponto de divergência entre Simon e Levy era a política; o outro, os negócios. Levy — pequeno-burguês típico, como se dizia outrora — era intrinsecamente conservador e tinha horror a tudo que cheirasse a esquerda e mesmo a mudança social. Ganhei dele um magnífico livro em francês, ilustrado com desenhos, narrando uma viagem de carruagem do interior da Turquia a Constantinopla. Tão bom quanto o livro era a dedicatória: "Para Boris, no seu aniversário, viagem a Constantinopla que Kemal Pachá matou".

O sr. Levy, naturalmente, detestava a revolução russa de outubro de 1917. Não eram as lesões à propriedade o que mais o horrorizava, mas uma medida que agredia diretamente seus valores: a recusa dos bolcheviques em reconhecer as dívidas contraídas pelo império dos czares. Transpunha essa recusa para o Brasil do período João Goulart, perguntando: "O que essa gente vai fazer com a dívida externa? Pelo jeito vão seguir o caminho dos comunistas na Rússia".

O conservadorismo — reacionarismo mesmo, como dizia Jacques — do sr. Levy atritava com a visão moderadamente socializante de Simon. Sobretudo quando a discordância política se transformava em instrumento para agredir seus filhos. Pouco depois de Carlos Marighella ter sido morto, em fins de 1969, para consternação geral da esquerda, na qual se incluíam os jovens Fausto, Levy encontrou-se com Simon na rua da Quitanda:

"Então, o ambiente está mais purificado?", despejou com um meio sorriso triunfante.

Simon, que sabia ser feroz quando julgava necessário, lançou um torpedo:

"Sabe que quando ouço suas bobagens percebo que Hitler tinha seus lados de razão?"

Em matéria de negócios, os dois se comportavam como árcades do investimento. Não disputavam para saber quem amou mais, se Circe o sol ou Endimião a lua, mas se era melhor ter dinheiro ou comprar imóveis, e a disputa se baseava em opções de ordem prática. Simon considerava absurdo imobilizar seus recursos. Tinha receio de depender dos bancos, onde entrava de cabeça erguida, dizendo: "São vocês que precisam de mim e não eu de vocês". Morou em casa alugada até se tornar proprietário de um apartamento, já homem maduro, mesmo assim meio por acaso, pois, segundo dizia, comprara o imóvel na planta para ajudar o corretor. O sr. Levy, pelo contrário, insistia em que o dinheiro se esfarelava e os imóveis representavam uma inversão segura e lucrativa.

O tempo acabou por dar razão ao sr. Levy. Na época, era uma boa política captar recursos nos bancos para o giro dos negócios e aplicar a poupança em imóveis bem selecionados que, em uma cidade em expansão, tiveram em regra grande valorização. Diante da evidência, Simon não dava o braço a torcer. As circunstâncias, dizia, tinham impedido que realizasse bons negócios imobiliários e desfiava alguns exemplos. Deixara de comprar um conjunto de casinhas geminadas perto da avenida Brigadeiro Luís Antônio porque seu advogado, professor da Faculdade de Direito, era um homem excessivamente escrupuloso e impugnara alguns documentos do vendedor. Apontava com o dedo um palacete de esquina da avenida Brasil, dizendo que uma notícia da guerra o fizera desistir de realizar o negócio. Como imobilizar recursos, fazer projetos para o futuro, no momento em que os nazistas entravam em Paris?

CAMINHOS CRUZADOS

Não foi apenas com a finalidade de proteger um parente que os sócios da Levy Salem & Cia. admitiram José Comprido como seu empregado. Alguns meses antes de ele chegar a São Paulo em setembro de 1924, os sócios haviam decidido mudar a sede da empresa para a capital do estado, abrindo uma filial no Rio de Janeiro. Nessas duas cidades concentravam-se os contatos e os negócios mais importantes; além disso, a vida em Rio Preto era penosa e sem horizontes para a educação dos filhos. O único inconveniente seria ficar longe das áreas produtoras, o que poderia ser compensado conseguindo-se um comprador de confiança, disposto a ficar no interior por longos períodos.

O registro da Levy Salem & Cia. na Junta Comercial de São Paulo, com domicílio na capital, tem a data de 1º de abril de 1924. O objeto da atividade é descrito como sendo "comércio de cereais, café e algodão, e outros produtos da lavoura, nacionais e estrangeiros, por conta própria ou por consignação". Figuram como sócios principais Leon Levy, José Salem e Isaac Salem, cada um dos quais com um capital de duzentos contos de réis. A essa altura, Jacques Jessouroum já abandonara sua participação indireta na empresa. Seu procurador — Alberto Levy — passaria a ser membro da sociedade, aportando um pequeno capital de trinta contos de réis. A maior curiosidade reside na nacionalidade dos sócios: todos são qualificados como franceses naturalizados, colocando-se entre parênteses a menção: israelitas.

Durante vários anos, a Levy Salem & Cia. esteve instalada na zona cerealista de São Paulo, a princípio na rua Barão Duprat e depois na rua Antônio Paes. Essa escolha denota o fato de que o beneficiamento de cereais era ainda parte importante da atividade da empresa.

Recém-chegado, Zé Alto teve de aprender rapidamente os meandros do comércio e tomar um banho de vida brasileira interiorana. Em companhia de alguns conhecidos, aproveitou um feriado de 15 de novembro em Taquaritinga para ir ao cinema. Em comemoração à data, a orquestra que animava a exibição dos filmes mudos começou a tocar uma música; toda a platéia se levantou, respeitosamente. Por via das dúvidas, José acompanhou os espectadores, mas não deixou de perguntar: "O que está acontecendo?". Recebeu uma inesperada resposta: "De onde você vem, rapaz? Não vê que estão tocando o Hino Nacional?".

Em Rio Preto, José ficou conhecendo o sr. Fausto, como sempre se referiu a meu pai, pelo menos dez anos mais velho do que ele. A pedido dos Salem, que viam meu pai com simpatia e como um possível pretendente para Eva, convidou-o a vir a São Paulo. Era uma longa viagem, de quase um dia. Partindo de Rio Preto, começava-se pelo pior — a estrada de ferro de bitola estreita da Araraquarense que, passando por Taquaritinga, Matão e outras pequenas cidades, chegava a Araraquara. Convinha viajar com um guarda-pó sobre o terno, não só para proteger-se da poeira, como para evitar que as fagulhas lançadas sobre os passageiros pela locomotiva a carvão fizessem pequenos buracos na indumentária. A partir de Araraquara, tudo mudava. Seguia-se pelos trens da Paulista, na bitola larga, com seu pessoal bem treinado, comida decente, boa aeração, a paisagem correndo atrás das janelas de vidros grossos, onde estavam bordadas a jato, caprichosamente, uma sobre a outra, as iniciais CP.

Simon aceitou o convite e repetiu a viagem sempre que possível. Tinha duas razões poderosas para abandonar os negócios nas mãos de Laurentino, gerente contratado quando o empreendimento se firmou de vez. Em primeiro lugar, começara a interessar-se por Eva, uma mulher atraente, com ar mediterrâneo, morena, grandes olhos e boca bem talhada, cabelos escuros repartidos ao meio. Embora fosse a caçula dos Salem, impressionava pela determinação e pela autoridade que detinha no grupo familiar. Sua reconhecida firmeza e calma, contrastando com o permanente nervosismo de Simon, sempre à beira da explosão ou do desespero, constituiu para ele uma fonte adicional de atração.

Em segundo lugar, havia uma "razão inconfessável" para repetir as visitas a São Paulo. Adversário histórico da Zwi Migdal, meu pai não chegava ao extremo de recusar o contato com prostitutas. Em companhia de Zé Alto, freqüentava um bordel famoso por suas prostitutas francesas — reais ou imaginárias

— que ficava na rua 24 de Maio, no centro da cidade. Embora tivesse um "caso" mais ou menos estável em Rio Preto, o bordel de luxo e suas mulheres apelavam aos sentidos e à imaginação. Simon era pouco versado nessas incursões, pois, em Buenos Aires, quase não tinha recursos e nunca mais vivera em uma cidade grande.

Obedecendo à separação tradicional entre amor e sexo, Simon começou a namorar Eva, sem abandonar suas pequenas aventuras. Avisava previamente Zé Alto de sua chegada e o amigo providenciava a "reserva" de alguma menina atraente. Mas isso não durou muito tempo. O amor se fundiu com a expectativa de uma vida sexual, pois Eva se apaixonou por aquele rapaz afetivo, nervoso e sincero. Simon sabia converter sua vida de solitário em recurso sedutor. Além disso, era um homem charmoso, nos seus pouco mais de trinta anos, vestido com um apuro que só encontrava equivalente no irmão Isaac. À medida que o amor recíproco crescia, meu pai foi rarefazendo as visitas à casa das francesas, até que nunca mais lá voltou.

Separados por algumas centenas de quilômetros e por um correio que funcionava muito mal, Simon e Eva trocaram, ao longo dos meses, cartas em que ficou estampado o grau de instrução de cada um deles. Garranchos de difícil leitura, uma escrita em que o português se misturava com algumas palavras em espanhol identificavam as cartas de Simon. Eva escrevia a "Monsieur Simon Fausto" com uma letra clara, combinando ladino, francês e português.

O noivado foi acolhido com satisfação pelos Salem. Em primeiro lugar, era preciso ser realista e lembrar que Eva, com 25 anos de idade, já não podia ser considerada uma mocinha, o que restringia suas possibilidades no mercado matrimonial. Depois, o pretendente tinha muitas qualidades. Era conhecido da família, honesto, trabalhador, sincero na sua afeição ao que tudo indicava. Tinha apenas um defeito, pois como *ashkenazi* só impropriamente podia ser considerado "um dos nossos". Mas pelo menos não se tratava de um "cristiano" e ele mostrava boa vontade, concordando em casar-se na sinagoga, segundo o rito sefaradi, apesar de suas dúvidas religiosas.

A hipótese de a noiva ir morar em Rio Preto após o casamento estava descartada. Ela não só tinha um papel aconselhador que a família não queria dispensar, como era quem cuidava mais de perto dos pais. Além disso, pensava Simon, o que iria fazer uma moça prendada, na longínqua e sem atrativo Rio Preto?

No ano de 1926, casaram-se em São Paulo, para onde Simon se mudou, integrando-se o casal na residência familiar. Meu pai aceitou o convite dos cunhados para se tornar sócio da Levy Salem & Cia., em substituição a Leon Levy, gravemente enfermo. O capital total da empresa reduziu-se a quatrocentos contos de réis, passando a ser meu tio José Salem o sócio principal, com uma cota de 150 contos, vindo a seguir meu pai com 120 contos e tio Isaac com cem contos de réis. Ficava mantida a pequena participação de Alberto Levy nos negócios da firma.

Simon começava assim uma nova atividade. Não entendia nada de comércio de café, mas isso não o assustava. Afinal de contas, não nascera entendendo de tecidos, da compra e venda de bois ou de móveis. Despediu-se da resignada "amiga" interiorana, levou suas economias para a Levy Salem & Cia. e deixou as casas de móveis nas mãos de Laurentino.

Em pouco tempo, teve de correr a Rio Preto pela última vez para liquidar os negócios, arruinados pelos desfalques de Laurentino. Essa história sempre me pareceu incompreensível. Como um homem de confiança de meu pai poderia ter feito uma coisa daquelas?

A explicação me foi dada por Jacques Rousselle. Laurentino tinha se envolvido com mulheres, fato que o levara a descontrolar-se nos gastos. Na visão de muitos imigrantes, a contaminação dos negócios pelos prazeres e pelos vícios constituía um perigo permanente. Um homem sério devia se concentrar nos negócios para, com seu esforço, sustentar a família e, se possível, acumular fortuna.

Os riscos ao longo do caminho não decorriam de limites

estruturais impostos à ascensão social. Derivavam, sim, da sociedade, mas era possível superá-los por uma opção individual. Entre as tentações à espreita, figuravam "as mulheres de vida airada" e o jogo, quando de controladas válvulas de escape se convertiam em obsessão. Isso ocorria se uma pessoa era incapaz de conter os impulsos que cegavam o raciocínio. Na imagem grosseira mas expressiva de Rousselle, Laurentino se perdera "porque em vez de usar a cabeça de cima se deixara levar pela cabeça de baixo, e essa não pensa".

Os tios Rebecca e Jacques Mordoh na Turquia.

A loja de tio José Salem, em Varginha, no fim da década de 1910.

A oficina de tio José Salem, que se encontra ao fundo, em Varginha, no fim da década de 1910.

Casa da família Salem em Rio Preto. Década de 1910.

Casa de móveis de Simon Fausto em Rio Preto, no início da década de 1920, com o proprietário em primeiro plano.

Isaac Fausto, irmão de Simon Fausto.

*Casamento de Isaac Salem e Esther Levy Salem.
São Paulo, 7 de setembro de 1924. No verso há uma
inscrição a tinta:* Souvenir de notre mariage.

*A empresa Levy, Salem & Cia.
Rio Preto, 1919.*

*A avó Rachel, com um de seus netos,
provavelmente no final da década de 1920.*

*Isaac Salem.
Meados da
década de 1920.*

Tio José, na filial do Rio de Janeiro de Levy, Salem & Cia., em fins da década de 1920. Na parede, a foto do presidente Washington Luiz.

Eva e Boris Fausto, acompanhados de uma pagem. São Lourenço, março de 1932.

*Escadaria da casa da rua Maria Antônia, janeiro de 1933.
Da esquerda para a direita: Rafael Salem, Vidal Salem, Alberto
Levy, Simon Fausto, Eva Fausto, José Salem (José Comprido).*

*Simon, Boris e Eva Fausto no terraço da casa
da rua Maria Antônia. Provavelmente 1934.*

*Simon e Eva Fausto com os sobrinhos
Samuel e Vidal Levy Salem. Provavelmente 1934.*

Alberto e Tereza Levy, 1934.

Armazém em construção de Levy, Salem & Cia., na alameda Cleveland. Abril de 1937. Da esquerda para a direita: o sr. Eduardo, José Salem (José Comprido), Simon Fausto, Alberto Levy, Otto Schreiner, Vidal Salem (Vidal do Rio).

ESCRIPTORIO:
Rua João Briccola, 10-9.º andar
Telephone 2-3643

ARMAZENS:
ALAMEDA CLEVELAND, 584
Telephone 5-3712

LEVY, SALEM & COMP.
ALGODÃO - CAFÉ - CEREAIS
MACHINA PARA BENEFICIAR ALGODÃO

Filial em SANTOS
Rua do Commercio N. 26
2.º ANDAR

Caixa Postal 1931
End. Telegr. "VILEM"
S. PAULO

Cartão de Levy, Salem & Cia. Década de 1930.

Casa da rua Estêvão de Almeida. Foto tirada em 1995.

Casa da avenida Angélica. Foto da década de 1950 (gentileza do arquiteto Carlos Lemos).

Casa da rua Traipu. Década de 1930.

Ruy, Boris e Nelson Fausto.
Casa da rua Estêvão de Almeida, 1938.

Boris e Simon Fausto, enlutados, após a morte de Eva. São Paulo, praça Buenos Aires. Dezembro de 1938.

Maria Campaner e os garotos. Casa da avenida Angélica. Provavelmente 1939.

Tia Rebecca e seu filho Alberto. São Paulo, Horto Florestal, década de 1940.

Alunos do terceiro ano primário da Escola Americana (Colégio Mackenzie). Provavelmente 1939. A professora é d. Otacília Vieira Lago.

*Alunos do Colégio São Bento, 1948.
Agachado, no centro, o poeta e ensaísta
Augusto de Campos.*

*Arquibancada do estádio do Pacaembu.
Grupo de torcedores. Início da década de 1950.*

Casa da rua Maria Antônia, 1935.
As crianças da família e suas babás.

*São Lourenço, 1943. Familiares e amigos.
No centro, tia Rebecca.*

*São Lourenço, 1943. Pela ordem, Alberto Murdoh,
Odette Levy Salem, Maria Campaner, Anita Nunes
(dentista da família), tia Rebecca, pessoa não identificada,
Ruy Fausto e Nelson Fausto.*

4

BAIRROS PAULISTANOS E O TRIÂNGULO

A RUA MARIA ANTÔNIA

A permanência dos Salem na casa da rua Jaguaribe foi curta. Havia tempos, antes de sua saída da Levy Salem & Cia., Leon Levy vinha sugerindo aos sócios que se distribuísse parte dos lucros da empresa, com o objetivo de diversificar investimentos. A sugestão acabou sendo acolhida e ele, meus tios José e Isaac, em nome individual, compraram um grande terreno no bairro do Paraíso, na travessa Maestro Cardim, atual rua Pedro Ivo. Leon Levy acreditava estar fazendo um grande negócio, pois falava-se que a área teria grande valorização com a abertura, nas proximidades, da avenida Itororó.

O grupo construiu no terreno, em 1926, vários sobrados geminados, indo morar em dois deles, à espera de uma rápida valorização. Para lá foram também os recém-casados Simon e Eva. Mas a valorização não veio da noite para o dia; pelo contrário, os rumores de desapropriação resultaram em queda de preço. A rigor, ela só chegou cerca de cinqüenta anos depois, com a abertura da avenida 23 de Maio, quando os Salem e os Levy já não eram proprietários dos imóveis.

Além disso, se a casa da travessa Maestro Cardim era nova, tinha o defeito de ser apertada para abrigar toda a família. Como os negócios iam bem, por que não buscar maior conforto, mesmo que fosse em uma casa alugada? A idéia se concretizou em 1928 com a locação de uma casa de padrão bem mais alto, situada na rua Maria Antônia, no bairro da Consolação. Se a rua Maria Antônia não podia ser considerada aristocrática, bem perto dela estavam os esplêndidos casarões da avenida Higienópolis, pertencentes aos Prado, aos Álvares Penteado, que recebiam hóspedes ilustres em visita a São Paulo, como aconteceu com os presidentes da Argentina e do Uruguai.

Na passagem da travessa Maestro Cardim para a rua Maria Antônia ocorreu a primeira separação de uma parte da família. Os tios Jacques e Rebecca, acompanhados do filho Alberto, foram morar sozinhos. Por certo, havia uma tendência à fixação espacial de famílias nucleares, mas por que foi esse o primeiro casal a tomar tal caminho?

Na minha interpretação, o fato se deve a duas circunstâncias. De um lado, minha mãe Eva era imprescindível pelos cuidados especiais que dedicava aos "velhos"; de outro, as diferenças sociais faziam com que tio Jacques e tia Rebecca fossem os membros mais vulneráveis da família.

Tio Jacques — muito ingênuo para o mundo dos negócios — não conseguia firmar-se nos pequenos empreendimentos comerciais que tentava, lutando com dificuldades. Talvez fosse preferível para ele e minha tia Rebecca encarar a realidade, fugir das tensões geradas pela convivência diária com o resto da família. Encarar a realidade, em um primeiro momento, significou ir morar em uma casinha no fim da rua Prates, no Bom Retiro, junto à várzea do rio Tamanduateí. Durante as chuvas de verão, as águas do rio transbordavam e inundavam a casa.

Nasci na rua Maria Antônia, em dezembro de 1930. Fui a última criança da família dos Salem e dos Fausto a nascer em casa, com o auxílio de uma parteira. Recebi o nome de meu avô paterno, escolha que me contrariou por muitos anos. O nome eslavo dificultava minha plena integração no meio social brasileiro e, mais ainda, indicava uma origem judaica que procurei ocultar durante muito tempo. Mais ainda, tanto esse nome como meu tipo físico revelavam uma ascendência *ashkenazim* com a qual não tinha afinidade cultural. Os colegas de escola, afora tudo isso, conheciam um único Boris ao qual fui identificado: Boris Karloff, célebre ator de filmes de terror dos anos 30 e 40.

Respectivamente quatro e seis anos após meu nascimento, meus irmãos receberam nomes adaptados ao meio brasileiro — Ruy e Nelson. Propostos por meu pai, minha mãe aceitou esses nomes de bom grado, renunciando a escolher os de seus ascendentes, como meu pai havia feito. Mas, entre seus irmãos, o nome Ruy não foi a princípio bem recebido, ao contrário de Nelson, que consideravam ser uma variante do hebraico Nissim.

A casa da rua Maria Antônia há muito tempo não existe. Dela não restaram fotografias, exceto pequenos fragmentos que são pano de fundo de imagens de pessoas, a maioria delas também desaparecida. Era uma sólida edificação térrea, construída em um terreno amplo, a curta distância da rua. Possuía um porão habitável e a parte principal da edificação se situava em nível elevado. A esse corpo principal se tinha acesso por uma escada em curva, de mármore branco. Uma varanda contornava a frente e uma das laterais da casa. O jardim da frente e das laterais era recortado por aléias sinuosas, caramanchões e buxos bem aparados.

Nos fundos, onde como sempre ficava o quarto das empregadas, existia um galinheiro que me parecia de enormes proporções e um mamoeiro desterrado do campo que contemplava, solitário, a paisagem urbana. Apesar do bom padrão, a casa não tinha entrada para carros, um bem que ainda não integrava os confortos da classe média acomodada.

Ela se destacava do conjunto de habitações da rua Maria Antônia, pois as edificações, na maioria dos casos, eram pequenas construções que ocupavam todo o terreno, sem jardim na frente, janelas abertas para a rua. Algumas dessas casas, habitadas por empregados de escritório, funcionários públicos, professores, tinham declinado de status nos anos 30, convertendo-se em casas de cômodos. Nelas morava uma grande quantidade de pessoas que chamava a atenção pela pobreza e pela cor escura. Os mais pobres viviam nos porões ao rés-do-chão, e foram motivo

99

da minha curiosidade infantil. Enquanto os adultos não me puxavam pelo braço, me inclinava para ver uma panela fumegante, os utensílios rudimentares mas bem areados, mãos hábeis no uso de um ferro de passar a carvão, deslizando sobre uma longa tábua.

Sempre invejei a liberdade dos garotos pobres da rua Maria Antônia, que era o dado mais aparente de suas vidas; quanto a mim, não podia sair sozinho de casa e devia me contentar em ver o movimento da rua do alto da varanda ou através do gradeado do portão. Esse limite se tornava mais evidente após as fortes chuvas de verão. Como a rua Maria Antônia se situava em plano mais baixo com relação às adjacentes, recebia a água das chuvas, que a transformavam em uma lagoa rasa. A garotada pobre saía à rua, chapinhando na água barrenta, se engalfinhando em uma briga divertida porque as quedas eram acolchoadas e não se caía sobre o cimento duro. Nessas horas, proibido mais do que nunca de sair, tinha de me contentar com as fímbrias das águas da lagoa que ultrapassavam os limites de minha casa e aí lançava os inevitáveis barquinhos (felizmente, na adolescência, tive o bom senso de não perpetrar nenhum poema sobre eles).

Para os padrões da época, a rua Maria Antônia era relativamente movimentada, fazendo a ligação entre a rua da Consolação e o bairro de Higienópolis. Passava por ela a linha de bondes Santa Cecília, que tinha uma parada em frente de casa. Muitos anos depois de ter se mudado da rua Maria Antônia, a família se lembraria de uma história relacionada com essa parada que a transportava para a São Paulo "dos bons tempos". A lembrança em si mesma é indicativa da integração familiar à nova terra, pois operava uma distinção entre sucessivas fases de vida na cidade, em que a predominância das relações pessoais foi sendo substituída pelas relações anônimas.

Meu pai tomava o bonde Santa Cecília que passava às oito e quinze para ir ao trabalho. Mas, às vezes, se atrasava uns minutos. O motorneiro do bonde, seu conhecido de todos os dias, o esperava então pacientemente, recebendo-o com um sonoro bom-dia. Se algum passageiro se impacientava, não demonstrava esse sentimento, que seria considerado fruto de má educação. Os carros que passavam pela rua Maria Antônia deram origem a uma brincadeira, comandada por meus primos. Um grupo era Ford e outro, Chevrolet. O ruído dos automóveis se aproximando dava quase a certeza de que alguém marcaria um ponto. Só de vez em quando um improvável De Soto, um La Salle ou um Graham Page perturbavam o monopólio das duas marcas principais.

Algumas quitandas nas esquinas, com seus cachos pesados de banana à porta, vendiam pão amanhecido, pacotes de biscoito, doces da Confiança, cigarros e, principalmente, cerveja e pinga servidas em um balcão estreito. O tempo tinha aí outro ritmo, como indicava o dia do mês na folhinha, sempre bem atrás das datas que marcavam o ritmo da cidade, lá fora.

Minhas primeiras lembranças referem-se à casa da rua Maria Antônia e reproduzem uma cena cinematográfica, tantas vezes vista depois na tela do cinema. Debaixo da mesa elástica da sala de visitas, a franja de uma cobertura verde de veludo passando pelos meus olhos, vislumbro saias e pernas em movimento. Ouço a algazarra de uma comemoração, entremeada com os gritos de "nós queremos Papu Sion", saindo das gargantas dos parentes e amigos. "Papu Sion" era um velho solteirão sefaradi, amigo da família que, segundo diziam, começara a caducar. A moçada, impiedosamente, o estimulava a contar velhas histórias e a cantar, fazendo dele motivo de risos.

SEXO E SEDUÇÃO: DADINA

Nos tempos da Maria Antônia nunca faltaram empregadas na casa, mesmo durante a crise de 1929. Aí pelos quatro anos, contei com os cuidados de uma governanta alemã que me deu uma cartilha e tentou me introduzir nos rudimentos de sua língua. Como típico imigrante de segunda geração, me recusei a apren-

101

der, concentrado nas proezas que fazia com o português, suficientes para me garantir aplausos familiares gerais.

Quem veio cuidar de mim e de meu irmão Ruy foi uma moça de tipo germânico, robusta, de cores avermelhadas e olhos brilhantes. Menor de idade, a altura e as formas já bem-feitas faziam com que aparentasse ser mais velha do que na realidade era. Irene era filha de um lituano — o Né, assim chamado porque não havia frase interrogativa, exclamativa ou com outra qualquer entonação que não fosse completada pela partícula reforçativa. Né tinha uma aparência muito diversa da filha — baixinho, macilento, enrugado, sempre mascando um cigarro de palha. Morava em uma pequena chácara no bairro do Limão, onde plantava verduras, colhia frutas e criava galinhas.

Por mais que aquela paisagem rural fosse atraente para quem vivia na cidade, a coisa mais interessante na chácara do Né era o rádio de galena. Nos anos 30, um rádio desses, superado pelo de válvulas, já era uma relíquia. Por isso mesmo, tinha alguma coisa de mágico, emitindo vozes humanas e melodias que subiam e desciam de intensidade até quase desaparecer, combinando-se com os trovões da estática.

Na esquina da rua Maria Antônia com a rua da Consolação, havia um ponto de táxi de que a família se servia, em seus passeios de fim de semana ou para alguma urgência. O chofer preferido era um italiano gorducho, vermelhão, cara de bom bebedor de vinho, nos seus sólidos quarenta anos. Ricardo — ou melhor, Dadina, como foi apelidado pelas crianças — era cortês e prestativo; pouco a pouco, ganhou a confiança dos desconfiados Salem. Não era preciso que uma pessoa da família acompanhasse Irene quando ela ia levar os meninos a algum lugar da cidade, caso Dadina dirigisse o carro.

A novela tem capítulos e um final previsíveis. Dadina passou a assediar Irene e ela acabou sendo por ele desonrada, como se dizia naqueles tempos. Quando o desastre foi descoberto, Né ficou furioso, atribuindo à minha família, e especialmente a meu pai, a responsabilidade pelo ocorrido. Pois não havia entregue a filha em confiança, em uma casa onde esperava fosse estritamente vigiada? Dadina foi processado por crime de defloramento, conforme a tipificação da Consolidação das Leis Penais de 1932. Não lhe foi possível fugir do processo pela via do matrimônio com a ofendida pois, como bem diz, redundância à parte, o Código Civil, "não podem casar os casados".

Seu advogado tentou tirá-lo da enrascada com um lance ousado. Em juízo, Dadina negou a autoria do crime e o atribuiu a Simon. Ele via fortuitamente Irene, quase sempre em companhia de outras pessoas, que condições teria para incentivá-la a dar um mau passo? Meu pai, pelo contrário, era quem vivia com ela sob o mesmo teto e ambos ficavam horas a sós, a pretexto de brincar com as crianças.

A acusação encheu meu pai e a família de indignação, obrigando-os a contratar um advogado. O momento difícil passou, mesmo porque a acusação era inconsistente. Dadina foi condenado a uma pena leve, pagando assim um preço módico por seus ardores sexuais.

O ALTO DAS PERDIZES

No fim de 1936, uma nova separação familiar pôs fim à vida na mesma residência da família extensiva. Já não subsistiam as razões de mútuo apoio e de economia que levavam à concentração residencial. Além disso, a família se ampliava: Simon e Eva tinham dois filhos e um terceiro estava a caminho.

A avó Rachel falecera na casa da rua Maria Antônia. Restava decidir quem ficaria com meu avô Samuel. Isaac e José ponderaram que tio Jacques e tia Rebecca, por terem um único filho, estavam em melhores condições de cuidar dele. Desse modo, acolhendo meu avô, os tios se instalaram em uma casa na rua Theodoro Bayma, no bairro da Consolação.

Os tios Isaac e Esther partiram para uma solução definitiva. Compraram uma casa na rua Traipu, nas Perdizes, onde viveram até a morte. Coerente com sua aversão à propriedade imobiliária, em parte relacionada com a experiência da travessa Maestro Cardim, meu pai alugou uma casa assobradada, na rua Estêvão de Almeida, no então chamado Alto das Perdizes. De construção recente, como sinal das transformações no consumo da classe média, a casa tinha entrada para automóvel e, nos fundos, uma edícula de boas proporções, contendo um quarto e uma garagem por nós utilizada para guardar utensílios e brinquedos.

Em vários sentidos, a ida para a rua Estêvão de Almeida significava passar a viver uma vida menos urbana e com contatos familiares rarefeitos. Fomos morar em uma área da cidade em que os terrenos vazios abundavam e as primeiras construções estavam apenas surgindo. A Estêvão de Almeida é uma rua estreita e curta, ligando a via principal do bairro — a Cardoso de Almeida — à rua Monte Alegre, onde a criançada brincava tranqüilamente, sem ter de gritar a toda hora: "Olha o carro, olha o carro".

Ao contrário das outras casas em que morei, a da Estêvão de Almeida ainda existe, ao menos enquanto escrevo estas linhas, apesar de despertar, assim como o seu entorno, os olhos gulosos dos empreendedores imobiliários. Fomos fotografá-la — eu e meu filho Carlos — em uma manhã, bem cedo. Decidi tentar ver o interior e toquei a campainha, sendo recebido por uma jovem e desconfiada psicóloga.

Minha aparência e a justificativa, apesar de inusitada, dissiparam as dúvidas. Entrei, fitando os vitrôs de vidros grossos e cores fortes onde estão desenhados folhagens ondulantes e mares de azul-escuro. Apesar de dividida em vários consultórios, a casa tem sua estrutura básica preservada. Lá estavam a sala de jantar e a de visitas, a copa azulejada onde fiz as primeiras lições e, principalmente, no andar de cima, o quarto de meus pais e o dos filhos. Não me contive e fui dizendo à jovem psicóloga: "Aqui era o meu quarto; ali em frente, o dos meus pais", e por aí afora. Tive a sensação de que, a qualquer momento, ela me atiraria em um divã, dos muitos que hoje abundam na casa, pois não é todo dia

104

que aparece em um consultório, à hora matutina, um cavalheiro na terceira idade que trata de refazer o percurso e a intimidade do triângulo familiar.

Foi na Estêvão de Almeida que tomei contato, pela primeira vez, com o futebol. O entusiasmo pela bola é um indicador, entre outros, de meu grau de integração aos costumes pátrios. A paixão futebolística não nasceu por influência do meio familiar e sim como adesão a um traço cultural do país. Nenhum dos meus parentes mais velhos se interessava pelo mundo da bola. Pelo contrário, a metralha dos locutores esportivos os atormentava; não entendiam aquela paixão por uma coisa sem graça — "pretos e brancos, correndo atrás de uma bola" — que atraía sobretudo a gente pobre.

Por influência do rádio e, em certa medida, dos jornais, acompanhei, mesmo sem entender tudo, a Copa do Mundo realizada na França, em junho de 1938. Achei normais os onze gols de Brasil 6 × Polônia 5, nesses tempos de 2-3-5. Vislumbrei Planicka saltando em todas as direções, super-homem de luvas e boné, forçando um empate entre Brasil e Tchecoslováquia e a realização de uma nova partida. Sofri, em comunhão nacional, na derrota contra a Itália, que nos tirou do caminho do título.

A televisão levaria ainda muitos anos para impor o realismo da imagem. Os locutores podiam se dar ao luxo de "construir" os lances e elaborar assim versões dramáticas ou confortáveis para os ouvintes. Segundo Gagliano Neto, irradiando pelas ondas curtas da rádio Nacional, Planicka quebrara o braço, ao tentar defender um chute de Perácio. O pênalti praticado por Domingos da Guia em Piola, no jogo contra a Itália, provocando a eliminação do Brasil, tinha sido uma invenção do juiz francês, uma demonstração a mais de racismo e desprezo dos europeus para com o Brasil mulato.

A dor da derrota era muito grande para ser aceita de uma hora para outra. Correu a notícia de que os dirigentes tinham entrado com um recurso, que o jogo ia ser anulado, pois a Justiça — entidade acima dos golpes dos poderosos — iria decidir a nos-

105

so favor. Logo, porém, ninguém mais falou no assunto e o Brasil teve de se contentar com um terceiro lugar. "Se contentar" é modo de dizer, porque na realidade a pátria amada "mostrara seu valor", como Ari Barroso celebrou em um samba da época.

Minha paixão futebolística sofreu um hiato entre a Copa de 38 e o ano de 1941, interrompido apenas de forma alusiva pelo lançamento do apreciado chocolate Diamante Negro, em homenagem ao grande centroavante Leônidas da Silva. Duas semanas depois da Copa, um acontecimento mudou meu destino pessoal e de minha família.

A DESGRAÇA

Em meados dos anos 30, já se tornara comum famílias de classe média saírem de São Paulo para gozar férias. Os homens não permaneciam nos locais de descanso, sobretudo os comerciantes e industriais em ascensão, que não podiam afastar-se de seus negócios, ou pelo menos não tinham cabeça para tanto. Levavam a mulher e os filhos à praia e se limitavam — como muitos até hoje se limitam — às visitas de fim de semana.

Em junho de 1938, Simon levou a família para Santos, em busca de sol, longe do frio e da garoa paulistana. Ficamos todos na casa de meu tio José, que fora residir em Santos, dirigindo uma nova filial de Levy Salem & Cia., após o encerramento das atividades no Rio de Janeiro.

De uma hora para outra, enquanto estava na praia com as crianças, minha mãe sentiu fortes dores no abdômen. Levada às pressas à Santa Casa de Santos, os médicos diagnosticaram uma hérnia que deveria ser imediatamente operada.

Ela não saiu viva da mesa de operações, ao que parece por problemas de anestesia. Aos 37 anos de idade, Eva deixava três filhos pequenos: eu com sete anos, Ruy com quatro e o caçula Nelson, que não completara dois anos.

Um pequeno cortejo de táxis, conduzindo o corpo da falecida e a família traumatizada, subiu a estrada velha de Santos. A certa altura, o grupo decidiu parar e abrir o caixão, na impossível esperança de que aquela morte fora ilusória. Meu pai e os Salem foram confortados, no alto da serra, pela família Nahum, que os aguardava.

Em São Paulo, o avô Samuel recebeu a notícia em desespero, na forma como os pais costumam reagir à morte prematura dos filhos: "Por que Deus não me levou, eu que estou velho e cego?".

Zé Alto se lembraria para sempre daquele desastre. Estava em Taquaritinga comprando café para a firma. As já complicadas comunicações com São Paulo se complicaram ainda mais porque por alguns dias a linha telefônica deixara de funcionar. Enviou então vários telegramas de consulta para fechar a compra de um grande lote de café, mas não obteve resposta. Por fim, a linha se restabeleceu e ele perguntou irritado por que o deixavam de mãos amarradas sem saber o que decidir. Do outro lado da linha, a resposta do sr. Levy o deixou gelado: "Calma, José, esquece por ora os negócios, aqui aconteceu uma desgraça".

Nas histórias familiares, a morte de personagens centrais, em pleno vigor, corresponde aos cortes dramáticos da macro-história, provocados por revoluções ou catástrofes. A morte de minha mãe cindiu duas épocas, o antes e o após a *desgraça*, termo que por si só diz bem das dimensões de uma perda que nunca foi absorvida de todo.

Embora a família não fosse particularmente alegre, realizava festas com certa freqüência e participava do Carnaval. Alugava-se um carro aberto para fazer o corso, as crianças se fantasiavam e lá íamos todos para a avenida, munidos de sacos de confete, de rolos de serpentina e do lança-perfume Rodo Metálico, de cores douradas. O uso do lança-perfume era livre e, em casa, só não se permitia cheirar ou comprar lança-perfume de vidro, mais barato, por ser perigoso. A morte de minha mãe, o gradativo desaparecimento dos carros abertos afastaram a família de um carnaval de rua já decadente.

A forma pela qual o grupo familiar lidou com a morte de Eva foi particularmente desastrosa para mim e para meus irmãos, apesar das boas intenções. Segundo vim a saber mais tarde, realizou-se um "conselho de família", com a presença de Jacques Rousselle, cuja opinião era muito respeitada. Por sugestão de Jacques, optou-se por apagar os sinais da existência de minha mãe, como forma de minorar o impacto da perda para seus filhos.

Nunca mais ouvi pronunciar seu nome, nem vi fotografias suas. Quando muito, ouvi referências à "desgraça", em voz baixa. Já adulto, fiquei chocado ao dar com fotografias de membros da família em que uma das personagens desaparecera, recortada a tesoura. Associei aquela tosca operação com o apagamento da figura histórica dos líderes bolcheviques caídos em desgraça, que sempre me causou, não por acaso, profunda impressão.

A decisão tomada ajudou a apagar da consciência a figura de minha mãe e os acontecimentos ligados à sua morte. Sou capaz de reconstituir, ainda que vagamente, cenas da rua Maria Antônia, onde aliás ela não surge, mas guardo apenas uma sensação e não a cena dos dias passados em Santos que precederam e antecederam "a desgraça".

A partir da morte de minha mãe, eu e meus irmãos — sob o meu comando agora ainda mais reforçado — fomos desenvolvendo uma aliança contra o mundo externo, que tanto nos maltratara. Os garotos que tinham pai e mãe eram os "outros"; nós tínhamos nosso universo fechado, nossas brincadeiras, nosso léxico familiar.

A aliança fraterna não se mantinha no plano interno, pois as rivalidades entre os irmãos eram agudas. Em regra, eu atraía meu irmão do meio, Ruy, para atormentar o caçula, criando uma relação tortuosa que, por muitos anos, deixou marcas. Como irmão mais novo, Nelson sofria com a aparente superioridade dos mais velhos. Sua "inferioridade" era reforçada, desde muito cedo, com certas observações familiares infelizes. Por exemplo, aí pelos seis anos, Paisico ironizou sem contemplação o fato de que custava a alfabetizar-se, embora fosse capaz de se expressar

com facilidade: "Fala, fala, fala, mas abecê que é bom, nada".
(Nelson acabou aprendendo o abecê e, ao longo da vida, muitas
coisas mais. Tratou de livrar-se da competição com os irmãos,
fugiu da área do direito e da filosofia — esta última, especiali-
dade de meu irmão Ruy — e optou por estudar medicina. Recém-
formado, partiu para sempre para os Estados Unidos. Embora
tenha insistido em manter um *low profile* nas conversas familiares, tornou-se na realidade um pesquisador científico de renome
internacional.)

Voltemos, porém, aos anos difíceis, quando eu e meus irmãos
tínhamos de lidar com uma perda irreparável, a cada momento. Da
minha parte, me ressenti de situações penosas na família e na
escola. Quando freqüentava o curso primário do Colégio Mackenzie, me via forçado a comemorar como todos os outros
alunos o Dia das Mães, restrito na época àquela instituição protestante. Naqueles tempos de busca de uniformidade e de carência de
orientação pedagógica, ninguém levantara a hipótese de que a festa poderia ser um momento de tristeza para alguns. Da mesma forma, por ocasião da Páscoa, devia recortar um ovinho de papel e
nele escrever, com a dificuldade das primeiras letras, "Para minha
querida mamãe", sem ter a quem entregar o presente.

A morte de Eva representou para Simon a confirmação de
que forças intangíveis conspiravam contra ele. Ficara abalado
por ocasião da morte prematura do irmão e agora seu mundo
desabava com a morte da mulher. Vestiu-se de luto fechado, passou a fumar pacotes e pacotes de Petit Londrinos — um cigarro
mata-rato — e a destilar sua amargura sobre os cunhados que, no
fundo, nunca o haviam aceitado inteiramente.

A angústia resultante da perda da mãe não foi para mim uma
sensação imediata. Para isso contribuiu em muito a permanência
durante alguns meses na casa que meu tio Isaac havia comprado
na rua Traipu, uma rua não pavimentada e rodeada de atrações.
Descia-se ao Pacaembu por algumas trilhas que cortavam uma
encosta coberta de plantas de mamona. As trilhas desembocavam
em clareiras cuja atração maior eram as bicas. Ornadas de azule-

jos, delas jorrava uma água considerada pura. As empregadas e os meninos saíam das casas da redondeza com vários garrafões recobertos de palha, em busca da água, levando o maior tempo possível para retornar. Os meninos corriam pelas trilhas e travavam uma guerra de guerrilha esgueirando-se no mato, lançando granadas de mamona uns nos outros.

As empregadas fugiam à rotina doméstica e à pressão das patroas. Sentavam-se na borda de um tanquinho que recebia a água da bica para falar mal dos patrões, das colegas ausentes, para contar histórias de namoros e mais pragmaticamente para conferir como andava o mercado de emprego.

O Pacaembu, na parte onde hoje se localiza a avenida com esse nome, era uma várzea pontilhada de terrenos baldios. Velhos italianos aí se divertiam nos finais de tarde ou nos fins de semana, jogando bocha. Com a abertura e o asfaltamento da avenida, começaram as corridas de automóvel, caracterizadas pela tecnologia precária. O motor dos Fordinhos adaptados fervia com freqüência. Quando o piloto descia atarantado da máquina, tentando sufocar o princípio de incêndio, sofria as gozações da molecada. Um dos preferidos era um "corredor" gordo, sempre muito suado. Tão logo seu carro parava, a malta se reunia em torno dele e entoava o coro: "Nascimento, Nascimento, barriga de água suja".

É bem verdade que São Paulo conheceu nessa época corridas automobilísticas menos precárias, ainda que não tivessem o brilho das do Rio de Janeiro, com seu circuito da Gávea. Elas tinham como palco a tranqüila avenida Brasil, onde se erguia uma tosca arquibancada de madeira para os espectadores de prestígio. Os outros ficavam à beira da avenida, tentando incentivar seus preferidos com gritos inúteis e lenços um pouco mais eficazes. Dentre os preferidos, especialmente para a colônia italiana, destacava-se Pintacuda, que chegou à suprema glória de inspirar a paródia de uma marchinha cantada por Carmen Miranda: "Pra baixo todo santo ajuda, pra cima só o Pintacuda".

Mas a maior e fugaz atração das corridas da avenida Brasil foi — como se dizia naquele tempo — a corredora francesa Helen

Nice. Não só por ser mulher como pelo fato de seu carro ter se incendiado em plena competição, incendiando, ao mesmo tempo, o noticiário dos jornais. Como ela escapou viva do acidente, a explicação corrente era de que aquilo fora apenas um aviso dos céus para que não insistisse em se meter em aventuras impróprias para uma mulher.

A atmosfera da casa da rua Traipu, que absorvi não apenas naqueles meses, mas pelos anos afora, era contraditória. De um lado, havia o peso da presença de meu tio, de pijama de flanela, sujeito aos ataques de asma, cuidando de suas rosas no jardim e impondo silêncio aos desbordamentos da meninada. De outro, havia a presença de meu primo Vidal, um garoto alegre que montava e desmontava bicicletas. Além disso, instalou um "laboratório" na garagem da casa, onde misturava líquidos, criando em pequenos tubos substâncias de cores surpreendentes. Punha método naquilo tudo, mas não deixava de manter uma boa dose de ceticismo quanto ao valor de seus inventos químicos, pois denominava o laboratório de Salsicha de Viena. Talvez tivesse se sentido mais realizado se considerasse que a química pouco importava, pois ele era sim um esteta das cores.

Nos meses que se seguiram à morte de minha mãe, as lembranças de liberdade e até de satisfação se devem a tia Esther, casada com tio Isaac. Não só ela me atendia com todo o carinho, como permitia que após a escola eu fosse para a rua, jogar bola com a molecada. Cobria-me de pó ou de lama, conforme o caso, gastava energia até que a tia viesse me chamar, pois era necessário estar limpo e bem-arrumado para esperar, no fim da tarde, meu pai trajado de preto.

Mas a permanência na rua Traipu durou pouco. Aquela era uma saída transitória para a nova situação e a família resolveu tomar uma decisão duradoura, que desse estabilidade à educação minha e de meus irmãos. Minha tia Rebecca e tio Paisico, com o único filho Alberto, aceitaram a penosa tarefa de morar com meu pai e seus filhos.

Desse modo, nos últimos meses de 1938, os tios deixaram a

casa da rua Theodoro Bayma, onde viveram em companhia de meu avô Samuel. Teriam sempre saudade daquela casa típica da classe média da Consolação, com suas janelas abrindo-se para a rua e um comprido corredor lateral conduzindo à porta principal. Tia Rebecca, apesar de contar apenas com os escassos e irregulares ganhos do Paisico e alguma ajuda dos irmãos, operava milagres no arranjo dos poucos tapetes turcos que recebera, nos cuidados com os vasos de avencas e com os canteiros de flores, onde se destacavam os antúrios, flor de sua predileção.

Para cuidar de meu avô Samuel, contava com o auxílio fundamental de uma empregada negra, extremamente dedicada, "a d. Maria do vovô". D. Maria, de cabelos brancos e pele muito enrugada, era uma dessas velhinhas que parecem, ao mesmo tempo, nunca ter sido jovens e ser imortais. Falava em tom muito baixo, ou melhor, resmungava, mantendo uma comunicação fácil apenas com meu avô. Entre aquela descendente de escravos e o velho sefaradi estabeleceu-se uma relação muito próxima cujo centro era a atividade onírica de ambos.

Produtores de sonhos que se multiplicavam, discutiam o significado de cada um, dos mais óbvios, nos quais apareciam animais, aos mais complicados, em que parentes e amigos mortos vinham lhes falar em linguagem cifrada. Trilhavam caminhos que pouco tinham a ver com os percorridos pelo dr. Freud, de quem certamente nunca ouviram falar. Seu objetivo também era outro: acertar no jogo do bicho.

Após chegarem a um consenso na interpretação onírica, d. Maria ia fazer o jogo, trazendo de volta a casa um papelzinho com os números, cópia em carbono do original. Isso permitia que até o fim da tarde os trabalhos da empregada e o vazio das horas de um cego tivessem uma expectativa vespertina quase sempre frustrada, mas continuamente renovada.

Afora essa atividade, o velho patriarca, de boné na cabeça, óculos escuros como se a cegueira fosse uma vergonha que devesse ocultar, gastava as horas ouvindo rádio. Nesses tempos de Estado Novo, a *Hora do Brasil* era anunciada com os acordes do Hino Nacional. Meu primo Alberto — em uma conduta típica de jovem da segunda geração de imigrantes —, tão logo começava o hino, ordenava: "Vovô, vovô, de pé, Hino Nacional". O velho se levantava resignado e ficava em posição de sentido até as últimas estrofes. O clima da casa de meus tios era bastante alegre. Pelo menos, as tensões entre o casal não afloravam quando eu e os outros primos — a turma da Traipu — íamos ali almoçar, na saída do Mackenzie, uma ou duas vezes por semana. Alberto nos recepcionava como *maître*, com um cardápio cujo conteúdo os convidados deviam previamente adivinhar, enquanto tia Rebecca desdobrava-se no preparo do almoço para aquela "macacada".

ASCENSO E DISSOLUÇÃO DA LEVY SALEM & CIA. O MUNDO DO CAFÉ

Os tempos da rua Maria Antônia coincidiram com a crise de 1929. A família se ressentiu relativamente pouco da crise, graças à prudência nos negócios, como se estivesse havia muito tempo à espera dela. Naquele ano, a firma perdeu dinheiro com a queda do preço do café estocado em seu armazém. Mas as dívidas contraídas nos bancos eram limitadas e não davam margem a maiores preocupações.

Algumas despesas foram reduzidas em conseqüência da crise, representando, pelo menos em um caso, um ganho e não uma privação. Como resultado da deflação daqueles anos, o preço do aluguel da rua Maria Antônia se tornou alto e a família se dispôs a abandonar a casa. A proprietária prontamente diminuiu o aluguel, com o temor de não encontrar novo inquilino, em meio à crise.

A recuperação do relativo abalo e o avanço da Levy Salem & Cia. deveram-se, em grande parte, à possibilidade aberta com a expansão das exportações brasileiras de algodão para a Alemanha, nos primeiros anos da década de 30. Embora relutassem

113

em lidar com o algodão após as perdas sofridas com a queda de preços em 1926, os sócios da firma acabaram se convencendo de que ali se encontrava uma alternativa rendosa. A decisão foi acertada. Como diria Zé Alto, através de uma constatação empírica mais tarde confirmada pelos livros de história econômica, "o *algodón* nos salvou".

A Levy Salem & Cia. deu um grande salto a partir de 1937. A empresa comprou um grande terreno no bairro do Bom Retiro, na esquina da alameda Cleveland com a alameda Nothmann. Ali mandou construir suas novas instalações, um imenso armazém projetado pelo prestigioso escritório de engenharia Severo & Villares. Ao lado do armazém, reservou-se uma área para acolher um desvio da estrada de ferro Sorocabana que passa pelas proximidades. A idéia era receber as mercadorias diretamente, evitando-se as perdas e o custo do transporte, mas ela não chegou a se concretizar.

A essa altura, a Levy Salem & Cia. abandonara o negócio de cereais, concentrando-se no algodão e no café. A atividade mais lucrativa com relação ao café consistia no rebeneficiamento do produto, fazendo-se misturas de vários tipos destinadas à venda aos grandes exportadores. Para se provar o resultado das misturas havia, a um canto do armazém, uma pequena instalação onde o café era torrado e moído, sendo afinal preparado e sorvido pelos provadores.

A empresa obtinha também ganhos especulativos na compra e venda de café e algodão. A operação exigia faro e conhecimento, pois era preciso projetar as oscilações do mercado e levar em conta os riscos. Nesses cálculos, na dúvida, imperava a prudência.

Simon ficava no comando das operações em São Paulo, dividindo seu tempo entre o escritório da firma, no centro da cidade, e a permanência no armazém. Tio Isaac continuava sendo sócio, mas, doente, afastara-se das atividades; tio José dirigia a filial de Santos. Zé Alto continuava a ser o grande trunfo das compras no interior, hábil nas negociações, valendo-se de sua facilidade em estabelecer relações pessoais. A seu lado, figurava seu primo Vidal, homônimo de meus primos. Vidal era um rapaz bem-educado, pouco à vontade na rusticidade do meio interiorano. Depois de uma passagem pela filial da empresa em Santos, saiu dela para integrar-se na ótica que seu primo Maurício abrira no Rio de Janeiro — a Óptica Lux —, onde encontrou seu lugar, atraindo as clientes com um charme a que não faltavam algumas pitadas de francês.

A escrita da Levy Salem & Cia. era feita pelo sr. Otto, auxiliado por Eduardo, sob a supervisão de Alberto Levy. O sr. Otto e Eduardo não poderiam ser figuras mais contrastantes. O jovem Eduardo, bastos cabelos lisos caprichosamente penteados, lembrava um cantor de tango. O sr. Otto, bem mais velho, de maneiras finas, falando sempre a meia voz, combinava traços de dignidade e de desânimo. Era uma figura germânica, de aguados olhos azuis, muito alto e magro; vestia-se com certo apuro, apesar de suas restritas possibilidades materiais. Guarda-livros bastante respeitado pelos sócios da empresa, foi sempre cerimonioso no trato com os chefes, suportando a tensão ou as explosões de meu pai quando "a escrita não fechava".

Por certo, se isso acontecia não era por culpa dele. Após examinar cuidadosamente pilhas de faturas e de recibos, o sr. Otto desenhava nomes e números em grandes livros de capa de pano negro. Enfadava-se daquela profissão mesquinha. Gostava mesmo de ser cartógrafo, atividade a que se dedicava à noite e aos domingos. Aí então podia desenvolver sua individualidade, traçando a cores e a tinta nanquim os mapas oficiais que lhe eram encomendados pelos órgãos públicos. Cada um desses mapas era uma obra artesanal identificada por sua assinatura cheia de curvas inimitáveis.

Os tempos gloriosos da Levy Salem & Cia. duraram pouco, não por força dos rumos dos negócios e sim pelos desacertos familiares. A rivalidade entre Simon e seus cunhados era temperada por minha mãe. Após sua morte, elas vieram à tona com mais força, contrapondo especialmente meu pai e tio José.

Os dois tinham personalidades muito diferentes. Elétrico, sempre à beira de um ataque de nervos, Simon trabalhava infati-

115

gavelmente, sem se importar sequer com as horas de refeição. Ele considerava que, com o auxílio de Zé Alto, carregava a Levy Salem & Cia. nas costas, pois um dos cunhados era doente e o outro não se empenhava como devia. Sua mágoa era ainda maior porque apesar de tudo o que fazia pela empresa seu nome nem mesmo aparecia na razão social.

Meu tio José tivera uma história de vida menos dramática e, sendo bom comerciante, tratava ao mesmo tempo de não se deixar envolver completamente pelo trabalho. Embora protegido pela distância, por estar em Santos, achava difícil suportar o cunhado que estava sempre implicitamente a julgá-lo.

A religião foi tomada como um ponto central das divergências. Os Salem viam com restrições aquele *ashkenazi* estranho, que não freqüentava a sinagoga e, no fundo, não acreditava em nada. Simon considerava os cunhados uma dupla de hipócritas que precisavam da religião para purgar-se de sua mesquinhez. Ele não, ele tinha princípios éticos e sabia perfeitamente pautar-se por eles, distinguindo o certo do errado.

Os desacertos levaram meu tio José a retirar-se da Levy Salem & Cia., em princípios de 1942, fato que precipitou a dissolução da empresa. Essa decisão foi um mal negócio para todos. Como não houve transferência e sim dissolução da firma, o valioso fundo de comércio simplesmente desapareceu. As máquinas usadas tinham pouco valor. A maior receita decorreu da venda do imóvel para a Philips e, secundariamente, da venda de 10 mil sacos de café. Mas nem o imóvel nem o estoque de café foram vendidos em bom momento.

Com a responsabilidade de sustentar uma casa e de criar três filhos, Simon voltou à vida de franco-atirador interrompida com a entrada na Levy Salem & Cia. Alugou duas salas na rua de São Bento, junto ao largo do Café — mais conhecido como "larguinho" —, sede de sua firma individual. Instalada a base de operações, começou a viajar ao interior em busca de negócios.

Meu pai montou o escritório com todo capricho. Comprou um móvel de jacarandá com uma poltrona de espaldar alto onde raramente se sentava, tapetes macios, vasos com pequenas palmeiras e reformou um confortável sofá herdado da antiga empresa. Uma herança menos conspícua mas para mim mais atraente era um mapa do estado de São Paulo, pendurado à parede, com a data de 1910. Duas referências estimulavam minha fantasia: uma inscrição estampada sobre o Oeste de São Paulo, junto à fronteira de Mato Grosso, com os dizeres "território indígena"; e a menção a uma cidade no Norte do Paraná chamada Ruínas de Jesus e Maria.

Para não quebrar a boa aparência do ambiente, Simon mandou colocar no corredor a pesada prensa que imprimia a correspondência nas folhas em papel de seda de um grosso volume.

A comodidade do local atraiu conhecidos e amigos, a maioria auto-aposentados. Passavam horas relembrando velhos tempos, utilizando sem medida o telefone. Essas larguezas causaram um atrito entre meu pai e Jacques Rousselle, quando ele descobriu que o amigo tinha passado da conta, mandando imprimir, sem consultá-lo, um cartão de visitas com o endereço e o telefone do escritório.

As portas do escritório ficavam permanentemente abertas e ninguém imaginava que houvesse algum risco nesse hábito, considerado de bom aviso para mostrar ao temível fiscal que Simon Fausto não tinha nada a esconder. O fiscal, cujas visitas se davam aleatoriamente durante o ano e, não por acaso, uma última vez na véspera do Natal, era funcionário da receita estadual; nessa época não havia fiscalização do pagamento do imposto de renda, a que ninguém dava maior importância.

Quando o fiscal aparecia, as portas do escritório se fechavam e o temível personagem, em meio à tensão geral, passava vários dias debruçado sobre as faturas e livros da firma para valorizar sua não inocente absolvição final.

Quem enfrentava o fiscal nesse corpo a corpo era o sr. Otto e, depois dele, o sr. Donato, que veio a certa altura substituí-lo. O sr. Donato aproximava-se do antecessor pela delicadeza no trato e pelo cigarro, em regra apagado, pendente do canto da boca. No mais, as diferenças eram evidentes: o sr. Donato se vestia com ternos que lhe caíam mal, suava por todas as bicas do corpo e vivia tão suspiroso quanto atarefado. Tinha alguns rudimentos de francês, coisa de que muito se orgulhava. Ao encontrar-se ocasionalmente com Paisico nas ruas do centro, saudava entusiástico, ainda de longe: "*Comment allez-vous, monsieur Jacques Mordoh?*". Tendo se encarregado da "escrita" de vários italianos semi-analfabetos que haviam enriquecido, ele se desvalorizava ao comparar essas histórias de vida com a sua: "Eu nunca passei de um *mediócre* contador", dizia, acentuando o *ó*. Mesmo assim, tinha orgulho dos grandes de sua profissão, como o dr. Milton Improta, que tivera a coragem de afirmar em uma reunião da classe que "a nossa legislação fiscal é confusa e tumultuária".

O "larguinho" era o ponto de encontro de comerciantes de café, de algodão, de cereais, que aí trocavam informações sobre o mercado e fechavam muitos negócios, temperando-os com dezenas de xícaras de cafezinho, tomadas nos bares que contornavam um dos lados do largo. A qualquer hora do dia, havia sempre gente abrindo latinhas de amostra, aspirando profundamente o cheiro que emanava dos grãos, colocando um punhado deles na palma das mãos, para ver se não havia palha em excesso, em meio aos grãos. Uma careta depois desses procedimentos podia não passar de encenação, mas podia ser também sinal de que se tratava de "café Rio", ou seja, café produzido no Vale do Paraíba e em algumas regiões de Minas. Consumido no Rio de Janeiro, era considerado, no mercado paulista, produto de qualidade inferior. Quando fui à então capital da República pela primeira vez, meu pai andava quarteirões em busca do café de boa qualidade porque a grande maioria servia "aquela coisa que só os cariocas conseguiam tomar". Como se vê, o imigrante, ligado ao mundo paulista, tomara claro partido na rivalidade regional.

Apesar de pequeno, o "larguinho" tinha alguns subespaços imaginários; o mais nítido deles era o "beco dos turcos", também denominado "beco do cuspe", onde sírios e libaneses se concentravam. Alguns fumavam cigarros de palha, mais apagados do que acesos, e os mais rústicos cuspiam no chão.

O "beco" não era, a rigor, um beco, mas uma saliência no ponto em que o largo se abre para o corredor estreito da travessa do Comércio. Nesse subespaço, falava-se árabe. A conversa se interrompia à aproximação de um "não-patrício". Tal atitude, que talvez representasse uma deferência para com alguém que não entendia a língua, era tomada pelos demais freqüentadores da praça como uma demonstração de que os "turcos" tinham parado de armar alguma jogada, diante da aproximação de estranhos.

Meu pai simpatizava com alguns integrantes do grupo, especialmente com o sr. Said, proprietário de uma mansão na rua Maranhão, próxima à casa da avenida Angélica onde fomos morar em fins da década de 30. De certo modo, Simon identificava em Said alguns traços radicalizados de sua própria história, pois o homem juntara uma respeitável fortuna, apesar de ser analfabeto, pelo menos em português. Orgulhava-se de nunca ter ido a um cinema, de gastar pouco, embora confessasse ter um fraco pelo baralho e pelo raki.

O "larguinho" era o campo preferido da implacável geografia moral de meu pai. Apresentava-me aos conhecidos e depois me segredava que, sob o sorriso daquele homem educado, se ocultava, na verdade, um "trampolineiro"; ou então ratificava minhas impressões a respeito de alguém, dizendo tratar-se realmente de pessoa finíssima. Essa nota máxima era em geral conferida a algum negociante pertencente à elite paulistana, ainda que Simon evitasse generalizar.

Os pobres, em regra, não freqüentavam o "larguinho"; quando muito, alguns mendigos aceitavelmente vestidos se introduziam na área, abordando as rodinhas, com mil cautelas, quase sempre sem alcançar êxito. Podiam ficar contentes quando recebiam um "não" delicado. Até porque não faltava quem respondesse com o clássico "Vai trabalhar". Ninguém acreditava,

119

naquele meio, que a mendicância podia ser um problema social. Se o mendigo fosse então uma mulher, era inevitável a associação entre a sua ociosidade e a falta de empregadas domésticas.

Mas a ausência de gente pobre na composição social do "larguinho" não significa que essa microssociedade fosse homogênea. No alto da pirâmide, ficavam os personagens que combinavam status e poder econômico, membros de famílias oligárquicas, envolvidos em negócios de vulto. Na base, figurava gente como o Sevilhano, um espanhol baixinho, sempre de chapéu torto na cabeça, que falava em um ritmo torrencial, combinando a seu modo as duas línguas principais da península Ibérica. Sevilhano recebia encomendas de sacos de aniagem, sendo por isso chamado de saqueiro. Simon gostava dele, embora o considerasse encrenqueiro, não fosse o homem espanhol.

À margem da pirâmide, um marginal confesso freqüentava o larguinho. Era Eli, figura macilenta, de barba por fazer, que fora descartado do convívio dos comerciantes sérios, por não cumprir a palavra nos negócios. Eli vivia dando "facadas" nos incautos e, para cúmulo dos males, era um judeu "turquino". Meu pai — em um raro momento de deferência para com a comunidade — costumava dizer que Eli não era um israelita e sim "um aborto da natureza".

O mundo dos negócios cafeeiros estava indissoluvelmente ligado aos grandes bancos localizados no Triângulo, constituído pelas ruas Direita, São Bento e 15 de Novembro. Na hierarquia bancária, formada por uma trinca, pairava no alto o Banco Comercial. O Comercial nascera com a criação do mundo — ou teria sido antes? — e certamente era imortal. O interior do prédio, na rua 15 de Novembro, compunha-se de um amplo espaço térreo e de um mezanino, de onde se podia vislumbrar, como em um balcão do Municipal, o movimento dos clientes e o gesto ritmado dos caixas.

O Banco Comércio e Indústria ficava também na rua 15, mas tinha uma pequena entrada pela rua Álvares Penteado, mal vislumbrada da rua; passando-se por um corredor estreito, chegava-se ao amplo saguão do banco. A passagem era reservada a alguns clientes mais considerados. Quando pela primeira vez a atravessei, pela mão de meu pai, me senti como visitante de um santuário merecedor de deferências especiais.

O Comércio e Indústria se converteu em fonte de atração, ao inaugurar um novo sistema elétrico. Como de praxe, o cliente entregava num balcão o cheque a ser descontado e recebia uma chapinha de ferro numerada. Aguardava por algum tempo, enquanto um funcionário fazia a minuciosa conferência da assinatura. A novidade consistia no fato de que o número surgia iluminado no alto da caixa e substituía assim a voz de chamada do bancário, audível ou não de acordo com seu humor.

Completando a trinca de ouro, o Banco de São Paulo, na praça Antônio Prado, tinha para mim a aparência de uma catedral gótica, apesar de ter sido construído em 1935, em estilo art déco. No alto do templo, luziam os lustres de alabastro; os mortais, cá embaixo, se debruçavam sobre amplos balcões de mármore, parecendo evitar a demonstração ostensiva de que lidavam com dinheiro. Por uma escada também de mármore, sulcada por riozinhos de terracota, descia-se aos cofres particulares, ultrapassando-se os umbrais de uma porta de aço. Os cofres enfileiravam-se nas paredes de um compartimento obviamente sem janelas, cheirando a mofo, onde os clientes penetravam com gestos medidos, falando baixo. A responsabilidade pela abertura e fechamento ficava a cargo de um funcionário que me parecia a imagem viva da probidade e me impressionava pela atitude a um tempo polida e distante.

Os bancários eram, em regra, gente de meia-idade. Os caixas — velhos funcionários de cabeça limitada e confiança irrestrita — faziam movimentos lentos, conferindo repetidamente o dinheiro a ser entregue aos clientes. A gerência ainda não fora pulverizada, nem ficava exposta aos olhares de qualquer um. O gerente tinha sua sala reservada, na qual só se penetrava após passar por uma ante-sala onde uma secretária filtrava a clientela.

Era conveniente marcar dia e hora para conversar com o gerente, em geral um personagem melífluo, com ares de ministro inglês.

Poucos jovens freqüentavam os bancos, que ainda não se tinham convertido em "lugar de office boy", como hoje alguns dizem desdenhosamente. Os clientes eram em geral gente de classe média que entrava no estabelecimento com ar respeitoso, quando muito emitindo um suspiro abafado, diante da demora eventual do atendimento.

Um dia Paisico veio da rua contando uma cena bancária que quebrara, excepcionalmente, as regras do jogo. Um ambulante sírio, pouco traquejado naquele ambiente, recebera no balcão a chapinha de ferro numerada, após entregar um cheque para desconto. Como permanecesse imóvel diante do caixa ao ser chamado, este lhe disse: "A chapinha, por favor". O homem se indignou: "Não senhor, primeiro me dá o dinheiro, depois eu entrego a chapinha". O impasse durou alguns minutos e dessa vez as pessoas perderam a paciência.

Desde cedo, vivi o ambiente do comércio de café e dos grandes bancos. Na alameda Cleveland, respirei o ar poeirento, ouvi o ruído das máquinas de beneficiar, guinchando dolorosamente quando as polias estavam mal lubrificadas. Vindo do fundo do armazém, surgiam figuras com quem eu não falava e que não se dirigiam a mim, que eu intuía pertencerem a um outro mundo. Passavam com o saco de sessenta quilos de café ou algodão, equilibrado na cabeça, as veias grossas saltando das pernas finas, sob a pressão provocada pelo peso e pelo retesamento do corpo. A maior atração era andar pelos corredores de muros muito altos, formados pelas pilhas de sacos de mercadoria, onde a luz penetrava escassamente. Ao prazer do mistério daqueles labirintos associava-se o temor real ou imaginário de que as pilhas desabassem, me sepultando no solo paterno. Muitas décadas mais tarde, estabeleci uma ponte com essas sensações da infância, ao percorrer os corredores úmidos do arquivo judiciário do Estado, carregados de velhos processos. Custou-me um pouco perceber o prazer daquela andança que, por alguns minutos, apagava as incertezas da pesquisa, fundindo passado e presente em uma sensação única.

Após o expediente, meu pai telefonava ao armazém, perguntando a Zé Alto como ia o trabalho noturno. Eu subia em um banquinho para alcançar o telefone de parede e disparava, para gáudio do auditório de adultos: "José, quantos sacos já fizeram?". Mais tarde, freqüentei o escritório da rua São Bento, o "larguinho" e os grandes bancos. Apesar disso, não segui as pegadas de meu pai. Como se explicaria isso? Na realidade, a proximidade nunca se confundiu com intimidade. Se Levy Salem & Cia. tivesse continuado a existir, talvez acabasse por me encaixar na empresa. Mas, com o encerramento dela, meu pai passou a "lutar pela vida", seguindo caminhos penosos.

Chegou à conclusão de que seria impossível ganhar o suficiente para manter a família com folga, se virasse simples corretor de café em São Paulo. Havia uma razão adicional para essas andanças. Passando semanas fora de casa, imerso no trabalho, Simon abafava seus fantasmas e fugia da convivência de casa, onde ele se sentia uma ave fora do ninho.

Partiu para o risco, para a aventura que sempre o atraiu, buscando também maiores possibilidades de ganho. Por algum tempo, comprou café em São Mateus, no Espírito Santo, embarcando a mercadoria em naviozinhos costeiros para o porto do Rio. Depois, estabeleceu-se com máquina de beneficiar café, no interior do Paraná e em Parapuã, cidade paulista da região de Marília.

Nunca participei dos negócios paternos. Já adolescente, Simon me levou em sua companhia para conhecer "a máquina de Parapuã". Viajamos em um noturno sonolento, que guinchava ao parar nas estações, interrompendo o sono precário dos passageiros em meio à madrugada. Meu pai ia convenientemente paramentado, de roupa esporte cinza, guarda-pó e botas de cano longo, como quem partia para um safári de trabalho.

Sem ser um faroeste como Rio Preto fora no passado, Parapuã tinha alguns traços semelhantes aos de Rio Preto, na década de 10. O mais nítido eram as ruas sem pavimentação de onde emanava, nos meses de seca, uma poeira terrível, "pior do que a de Alexandria", como dizia o cosmopolita Rousselle.

Era época de safra e a máquina, assim como meu pai, trabalhava febrilmente. A máquina parecia dotada de personalidade. Tudo dependia de seu humor. Quando ela se sentia satisfeita, suas polias giravam silenciosas; mas, de uma hora para outra, emitia um guincho dolorido, como se uma súbita dor a atingisse. A essa altura, a ansiedade de Simon crescia.

Sob a alegação de que o seguro era caro, ele arriscava perder tudo em um incêndio, acontecimento freqüente na região. Para evitá-lo, dormia por períodos curtos intercalados junto à máquina, em uma casinha precária, levantando-se várias vezes durante a noite para cumprir a função de "vigia do vigia"; não podia confiar no "espanhol fracassado" que, sonolento, mal cumpria sua missão.

Acentuando a marca de sacrifício que transmitia aos filhos, meu pai dramatizava a luta titânica e solitária contra concorrentes como um maquinista japonês que contava com o auxílio de toda a família. Mas, como ele valia por cinco ou seis, pelo menos equilibrava o jogo.

Dessas incursões ao interior, Simon voltava com alguns quilos a menos e o agravamento de uma úlcera que o acompanhou pela vida afora. Era o resultado da tensão, aliviada por maços e maços de cigarro, e da alimentação irregular, composta de longos jejuns, quebrados apenas pelo café preto e pelas refeições noturnas compensatórias, uma vez ou outra.

Quando eu e meus irmãos, já jovens, conseguimos convencer meu pai de que aquilo não era vida para ele, recebi uma oferta surpreendente. Simon me propôs que ficasse com a máquina, um excelente negócio — dizia — ao qual eu daria a força da juventude. Nem me passou pela cabeça aceitar. De um lado, em minha casa sempre se enfatizara o valor da cultura, pois "uma pessoa preparada se defende bem em qualquer lugar". De outro, meu pai emitira sinais negativos quanto à sua atividade e eu vira de perto que ele não deixava de ter razão.

124

Esses sinais não se limitavam ao esforço a ser despendido, mas abrangiam a noção implícita de que "não havia comércio sem esperteza". De fato, as normas éticas auto-impostas, substitutivas da religião, que Simon brandia nas controvérsias com os cunhados, tinham certos limites no plano dos negócios. Aqui e ali, coloria essas afirmações com exemplos do que chamava de "exigências da vida prática". Em certa ocasião, nos tempos da rua Antônio Paes, inconformado com o fato de que houvesse concordância entre a inscrição "um quilo" impressa em um peso de balança e seu conteúdo, procurou um artífice para que lhe fizesse um peso rotulado de um quilo, contendo na verdade novecentos gramas. Escolheu, porém, o artífice errado, pois o homem negou-se a colaborar com ele, por mais que insistisse destinar-se o peso "a fins particulares".

Foi mais astuto, anos mais tarde, quando comprava café no Espírito Santo, embarcando a mercadoria para o Rio de Janeiro em naviozinhos precários. Feito isso, partia para o Rio, à espera do desembarque. O desembaraço da mercadoria era sempre um tormento burocrático. Até que um dia perdeu a paciência e disse a um conferente do porto que toda aquela complicação passara dos limites. O homem lhe deu uma pista: "Também, o senhor quer fazer tudo pela legalidade...".

A partir daí, a tramitação ganhou velocidade. Formulários e guias até então considerados indispensáveis passaram a ser ignorados. Além disso, Simon obteve regalias de que antes nunca suspeitara, especialmente a de entrar no navio, tão logo aportasse, antes do desembarque da mercadoria. Essa regalia evitava sérios prejuízos. Em uma das viagens, o naviozinho de transporte enfrentara uma tempestade que inundou parte do porão. Nas pilhas de sacos de café, os sacos de baixo, atingidos pela água, se estragaram; mas os de cima conservaram-se intactos. Naturalmente, Simon garantiu ao pessoal da estiva que seus sacos, pela ordem natural das coisas, eram os do alto. Isso lhe valeu uma pergunta admirativa: "O senhor já foi ladrão?".

O comportamento realista de meu pai contribuiu também

para me afastar do mundo dos negócios. Considerava aquilo uma hipocrisia, algo que seria incapaz de fazer. Na medida em que fui sendo influenciado pelas idéias de esquerda, aí pelos dezoito anos, cheguei à conclusão simplista de que o comércio não era apenas esperteza, mas, pior do que isso, uma forma parasitária de se apropriar do trabalho alheio.

Por que sujar as mãos em uma atividade para a qual não tinha o menor talento, em vez de seguir o caminho de uma profissão cujo instrumento principal seria a tão valorizada cultura? Diante da minha recusa em assumir o bastão que tentava me passar, Simon vendeu a máquina, voltou para São Paulo e seu elo, assim como o meu, com os negócios do café passou a pertencer à memória.

5

TEMPOS ANGELICAIS?

A CASA DA AVENIDA ANGÉLICA

Para abrigar o novo arranjo familiar reunindo ele e os filhos, tia Rebecca, tio Jacques e meu primo Alberto, Simon alugou uma casa na avenida Angélica, quase na esquina da rua Piauí. A casa fora projetada pelo engenheiro português Ricardo Severo, sócio de Ramos de Azevedo, responsável por uma campanha de crítica ao ecletismo arquitetônico, característico das novas levas de imigrantes, defendendo o estilo neocolonial português. A postura de Severo inseria-se no âmbito de uma reação tradicionalista no campo da arquitetura, contra a influência cultural dos imigrantes; harmonizava-se com movimentos — como a Liga Nacionalista — que perseguiam objetivos semelhantes, na esfera sociopolítica.

A casa fora construída em 1910, como indicava uma bandeirola que em linguagem técnica se chama de grimpa, recortada de modo a formar a data. Fixada no teto da construção, a grimpa lhe dava a marca de um solar ilustre. A influência do neocolonial português era visível nos volumes, nos azulejos que ornamentavam a fachada, nas janelas de treliça, rompendo com o uso das venezianas, já então corriqueiro. Minha tia, que não sabia da existência de Severo e da presença árabe na península Ibérica, atribuía o emprego das treliças a uma viagem que Ramos de Azevedo fizera ao Oriente.

127

A nova morada familiar tinha não só uma origem como também uma história ilustre. Nós nos orgulhávamos do fato de que nela vivera o dr. Armando de Salles Oliveira — interventor e a seguir governador de São Paulo, entre 1933 e 1937 —, que, segundo se dizia, aí casara uma de suas filhas. O último inquilino, antes de minha família, fora Carlos de Souza Nazareth, presidente da Associação Comercial, embora ninguém em casa soubesse disso. Por muitos anos, cartas dirigidas a ele, talvez sem maior importância, chegavam a nossas mãos. As cartas eram invariavelmente rasgadas por adultos ou crianças, pois nenhum de nós conhecia aquele personagem que missivistas importunos tentavam introduzir em nossa vida familiar.

Só na casa da avenida Angélica vim a sentir, embora sem explicitar, a angústia causada pela morte de minha mãe e os efeitos da inserção em uma nova realidade familiar. Para isso concorreu o fato de que trocava a liberdade da rua Traipu pela residência em uma artéria movimentada. Não era possível sair à rua sozinho e sempre tinha companhia de algum adulto até mesmo quando ia à praça Buenos Aires lançar barquinhos a vela e depois um cruzador movido a corda — presente de meu pai —, no laguinho existente na praça.

O mundo de salas e labirintos da casa poderia ter amenizado minhas angústias, se suas origens fossem espaciais. O dado essencial é que a nova configuração familiar, imaginada após a morte de minha mãe com o melhor dos propósitos, resultou em permanentes tensões e atritos. Era como se todos os atores, ou quase todos, se sentissem prisioneiros de uma trama que os ultrapassava e para a qual não viam saída.

Meu pai assumiu o grosso das responsabilidades financeiras da casa, em troca da retarguarda que lhe seria fornecida por minha tia Rebecca, o que não representava pouco. Sempre à beira de uma explosão verbal, não tinha condições de imprimir uma autoridade serena na casa e muito menos mediar disputas entre os meninos. Seu rancor contra o mundo cresceu e minha tia se viu forçada a ouvir as críticas violentas que fazia ao comportamento de seus irmãos.

Quando não havia visitas, a vida da casa se encerrava à noite muito cedo. Ocupávamos o hall de entrada, onde se instalara um sofá gasto, e ouvíamos o rádio, antes do jantar. Depois dele, as tentativas de continuar ali eram quase sempre frustradas por meu pai, que se deitava no sofá, apagava as luzes e imergia em um sono entrecortado de roncos.

A cada passo, ao longo dos dias, cortava demonstrações de alegria, que para ele deviam equivaler a uma agressão a seus sentimentos de luto perpétuo, lançando ameaças do gênero: "Vocês ficam rindo e eu não sei se terei dinheiro para pagar a escola no mês que vem". À medida que os filhos foram crescendo, buscou imprimir-lhes uma visão puritana das relações afetivas, radicalizando a atmosfera já existente entre os sefaradis.

Criou-se assim um universo repressivo em que a referência às meninas era tabu. Quando, aos dezessete anos, passei alguns meses em Sergipe, a convite de um colega de escola, fiquei surpreendido com a liberdade com que se falava de namoricos e se faziam veladas alusões à sexualidade. A família patriarcal da elite sergipana era muito mais aberta do que a minha família de imigrantes judeus, integrados em São Paulo, e isso tinha certamente a ver com a trajetória familiar específica.

Minha tia Rebecca aceitou com dignidade o pesado ônus que recebera, tratando de criar os sobrinhos com todos os cuidados possíveis. Chegou mesmo a promover festejos de aniversário e pequenos encontros que tentavam introduzir alguma alegria naquela casa atravessada pelas tensões. Mas a tarefa era excessiva para uma pessoa insegura que tinha muita dificuldade para legitimar-se diante daqueles complicados sobrinhos.

Não podia contar com meu pai, dadas as suas características psicológicas e a divisão de tarefas que ele implicitamente impusera; acreditava não poder contar com o marido, que considerava "atavanado" (estabanado). Insatisfeita com o marido, dividida na disputa feroz entre os sobrinhos e seu filho único, Alberto, desalentada pelo estado de espírito de meu pai, minha tia às vezes se desesperava. Nesses momentos, lançava frases em que lamentava ter aceitado aquele encargo, "ela que tinha a vida arranjada na sua casinha".

Meu primo Alberto viu, de repente, mudar sua condição de filho único que recebia da mãe todas as atenções. Em uma situação de equilíbrio precário, teve de dividir esse afeto com os três primos que com ele competiam desesperadamente. As mínimas regalias eram combatidas pela micromáfia dos irmãos Fausto, como demonstração inaceitável de preferência.

Por ser o mais velho dos meninos, Alberto tinha um espaço só para si, designado por uma palavra turca — o *cuvush* —, um cubículo localizado no corpo da casa, junto à cozinha, que ele trancava a chave. Aí fazia seus trabalhos de escola e guardava a coleção de selos que rivalizava com a nossa (minha e de meus irmãos). Resolvi atacá-lo, utilizando dois fraternos pivetes. Meus irmãos suspendiam o vidro da janela do *cuvush* que dava para o quintal dos fundos e penetravam nele. Iam direto à coleção de selos, subtraindo uns poucos e deixando tudo em ordem para desorientar o primo. As incursões acabaram sendo descobertas e Alberto tomou providências para retorquir: avançou na nossa coleção e colocou uma trava na janela do *cuvush*.

FUTEBOL

Mas o futebol foi o núcleo principal em que se corporificaram as divergências. Desde a Copa do Mundo de 1938, o mundo da bola ficara para mim na sombra. Em 1941, me incorporei realmente a ele, me definindo ao mesmo tempo pelo Corinthians. Como não havia antecedentes familiares para sugerir a opção, ela foi ditada pelo fato de o time ter sido campeão paulista daquele ano, com uma equipe que incluía, entre outros, o glorioso "gigante cor de ébano" José Augusto Brandão; Servílio de Jesus, o bailarino; Teleco, o homem da virada inconfundível. Todos negros, já se vê, não fosse o Corinthians o Corinthians.

Meu primo Alberto era são-paulino. Nos primeiros anos de residência na casa da avenida Angélica não íamos aos jogos e a nossa verdade era o rádio, ou melhor, os rádios. Alberto ficava no andar superior da casa, no quarto dos pais, ouvindo o jogo do São Paulo. Eu e meus irmãos ficávamos no hall, ouvindo o jogo do Corinthians, em um velho rádio Pilot.

Nem sempre meus irmãos ficavam próximos ao rádio. Após várias experiências xamânicas, descobri que eles deviam se colocar sob a mesa da sala de jantar grande. A cada ataque perigoso do time adversário, revelado pela elevação da voz do locutor, eles emitiam um som semelhante ao de uma sirene, para desmantelar o ataque do inimigo. Aos céticos, eu diria que o ritual mágico produziu grandes efeitos: claro, o Corinthians sofreu muitos gols, mas quantos mais não sofreria, se não fosse o canto da sirene?

Quando o Corinthians marcava, saíamos em comemoração provocadora pelo quintal e, às vezes, constatávamos com infinito pesar que bastara aquela breve ausência para que o time adversário marcasse. Por sua vez, Alberto nos anunciava os gols do São Paulo antes do locutor que transmitia o jogo do Corinthians, pateando estrepitosamente no assoalho de seu quarto. Era o seu foguetório que nos deixava de gosto amargo na boca.

A disputa só se aplacava, transitoriamente, quando o campeonato paulista terminava e começava o campeonato brasileiro, em que se enfrentavam as seleções dos estados. Invariavelmente, gaúchos e mineiros caíam nas semifinais: paulistas e cariocas decidiam o título em melhor de três pontos.

A rivalidade entre paulistas e cariocas, potenciada pelos locutores esportivos, tinha um fundamento real. As ressonâncias políticas regionalistas eram muito fortes — afinal, a revolução de 1932 não ocorrera há tanto tempo assim — e o mercado de transferência de jogadores, bem restrito. Com muito maior freqüência do que nos dias de hoje, a base da seleção paulista era constituída de paulistas e a carioca de cariocas, com o acréscimo dos cariocas naturalizados, ou seja, os mineiros.

Em geral, era preciso jogar uma partida decisiva para se

131

definir o título e havia muita diferença, pelo menos na ótica paulista, entre jogar em São Januário ou no Pacaembu. São Januário era um estádio onde a torcida podia pressionar e apedrejar os craques paulistas, onde autoridades atrabiliárias invadiam o campo, quando a gente de São Paulo protestava contra os erros — ou os despautérios, como diziam os locutores esportivos — da arbitragem. Contrastando com o clima pesado de São Januário, o Pacaembu era tido como um modelo de segurança, um estádio em que os cariocas podiam até cometer excessos. O exemplo sempre lembrado tinha como personagem central o "execrável" Zizinho — grande craque do Flamengo, como vim a reconhecer anos depois. Zizinho, na versão paulista, tivera a coragem de quebrar a perna do Agostinho, um verdadeiro *gentleman*, na zaga paulista, sem que nada lhe acontecesse.

Afora essas diferenças — diga-se de passagem —, havia o fato de que o futebol carioca, nos anos 40, era superior ao paulista; mas ninguém em São Paulo prestava atenção nessas minúcias.

Nunca ocorreu aos dirigentes de um lado e de outro disputar a partida final em campo neutro, até porque os estádios de outros estados eram muito pequenos. Então, o título quase se decidia pelos giros de uma bolinha, lançada de uma esfera de arame. Ficávamos todos na expectativa do sorteio, transmitido pelo rádio, embora soubéssemos de antemão o provável e nefasto resultado: "São Januário". Conhecendo os dirigentes da "madrasta" — a CBD (Confederação Brasileira de Desportos) —, os paulistas tinham boas razões de duvidar que o lance da bolinha estivesse apenas na mão do acaso. Outras mãos, mais poderosas, deviam empurrar a partida para São Januário e, conseqüentemente, para o desastre final.

A disputa, de um lado, entre mim e meus irmãos sob meu comando e o primo Alberto, de outro, chegou a um grau explosivo lamentável. Depois de vários choques verbais e até físicos, passamos a não nos falar. Essa situação absurda durou vários anos e foi admitida pelos mais velhos, incapazes de mediar o conflito. Quando, já jovens adultos, eu e Alberto começamos a quebrar o gelo, foi como se estivéssemos saindo de uma prolongada mudez, de tal modo que escolhíamos com cuidado as frases, falando devagar, evitando encarar o interlocutor. (Essa história tem um final feliz. Alberto deixou de ser o "primo pobre", tornando-se um próspero engenheiro. Quando nos encontramos, depois de algumas décadas sem nos ver, descobrimos que nossa paixão comum pelo futebol sobrevivia. Só não brigamos mais pelo São Paulo ou pelo Corinthians.)

PAISICO E MEU PAI. LAZER PAULISTANO

Em meio ao clima pesado da casa, sobrenadava Paisico. Ele não era alheio ao ambiente, pois às vezes explodia, no curso de uma refeição conturbada, aos gritos assustadores de "Eu exijo silêncio", reforçando o impacto da ameaça com um x gutural. Mas, em regra, parecia imune às tensões; mais do que isso, era a principal figura responsável pelo pouco de alegria que se permitia naquela casa. Quem, senão ele, seria capaz de reproduzir uma cena circense, introduzindo na boca, pelo lado invertido, um cigarro aceso, soltando fumaça pelo nariz? Quem, senão ele, criava suspense quando de sua chegada da rua à noite, anunciando: "Hoje vai ter fila!". Diante da notícia, veiculada umas duas vezes por semana, esperávamos com entusiasmo o fim do jantar e nos colocávamos em fila, disciplinadamente, para receber as ofertas do nosso papai-noel: garrafinhas de chocolate contendo licor, ou tabletes da Sultana. Uma vez ou outra, ele fazia uma extravagância e nos ofertava chocolates Sonksen, melhores e mais caros.

Do ponto de vista físico, Paisico fugia às características típicas dos sefaradis da Turquia. O rosto muito amplo, desproporcional em relação ao corpo, o nariz grande e achatado, o bigode basto eram traços que o aproximavam da figura de um árabe. Muitas vezes, nas ruas de São Paulo, foi abordado por um suposto patrício que se surpreendia diante da resposta: "*Io no entendo árabe, io falo turco*".

Durante a Primeira Guerra Mundial, Paisico morou em Salônica. Orgulhava-se de ter servido como intérprete junto ao exército francês, indício de que o aprendizado do francês alcançara, ainda que de forma rudimentar, as camadas pobres de sefaradis turcos. Dessa época, ficaram em sua memória canções onomatopaicas dos soldados franceses, dolentes melodias sérvias, hinos patrióticos gregos, que reproduzia para encanto dos sobrinhos. Graças a ele, ouvi falar do general Venizelos, ao mesmo tempo em que aprendia na escola quem era o duque de Caxias.

Tinha grande orgulho de seus conhecimentos de grego, tratando de reduzir o universo dos possíveis iniciados. Meu irmão Ruy, quando cursava a Faculdade de Filosofia, referiu-se a um colega — Osvaldo Porchat — que sabia grego. Como meu irmão esclarecesse que Porchat não vivera na Grécia, Paisico logo percebeu tratar-se de um farsante: "Não pode ser. Uma pessoa que nunca morou na Grécia e diz que fala grego está te enganando".

Talvez a preocupação em restringir um conhecimento raro derivasse do fato de que, na realidade, Paisico manejava mal e mal a valorizada língua helênica. Tive a prova disso quando, certo dia, interrompeu a leitura de jornal que fazia movendo os lábios: "Que quer dizer essa palavra esquisita *caôs*?". Surpreso, respondi que era semelhante a "desordem", "confusão". Diante disso, ele concluiu com uma frase indicativa da influência dos imigrantes italianos: "Então por que não usam logo essas palavras que a gente entende, porca miséria?".

Paisico não tinha malícia nem esperteza suficientes para empreender um negócio. Com o auxílio dos parentes, montou vários pequenos bares no centro da cidade, sempre fracassando. Criou galinhas com um sócio em um sítio de Guarulhos. Uma praga dizimou as galinhas e o sócio dizimou as que sobraram. Por fim, arranjou um emprego modesto, na empresa têxtil de uns parentes distantes, que ficava no Brás. Encarregado de fazer pequenas compras, percorria todos os dias as lojas de ferragem e aviamento da rua Florêncio de Abreu, pechinchando no preço e recusando receber comissões. Em um fim de ano, voltou para casa muito feliz porque em meio às comemorações fora saudado como "chefe das compras". Vinha todos os dias almoçar em casa, sem nunca se atrasar. Conferia as horas em um cebolão folheado a ouro que trazia no peito, preso a uma corrente. Tão logo os ponteiros se juntavam no alto do relógio, gritava, em um de seus raros momentos de império: "Rebecca, o almoço, já é *mio-dia*".

A partir da sua atividade nos restaurantes da cidade, onde se localizavam, a um canto, seus "barzinhos", Paisico recolheu histórias, reproduzidas em casa. Durante um jantar, contou o caso de um garçom do restaurante Zeppelin, que ficava nos baixos do vale do Anhangabaú, para os lados da rua do Seminário. O homem se sentia humilhado por um cliente ranzinza que reclamava de tudo: do modo como ele servia, da temperatura da comida, dos preços, da confusão do cardápio. Só se aliviava quando tomava um copo de vinho rosado, momento capitoso daquela disputa gastronômica.

O vinho devia ter de fato um sabor especial, pois o garçom, na cozinha, mergulhava no copo, todos os dias, metodicamente, como quem complementa uma iguaria, seu membro viril. Paisico contou a história com um final eufemístico, dizendo que o garçom introduzia no copo "o sexo dele". Minha tia não entendeu o sentido da expressão, levando Paisico a esclarecer enfaticamente: "Punha no copo o sexo, o pipi dele", que é como em casa se designava o pinto.

Quando surpreendia pessoas em uma situação inusitada, Paisico vinha logo transmitir seu espanto. Foi assim que chegou um dia em casa contando que dr. Yazbeck tinha mania de vitrines, pois várias vezes vira o doutor diante delas. Quem não conheceu o dr. Alexandre K. Yazbeck poderia perguntar-se por que seu gosto, convertido em mania, seria tão surpreendente.

É que o ilustre facultativo era o médico da família, guru que impunha respeito aos adultos pelo seu saber e aterrorizava as crianças, com suas frases brutais. Cortava as preocupações da família, quando algum dos meninos ficava doente, com a recomendação edificante: "chicote e cama".

Por muitos anos, teve consultório em um velho sobrado da rua Florêncio de Abreu, pois isso facilitava a vida de seus clientes sírios e libaneses, proprietários de casas comerciais nas proximidades. Subia-se uma escada íngreme até alcançar a enorme sala de espera do consultório, em cuja mesa, coberta de pó, amontoavam-se revistas escritas em árabe. Nos cantos, estavam dispostas escarradeiras, que os clientes utilizavam entre uma baforada e outra dos cigarros de palha. Depois de uma ansiosa expectativa, o dr. Yazbeck entreabria os umbrais da porta pintada de branco. Pouco a pouco, surgia sua figura por inteiro — um personagem alto, de olhos azuis penetrantes, quase sem pescoço, mascando um cigarro de palha. Era chegada a hora da verdade, a hora do exame e do veredicto, mesmo que se tratasse de uma gripezinha renitente.

O dr. Yazbeck era respeitadíssimo em minha família e, mais tarde, conversando com médicos jovens, fiquei sabendo que havia boas razões para isso. Tinha uma grande capacidade de diagnóstico, desenvolvida nesses tempos em que praticamente não se faziam exames de laboratório. Quando os médicos começaram a utilizá-los com maior freqüência, o prestígio do dr. Yazbeck cresceu porque ele sempre relutou em utilizá-los, preferindo confiar no seu diagnóstico tátil e ocular. Desse modo, o médico da família era considerado um ser à parte, um profundo conhecedor do corpo humano, cujos diagnósticos se encaixavam na rubrica *Yazbeck dixit*.

A diferença das relações que se estabeleceram entre meu pai e seus filhos e entre estes e Paisico se tornava patente por ocasião de alguns passeios. Simon exigia que os filhos se vestissem com o melhor apuro, sapatos engraxados, cabelos bem penteados. Em conseqüência, os preparativos eram fonte de seguidos atritos.

Gostava de levar os filhos ao chá do fim da tarde na sobreloja do Mappin, de onde se podia contemplar o Teatro Municipal, emblema cultural da cidade. Para se chegar à sobreloja, era preciso atravessar o andar térreo, onde moças bem compostas, atrás de balcões de madeira escura, vendiam jóias, cosméticos e perfumes. No salão de chá, os violinos afinados de um conjunto tocavam a dolente "Tristeza Marina": os olhos e o estômago vibravam com os pequenos sanduíches em pão de fôrma e com a variedade dos doces.

Havia duas alternativas principais ao Mappin. O Bar Viaduto, na rua Direita, em que aos domingos, no mezanino, tocava um pequeno conjunto. A sensação maior eram os *éclairs*, doces que nunca conheci pela designação francesa e sim pela designação popular de "bomba". Outra alternativa era a Confeitaria Vienense, na rua Barão de Itapetininga. Há alguns anos, em uma noite, me animei com a descoberta de que ela ainda existia, no andar superior de um velho sobrado da mesma rua. Subi as escadas com minha mulher e teria sido melhor que não o fizesse. Esquecida no Centrão, a Vienense agonizava, com suas mesinhas quase vazias, um casal de meia-idade e olhar triste ouvindo o som fanhoso de um violino arranhado por um pobre homem, vestido com um engalonado uniforme puído.

Além das confeitarias, um ponto alto dos passeios com meu pai eram as sessões de cinema do Cine Metro, nos domingos de manhã. Poltronas de couro vermelho, paredes forradas, sons abafados davam ao ambiente um ar de distinção aconchegante. Na tela, os filmes de viagem, em technicolor de cores fortes, constituíam para mim a maior atração. Viajava assim por países exóticos, onde os traços mais chocantes de pobreza tinham sido convenientemente apagados.

Consegui um dia que meu pai aceitasse fazer um programa cinematográfico alternativo, indo ao Cine Pedro II, no vale do Anhangabaú. Descobri então o prazer das fitas em série, mas ele ficou mal impressionado com os modos da meninada plebéia, muito diversos dos freqüentadores do Cine Metro. Saquinhos de pipoca estouravam no ar, misturando-se a explosão curta e seca às vaias e aos aplausos com que se recebiam vilões e mocinhos. É forçoso reconhecer que o Pedro II, com suas cadeiras de madeira dura, não passava de uma sala desconfortável quando comparado ao Cine Metro. Mas era nele que os caubóis cavalgavam, os índios de má catadura eram liquidados; era nele que, nas fitas em série, o mocinho se salvava de uma situação sem saída, na semana seguinte, quem sabe porque, ao longo dos dias, tivera tempo de planejar sua salvação.

Sozinho ou acompanhado, o cinema se converteu no meu objeto escuro de desejo. A maioria das salas se concentrava no centro da cidade: no Triângulo, ficavam o Rosário, que não passava de um corredor comprido, forrado de vermelho, nos baixos do edifício Martinelli, onde pela primeira vez assisti a *Fantasia*; o Alhambra, na rua Direita, cine-mistério pela ambientação que se pretendia árabe e pelos filmes de Fu Manchu; o São Bento, cineminha mambembe, na rua do mesmo nome. Esses modestos cinemas do Triângulo foram superados pelas grandes e luxuosas casas de espetáculo em torno da avenida São João, como o Ipiranga, que chegou a ter lugar marcado, o Marabá, o exótico Marrocos.

Por muitos anos, o uso de paletó e gravata era obrigatório para os adultos. Essa exigência foi desaparecendo, na medida em que a roupa esporte se difundiu, a ponto de, nos fins de semana, só gente idosa ou pobre continuar usando uma indumentária formal. Um dos últimos cinemas a manter a regra foi o Oásis, que tentava desse modo distinguir-se do ambiente que o rodeava na avenida São João, em frente à praça Júlio Mesquita, junto à Boca do Lixo. Vi um dia um cidadão "indevidamente vestido", barrado pelo porteiro, ironizar: "Aí dentro só tem puta e cafetão e vocês ficam com esses luxos?".

Nos bairros, destacavam-se os imensos cinemas do Brás, como o Universo, o Brás Politeama, indicadores do prestígio avassalador do espetáculo cinematográfico e da autonomia do bairro. Quando não ia ao centro, minha preferência se concentrava no Odeon, relativamente próximo à avenida Angélica, um conjunto imenso, dividido em três salas — a Vermelha, a Azul e a Verde. Em uma delas, exibiam-se três filmes a que eu assistia de enfiada, reforçado por um lanche trazido de casa.

Em uma tarde de domingo, resolvi experimentar o Cine São Pedro, instalado em um belo teatro em decadência, na Barra Funda. Foi uma experiência espantosa. Os meninos que freqüentavam o Pedro II eram garotinhos bem-comportados, quando comparados à malta do São Pedro. A turma berrava todo o tempo, fazendo estremecer o cinema. Quando uma mulher seminua apareceu de costas e de relance, no fundo da tela, os gritos explodiram: "Vira, vira". O Cine São Pedro me deu medo. Fiquei até o fim da sessão e saí à rua aliviado, para nunca mais voltar. Dentro da sala superlotada, me vieram à mente os acontecimentos do Cine Oberdan, nos anos 30, que, por muito tempo, permaneceram na memória trágica da cidade. Em uma vesperal de domingo, cinema lotado, um engraçadinho gritou "Fogo", provocando uma correria em direção às portas de saída, pisoteamentos e a morte de várias pessoas.

Um dos meus sonhos cinematográficos era assistir a filmes proibidos para a minha idade. Nesses casos, nunca ia sozinho ao cinema. Minha tia Rebecca, que tinha seus sortilégios, me ensinara a repetir, desde a compra do ingresso até a chegada ao onipotente porteiro, a frase mágica: *"Ciegos y mudos como los perros de Aifto"*. Nem sempre o porteiro e o gerente, chamado às vezes para dirimir a controvérsia, se comportavam como esses cães egípcios. Quando isso acontecia, eu era obrigado a engolir a decepção e a voltar para casa imaginando as proezas dos grandes astros — James Cagney, temível gângster baixinho; Spencer Tracy encarnando Stanley, em seu périplo africano, em busca de Livingstone; Tyrone Power, ora Zorro, ora toureiro. Ou então recorria a imagens mais intensas que se superpunham às desses heróis masculinos, com a vantagem de reunir, em um corpo, as maças salientes de Gene Tierney, os louros cabelos ondulados de Veronica Lake, as pernas de Betty Grable.

Sair com o Paisico era algo muito diferente de sair com meu pai. Ele pouco se importava com minha roupa, assim como não se importava com a sua. Vestia sempre o mesmo terno cinza descolorido, sobrando no corpo, os bolsos deformados pelos muitos objetos que jaziam no seu interior, um chapéu alto, meio amarrotado na cabeça. Gostava de passear à noite logo depois do jantar, cumprindo dois programas básicos; isto, antes que começasse a freqüentar auditórios das estações de rádio.

Um dos programas consistia em ir a algum bairro mais ou menos distante, como a Ponte Grande, "*a tomar um pouco de aire*". Pegávamos o bonde na rua Capitão Salomão, junto à praça do Correio, não sem antes comprar algumas frutas na mercearia do Fortes, um sefaradi cujo estabelecimento ficava diante do ponto do bonde. Começávamos a "tomar aire" já no caminho, pois um vento sem-cerimônia invadia o bonde aberto, vazio àquela hora da noite. Na Ponte Grande, andávamos um pouco, mirando o céu amplo que não se podia vislumbrar na avenida Angélica, e as águas do Tietê, ainda relativamente limpo, fluindo no escuro.

O outro programa era sedentário. Sentávamos à mesinha de um dos cafés do centro, de preferência um dos mais modestos, dentro dos padrões e hábitos de Paisico. Eram grandes barracões, de paredes pintadas de branco ou, quando muito, azulejadas até certa altura. Um garçom de ar triste, paletó branco-sujo pintalgado de manchas marrom-escuras, se aproximava. Vinha com um pano nas mãos e cumpria mecanicamente a tarefa de esfregá-lo ao redor da mesa, como se fizesse o corte cronológico entre a saída do freguês anterior e a chegada de um novo.

Mestre em explorar a rentabilidade do tempo, Paisico fazia com que os poucos cafezinhos que pedia se estendessem por mais de uma hora, enquanto trocava algumas palavras comigo e lia um jornal, de preferência o *Diário Popular*, pois acreditava que, lendo os anúncios, sempre seria possível topar com alguma oportunidade. Eu me concentrava na água mineral sifonada, não pelo gosto, mas pelo prazer de ver o sifão ser acionado e a água borbulhar.

D. ELEANORE E LUÍS CARLOS PRESTES

A casa da avenida Angélica era, na realidade, duas edificações geminadas, que uma figura da elite paulista mandara construir. Ele residia em uma delas com a mulher, destinando a outra à locação. Quando minha família e eu mudamos para o local, o proprietário já tinha morrido e restara a companheira, uma francesa por quem ele se apaixonara. D. Eleanore — conhecida como d. Leonor — de jovem cocote se transformara em uma velhinha rabugenta, curvada e miúda. Seus cabelos tinham a mesma cor do pêlo de seu amado cocker spaniel, que a acompanhava nos passeios pelo jardim. Mas enquanto o pêlo vermelho do cãozinho era compacto e natural, os cabelos de d. Leonor eram pintados e ralos. Do alto do segundo pavimento de nossa casa, eu e meus irmãos nos divertíamos contemplando o cocuruto da cabeça de d. Leonor, onde o vermelho ralo mal encobria as clareiras formadas por um leito muito branco.

A casa da avenida Angélica possuía entrada para automóvel, um indicador a mais de sua elevada destinação. Chegava-se à garagem por um longo corredor, para onde se abria, a certa altura, em nível elevado, a porta da cozinha. Situada na parte dos fundos da casa, a garagem não ficava no limite da confrontação com o terreno dos fundos. Atrás dela, havia ainda as dependências de empregada, um coradouro de roupas e o galinheiro.

Como nunca tivemos carro — desperdício a que meu pai resistiu bravamente por muito tempo —, a garagem foi destinada a outras finalidades, entre elas a de esconder Luís Carlos Prestes, segundo estava convencido um de meus amigos de escola. De fato, bem no meio da ampla garagem, a regularidade do chão se interrompia, dando lugar a várias tábuas móveis retangulares. Levantando-se as tábuas, descia-se a um cubículo úmido, com cheiro de graxa, coberto pelas teias de aranha. Ali vivera, em momentos de dura clandestinidade, Luís Carlos Prestes. Seria inútil tentar dizer ao meu colega, zombando do meu esquerdismo, que o cubículo se destinava apenas a facilitar o trabalho de quem fosse escoar o óleo ou lubrificar a parte de baixo de um automóvel.

A um canto da garagem, empilhadas até quase o teto, "as madeiras" se erguiam como uma montanha, cheia de ravinas e buracos insondáveis. Elas eram quase tudo que restava do "espólio" do armazém de Levy Salem & Cia. Meu pai as trouxera para a casa da avenida Angélica, como coisa de inestimável valor. E ali ficaram as "madeiras", por anos e anos, sem que ninguém ousasse sugerir uma destinação para elas. Minha tia implicava com as "madeiras" porque era impossível manter a garagem em ordem, enquanto ali permanecessem. De parte dos meninos, a indisposição para com a montanha vinha do fato de que seus buracos e ravinas tragavam as bolas que caíam em suas entranhas. Quando isso acontecia, nenhum dos meninos da casa se dispunha a ir em busca delas, tarefa a que se entregava um amigo simplório, em troca de alguns tostões.

Nada de estranho que as bolas fossem assim tragadas, pois a garagem era também a "rede" do gol do fundo, uma vez que havia outro, bem estreito, no meio do corredor. Explicando melhor, o gol era versátil, podendo ter ou não ter "rede". Quando baixávamos a grande porta de correr que existia na sua entrada, "a rede" desaparecia. Era divertido ver a bola ir para o fundo do gol, desde que não fosse para as "madeiras", mas era também divertido ouvir o festejo de um gol, saudado pelo estampido da porta de ferro e pelos protestos dos adultos.

Foi nesse gol que meu primo Alberto se destacou como um grande e desconhecido goleiro. Esticava-se no chão de cimento à direita e à esquerda, saltava para agarrar com firmeza uma bola no alto, ou encaixar um pelotaço de curta distância. Cheguei a perguntar a Alberto se jogava como Walter e ele, modestamente, disse que sim. Walter era o goleiro da seleção brasileira que foi à Copa do Mundo de 1938.

No centro da garagem, ficava uma mesa de pingue-pongue, feita excepcionalmente com tábuas retiradas das "madeiras". A feitura fora entregue a dois trabalhadores de uma construção vizinha que por certo nunca haviam feito uma mesa de pingue-pongue e nem mesmo sabiam que jogo era aquele: as tábuas eram mal coladas, a pintura de piche tinha partes intumescidas. Mas os aparentes vícios de elaboração se transformaram em virtude: os defeitos se converteram em efeitos, à semelhança dos morrinhos junto ao gol, dos campos de futebol.

Na mesa de pingue-pongue, expressava-se a competição reinante entre mim e meus irmãos. Às vezes, as represadas tensões caseiras explodiam com o arremesso das raquetes no chão ou contra o adversário, quando as provocações chegavam a um limite insuportável ou simplesmente se perdia um ponto que não se aceitava perder.

O pavimento térreo da casa da avenida Angélica tinha uma disposição que me parecia eterna. O hall, a sala de visitas, a sala de jantar grande e a sala de jantar haviam sido repartidas daquela maneira para sempre. Pude constatar, em um pesadelo psicológico, desses que integram os sonhos dos velhos habitantes de São Paulo, que não era bem assim. Quando já me mudara da avenida Angélica, passei pela casa, que resistia de pé, e entrei, convidado por algumas placas de anúncio na fachada. Mas recuei logo em seguida, atingido por uma visão insuportável. As salas eternas já não existiam; em seu lugar, tinham surgido cubículos separados por precárias divisões de madeira, onde se amontoavam cerzideiras, tipógrafos, passadeiras de roupa, em meio a um vaivém de personagens desconhecidos que esbarravam uns nos outros sem se cumprimentar.

Mas estamos ainda no tempo em que a casa da avenida Angélica era a casa de minha família e a disposição de suas instalações pertenciam à eternidade. O hall destinava-se ao lazer e nada o valorizava especialmente. Um tapete barato foi colocado no chão, possibilitando que eu e meus irmãos jogássemos um jogo, inspirado no futebol de botão, mas que não se confundia com ele. Os jogadores eram bolinhas de gude e a bola não era redonda; como podia ser redonda uma ficha de baquelite, usada nos ônibus, como comprovante do pagamento da passagem? Sob a ação do polegar e do indicador, as bolinhas passavam a bola e, finalmente, chutavam ao gol. Só este não tinha nada de incomum: era um arco em miniatura, coberto por uma rede de filó, como os gols do futebol de botão.

Esse estranho jogo tinha algumas vantagens para a nossa economia afetiva. Como ninguém jogava aquilo, a invenção representava mais uma peculiaridade do trio fraterno que o distinguia do resto do mundo. Estávamos convencidos de que as bolinhas de gude eram mais humanas do que as peças de um jogo de botão. Todas tinham nome e algumas mudavam de nomenclatura, ao longo de suas vidas. Quando uma bolinha se partia, ou melhor, era partida, por ocasião de uma briga, não perdia o lugar no time de seu "protetor", exceto se ficasse reduzida a minúsculos e irrecuperáveis pedaços. Desse modo, surgiam o "lascada", o "lascadinha", seres que miravam agradecidos seu protetor do fundo dos olhos azuis, que eram todo o seu corpo.

Só os gatos ganhavam em humanidade das bolinhas de gude. Eu e meus irmãos tivemos muitos, devidamente batizados, permitindo traçar genealogias em que se incluíam, democraticamente, as filiações legítimas e as ilegítimas. Os gatos, no léxico familiar, não eram gatos e sim "gatenhos". "Gatenho" sempre nos pareceu uma denominação mais carinhosa e tinha o atrativo de lembrar um personagem mítico — José Gattegno, "turquino" que não chegara a emigrar —, integrante das histórias de infância dos Salem.

Quando um "gatenho" morria de velhice, vítima de uma disenteria ou, pior ainda, atingido em plena juventude pelas balas da espingarda de chumbo de algum moleque assassino das vizinhanças, tentávamos evitar que o corpo fosse atirado à lata do lixo, como um resto qualquer. Às vezes, conseguíamos ter êxito nesse esforço, realizando um enterro em que o felino morto seguia dignamente instalado em um pequeno caixote, coberto por uma mortalha feita de trapos limpos. Arrancávamos algumas verduras da horta que existia nos fundos do quintal e, depois de escavar a terra, enterrávamos o ente querido, a dois palmos do chão.

O RÁDIO

O jogo de bolinhas era uma diversão restrita a mim e a meus irmãos. Havia outra, abrangendo toda a família, com exceção de meu pai, alheio a frivolidades: o rádio. Os gostos variavam e, felizmente, havia dois rádios na casa. Meu primo Alberto desenvolveu o gosto pela música clássica e influenciou nesse sentido minha tia. Na hora do almoço, um programa obrigatório, e aliás de ótima qualidade, era *A música dos mestres*, da rádio Gazeta, que se abria com a "Ária da quarta corda" de Bach.

Eu, talvez por simples oposição, não tinha atração pela chamada música fina; era fã dos vários programas de música brasileira, onde explodiam os sambas e principalmente as marchinhas, com a aproximação do Carnaval. Meu primo torcia o nariz para aqueles barbarismos e meus tios participavam da estranheza, implicando, em particular, com os estribilhos repetidos. Como dizia Paisico, "esse homem já cantou não sei quantas vezes que meu amor me abandonou, para que precisa repetir mais ainda, se já estamos sabendo?".

Havia algumas unanimidades, como o programa humorístico do Nhô Totico, que só um visitante — Jacques Rousselle — detestava. Quando vinha jantar em casa, nos sentíamos inibidos de ouvir o programa até que, pouco a pouco, levantamos a cabeça. Ouvir o programa do Nhô Totico na presença de Jacques era um ato de independência: quanto mais ele bufava, mais eu ria, não só com as graças do Nhô Totico, mas com o descontrole de Jacques.

O programa do Nhô Totico começava com a frase "x.p. tio de arrelia, a voz do Juqueri; senhores *escuitantes*, boa noite". A certa altura, por solicitação de um ouvinte, que considerou ofensiva a referência aos loucos, o humorista substituiu "a voz do Juqueri" por "a voz do Nhô Totico". O programa se desdobrava em dois. O do fim da tarde, destinado a um público infantil e adolescente, reproduzia uma sala de aula; o da noite girava em torno da d. Aqueropita, filha de italianos, obcecada pelo desejo de encontrar um homem solteiro e se casar.

Na sala de aula, a bondosa mas severa d. Olinda ("na escola e na igreja não se olha para trás") fazia a chamada, exigindo um "presente" adequado, e tratava de ensinar um grupo de meninos irrequietos e meninas dengosas. À noite, o humorista perguntava ao auditório onde deveria levar d. Aqueropita e, desse modo, a conduzia aos cinemas, às compras, aos passeios e até às boates. Invariavelmente, a solteirona acabava entrando em contato com algum jovem de voz melosa a quem indagava, depois de muito conversar, com medo de uma decepção: "O senhor é *sortero*?". A resposta, sempre afirmativa, produzia gritos delirantes da Aqueropita: "*Sortero, sortero*" e, com seu suposto desmaio, terminava o programa.

Nhô Totico soube recriar, com muita graça, o mundo dos imigrantes de São Paulo, sírios, japoneses, italianos etc. que surgiam como personagens adultos à noite e cujos filhos freqüentavam a escolinha de d. Olinda à tarde: o pai do Soko era o motorista de praça Sakamoto, conduzindo d. Aqueropita pelas ruas da cidade; Jorginho era filho do Salim Kemal Fizeu, negociante de tecidos; o pai do Mingau — irmão da Aqueropita — era o inflexível Betto Spacca Tutto. O humorista introduziu também em suas histórias, como sinal dos tempos, dois personagens nordestinos — o Mingote e seu pai —, carregando no acento.

A televisão acabou com o prestígio de Nhô Totico, cujo humor se baseava na imitação da voz e não na visualização da figura. Programas supostamente humorísticos da atualidade estão muito distantes dele, sobretudo porque Nhô Totico era católico e muito conservador. Se às vezes seus conselhos forçavam a nota, se não estava imune aos preconceitos, seus programas tinham, em geral, uma leveza que contrastava com a grosseria das "escolinhas" de hoje, de Golias a Chico Anysio.

O moralismo se combinava com o suspense, nos programas do delegado Leite de Barros, na rádio Record. Depois de narrar um crime tenebroso, enfatizado pela sonoplastia, o delegado encerrava a história no momento em que o criminoso ia para a cadeia cumprir uma longa pena; ali ficava meditando que "o crime não compensa" — exortação sem a menor eficácia nos dias atuais. Os anunciantes proporcionavam bons momentos de expectativa, utilizando uma fórmula que subsiste até hoje. O mote mais popular era o do Urodonal, receita infalível para os males renais. O animador do programa — Blota Júnior, segundo me parece — telefonava a um ouvinte, supostamente escolhido ao acaso, e lhe perguntava, sem rodeios: "Alô, como se sente, rim doente?". A resposta correta, com a devida rima, era: "Tomo Urodonal e vivo contente". O fato de que alguém não soubesse a resposta e proferisse frases irritadas, do tipo "É engano" ou "O que o senhor quer?", constituía motivo de assombro. Que tonto era aquele que não sabia expressar as virtudes curativas do Urodonal?

Rivalizando com o Urodonal, uma mente criativa lançou um programa de propaganda do sabonete Palmolive. Tratava-se de um concurso semanal de papagaios que deveriam pronunciar, com clareza, o nome Palmolive. Em casa, torcíamos pelo êxito dos papagaios e nos afligíamos com os esforços estimulantes de seus proprietários: "Fala, louro; fala, louro". Quase sempre, apertado dessa forma, o papagaio desistia de demonstrar suas virtudes imitativas, fechando-se em um completo mutismo.

Os jovens bebiam as palavras dos comentaristas esportivos. Durante a semana, Ari Silva introduzia o cenário do bondinho de Santana, bairro onde vivia, reproduzindo observações do filósofo chinês Min Tin Lin, sábio conhecedor das coisas da bola. Aurélio Campos, em seu esperado *Chute sem bola*, desancava os dirigentes do esporte. Os professores de português que me desculpem, mas foi com essa gente que aprendi as circunvoluções da língua, tecidas com as intrigas urdidas à socapa ou à sorrelfa pelos dirigentes da "madrasta" (a CBD), com o calor senegalesco que se abatia sobre a geral, com o esforço herculeo do guarda-valas, ou os erros calamitosos da arbitragem, "sua senhoria, dando por paus e por pedras".

Aos domingos, ouvíamos o pronunciamento pontifício dos

locutores, que infalivelmente nos informavam se os gols tinham sido legítimos, se o árbitro estava se conduzindo com lisura, se neste ou naquele lance tinha havido impedimento. Minha primeira lembrança desses locutores se associa ao corintiano Jorge Amaral, nome profissional do médico Jorge Altenfelder Silva. Quando ele não estava irradiando do Parque São Jorge e recebia a notícia de um gol do alvinegro, adivinhava-se a alvissareira nova, antes mesmo de ser enunciada, pelo tom entusiasmado com que iniciava a frase: "No Parque Antártica...". Nesses tempos de proximidade entre locutor e torcedores, Jorge Amaral fazia os anúncios com a colaboração da torcida. Anunciando certo produto, perguntava: "É barato ou não é?". E a turma, em volta, respondia: "É".

Como uma extensão à escuta do rádio, todos em casa, mais uma vez com exceção de meu pai, passaram a freqüentar alguns programas de auditório. Meu primo e minha tia se concentravam na ida ao auditório da Gazeta — a emissora de elite —, na rua Cásper Líbero. A música clássica leve constituía o básico dos programas, com destaque para uma pequena orquestra, sob a regência do ilustre Souza Lima ou do fogoso maestro Armando Belardi. Os trinados da cantora Anita Gonçalves Caccuri, interpretando "A filha do Cadi", mereciam geral aprovação. O mesmo não se podia dizer do violinista Raul Laranjeira, por uma razão que nem o mais arguto crítico musical teria descoberto. Laranjeira preparava-se para iniciar uma execução, tratando de ajeitar o lenço que ficava entre seu queixo e o violino; depois, erguia o arco do instrumento várias vezes antes de começar a execução, certamente porque queria deixar o público em suspense. Esse ritual valeu-lhe, em minha casa, um qualificativo desabonador: "Raul Laranjeira é um convencido".

Eu pouco ia ao auditório aconchegante da Gazeta e confesso que minha preferência se localizava na lânguida Sônia Soler, cantora de boleros, e em um humorista caipira, o Nhô Bento, que gostava de recitar Cornélio Pires, chamado por Paisico de Mio Bento. Como Paisico, gostava de me encontrar com aqueles intérpretes tão famosos no elevador, quando subíamos ao auditório da rádio. Personagem da nossa especial preferência era a cantora Ada Iesi, pela característica de responder ao pé da letra as perguntas que o ascensorista lhe fazia: "Como vai a senhora, está bem?". "Como posso estar bem se estou resfriada?"

A certa altura, começaram a vir a São Paulo cantoras espanholas, geralmente contratadas pela rádio Kosmos ou Cultura, que nada tinha a ver com a Cultura dos dias atuais. Não sei se por um apelo erótico, por fundas imagens enraizadas no inconsciente, ou por ambas as razões, Paisico tomou-se de verdadeira paixão por elas. Ouvia todos os seus programas e, sozinho, ia aos auditórios, voltando para casa com os olhos brilhantes.

Um dos meus grandes prazeres radiofônicos era girar o botão do rádio, em direção às ondas curtas. No mostrador, apagava-se a iluminação completa, substituída por uma meia-lua, de onde provinha uma luz mortiça. Essa luz frágil me permitia dar alguns passos pela diversidade do mundo. Ouvia, no curso da Segunda Guerra Mundial, o programa em português da BBC, narrando as façanhas dos Aliados. Tentava adivinhar a que línguas correspondiam certas falas exóticas, entremeadas pelos trovões da estática.

Cruzando fronteiras, dei certo dia com a voz do locutor da rádio Ancara, falando em espanhol. Chamei correndo Paisico e minha tia. Ela achou a descoberta apenas curiosa, mas Paisico foi tomado de entusiasmo, passando a ouvir religiosamente o programa. Essa foi mais uma indicação de que os "turquinos" pobres, convivendo diariamente com os turcos de "condição inferior", tinham certa identificação com a Turquia como nação, o que não ocorria com os "turquinos" de classe média e alta.

A rádio Ancara recebia cartas de ouvintes, principalmente da Europa, e o locutor tecia comentários sobre as que considerava mais interessantes. Paisico escreveu uma longa carta em que falava das lembranças da Turquia, terminando com um entusiástico "Iashasim Turquia!".

Por várias semanas, esperamos ouvir um comentário à carta e chegamos a pensar que a correspondência se extraviara, na longa viagem. Até que um dia tivemos uma decepção. O locutor registrou simplesmente o recebimento de uma carta do sr. Fulano de Tal, de São Paulo, Brasil, agradecendo a atenção. Como podia ser? Então a história de um sefaradi que se afirmava ligado à nação turca, a milhares e milhares de quilômetros da Turquia, não merecia, no mínimo, um comentário igual a tantas cartas que considerávamos banais?

Não lembro se Paisico manteve sua fidelidade radiofônica para com a rádio Ancara. Da minha parte, me desinteressei dela.

NEGÓCIOS À DISTÂNCIA E COMEMORAÇÕES

A sala de visitas e a sala de jantar grande da casa da avenida Angélica constituíam a parte nobre da residência; ali estavam dispostos os poucos tapetes e móveis, trazidos da "terra". As paredes eram cobertas por um papel de excelente qualidade, onde se destacavam discretos florais, sobre um fundo escuro.

Na sala de visitas, ficava um piano que eu tratava de evitar até de olhar. O professor de música, fracassado maestro italiano, vinha do bairro do Paraíso ganhar a vida nas casas de meninos e meninas que os pais definiam como prendados. Chegava suado, passando um lenço grande no pescoço vermelho, escondendo a tristeza atrás das lentes grossas dos óculos. Fingia acreditar que eu era um grande talento pianístico, amenizando assim os horizontes estreitos de sua profissão. Colocada a partitura na pequena estante sobre as teclas, nos torturávamos mutuamente.

As paredes da sala de visitas eram cobertas de quadros e por um único retrato. Os quadros não tinham qualidade, com o devido respeito ao intelectual Rousselle que aconselhara a sua compra. Um deles me atraía. Era uma espécie de beijo de Mefistófeles, em que se destacava uma figura indefinida, de cor cinza, projetando-se sobre uma mulher muito clara, de fartos seios redondos.

Separada da sala de visitas por uma porta envidraçada de correr, a sala de jantar grande raramente era utilizada. A cerimônia futebolística exorcizadora desenrolada sob a mesa constituía uma espécie de invasão, pois a sala só se abria oficialmente por ocasião das comemorações de aniversário e da passagem do ano. A festa de 1º do ano era a única festividade autêntica da casa, pontilhada pelo piano de minha prima Odette, pelos recitativos e pelo jantar excepcional servido à meia-noite, depois do espoucar do champanhe. Meu pai deixava a tristeza de lado e, por alguns dias, se enchia de entusiasmo. Chegava a ir pessoalmente ao mercado para escolher iguarias, tarefa reservada em princípio às mulheres. No jantar, após os abraços, os votos de um excelente ano novo, comia com infinito prazer a carne magra de um cabrito, chupando os ossos.

A adesão a uma festa do calendário cristão não incluía o Natal. Essa era uma data diferente apenas porque se dava uma folga mais longa às empregadas. No mais, nunca se pensou em introduzir árvores de Natal, ou a crença em Papai Noel. Como disse um dia Zé Alto, expressando o sentimento familiar, "não temos nada para comemorar no 25 de dezembro. O Natal é dia de nascimento do Jesus, um dos nossos que só nos deu dor de cabeça".

A sala de jantar de todos os dias era uma prima pobre da sala de jantar grande. Nenhum móvel da "terra" se dignava ficar naquele espaço. Um papel simples forrava as paredes. Apesar disso, a sala tinha funções importantes e concentrava decisões de negócio. Em um dos móveis ficava a "tesouraria", trancada a chave, onde minha tia guardava dinheiro e as anotações de despesas. Cumpria essa tarefa com o máximo de escrúpulo, tentando prestar contas a meu pai, que mal a ouvia, pois confiava nela inteiramente.

A um canto da sala, instalara-se uma estante rústica com meus livros e, a seu lado, uma outra bem menor, de madeira envernizada, onde ficava o *Tesouro da juventude*. Van Loon, Monteiro Lobato, livros da coleção Terramarear formavam minha biblioteca. Ela era o alvo preferido de meu irmão Ruy, quando explodiam brigas entre nós. Quatro anos mais moço do que eu, em inferioridade física, transformava os livros em reféns, ele que

151

iria cultuá-los pela vida afora: "Se der mais um passo, acabo com tudo". Uma semi-esfrangalhada *Geografia de dona Benta* servia como dolorosa demonstração de que ele não estava brincando. Nas duas refeições diárias, os personagens se sentavam sempre nos mesmos lugares. Lembro, nitidamente, da janela e do trecho de jardim, com seus vasos de antúrio à minha frente, mas tenho dificuldades para reconstituir a forma do móvel às minhas costas. Durante o jantar, o toque estridente do telefone anunciava que Mauro estava ligando de Santos. Por algum tempo, meu pai realizou negócios de café naquela cidade, embarcando de manhã e voltando à noite, no impropriamente chamado "trem dos comissários". O grupo de comerciantes, envergando o terno de linho branco para enfrentar o calor santista, ocupava vários vagões, onde a conversa corria solta, entremeada de piadas que só os homens contavam entre si, ou de histórias de conquista de mulheres. Havia tempo suficiente para formar algumas mesas de pôquer, não se economizando no cacife: quem perdia na ida ficava com o direito de desforrar-se, ou se afundar mais ainda, na volta.

Afora os cumprimentos de praxe, meu pai ficava à margem daquelas formas de sociabilidade. Ao longo do tempo, em parte porque as comunicações com a cidade de Santos melhoraram, em parte porque a cidade só lhe trazia recordações dramáticas, espaçou cada vez mais as viagens. Passou a entender-se por telefone com Mauro, seu corretor e pessoa em quem confiava. Mauro narrava a situação do mercado e, conforme o caso, propunha que se esperasse ou se vendesse a mercadoria. Nesta última hipótese, Simon procurava puxar o preço ao máximo; quando na dúvida, outorgava a Mauro uma procuração tácita: "Faça pelo melhor!".

A cena da negociação paralisava o jantar, como se a vida familiar estivesse sendo jogada em cada um daqueles diálogos diários. *A sotto voce*, Paisico temperava a gravidade do momento, aproveitando para ironizar a superioridade econômica de meu pai. Sua imitação do diálogo transformava Simon em um poderoso capitalista insaciável: "Quanto, Mauro? Dois milhões é muito pouco. O quê, cinco milhões? Ainda é pouco".

152

* * *

De um canto do hall da casa da avenida Angélica, partia uma longa escada em curva que alcançava o pavimento superior. Para mim e meus irmãos, a escada era uma peça de parque de diversões. Descíamos a toda, na garupa do sinuoso corrimão, ou apostávamos corrida, pisando com estrondo as dezenas de degraus. Quem sabia exatamente seu número era minha tia, para quem a escada era um tormento. Quando o telefone tocava e ela estava no pavimento de cima, a empregada gritava, tirando uma pequena desforra: "Dona Rebecca, telefone para a senhora". Descia as escadas e logo depois voltava penosamente a subir, se lamentando: "Ah Dio, esta escada me mata". Nunca ocorreu a meu pai a idéia de colocar uma extensão de telefone na parte superior da casa e minha tia nunca se achou no direito de pedir.

A distribuição das dependências no pavimento superior correspondia à hierarquia social interna da família. Os dois quartos conjugados da frente, considerados os melhores, eram reservados para meu pai e seus filhos. Um quarto intermediário destinava-se a meu primo Alberto, que tinha o privilégio duvidoso da privacidade; nos fundos, ficava o quarto dos tios.

Embora os quartos da frente fossem considerados nobres por definição, tinham o grave inconveniente de receber a poluição do ar e a poluição sonora, provocada pelo tráfego da avenida. Tarde da noite, quando o movimento se reduzia bastante, o troar do pesado bonde camarão se destacava, distante a princípio e depois intenso, fazendo tremer a casa. Subitamente, o estrondo cedia lugar a um prolongado guincho, quando o bonde parava em um ponto próximo de casa.

BONDES

Convivi durante décadas, de dia e de noite, com o bonde, forma dominante de transporte coletivo nos grandes centros urbanos até os anos 50. Ele impregnou várias gerações, revelando sua influência em expressões que foram de uso corrente e na música popular.

Solenemente, falava-se em "perder o bonde da história", sinal de um tempo em que se supunha ter a história um caminho de antemão traçado. O direito de cada pessoa fazer suas opções, mesmo as mais absurdas, sintetizava-se em uma frase pronunciada com sotaque português: "Cada qual desce do bonde como lhe apetece". O sotaque tinha a ver com o fato de que motorneiros ou condutores de bondes eram em sua maioria portugueses, embora também houvesse muitos negros. O bonde serviu a irônicas reflexões sobre a temporalidade, do gênero "Tudo na vida é passageiro, menos o condutor do bonde e o motorneiro".

Os compositores cariocas utilizaram o tema do bonde em várias de suas melodias, seja para exaltar Getúlio Vargas e o Estado Novo, seja para retratar cenas do cotidiano. Nelas aparece a condição do passageiro com regalias ("não pago o bonde, ioiô, não pago o bonde, iaiá, não pago o bonde pois conheço o condutor, quando estou na brincadeira não pago o bonde nem que seja por favor"), a menção a certos bondes, como o Ipanema, "que nunca viaja vazio", o praça Tiradentes, "que não pára pra gente", ou o Tijuca, "que coisa maluca", provavelmente, neste último caso, uma busca de rima mais do que o reflexo de uma realidade. Dessas melodias e fragmentos de letras, guardo a voz de Dircinha Batista, cantando os versos de uma marchinha onomatopaica: "Seu condutor dim-dim,/ seu condutor, dim-dim,/ pare o bonde pra descer o meu amor".

Deve-se à carência musical de São Paulo a raridade de sambas ou marchas falando do bonde. Pois ele teve um lugar central na vida paulistana, como meio de locomoção, de piadas, espaço de socialização. O bonde cobria grande parte da malha urbana, percorrendo os bairros, a periferia da cidade e, até certa época, as ruas do Triângulo. Movendo-se por aquelas ruas estreitas, abria seu corpo desajeitado nas curvas, impondo respeito aos transeuntes. Quem dava um passo em falso na calçada corria o risco de ser atingido pelo estribo do bonde. Houve sempre para mim bondes com itinerário misterioso, que nunca percorri, como os da linha Quarta Parada. Só bem mais tarde, quando o Quarta Parada já era defunto, fiquei sabendo que tinha esse nome porque ia, na Zona Norte, até a quarta parada do subúrbio da Central do Brasil. Ao lado dos bondes-mistério, havia outros que também iam a pontos distantes do centro, mas com itinerários bem conhecidos. Atravessavam áreas vazias, entremeando as partes urbanizadas de uma São Paulo formada de núcleos esparsos. Era assim o Antártica, percorrendo a várzea do Tietê, cortando os capinzais da Água Branca. Era assim o Santo Amaro, um bonde fechado amarelo, pertencente a uma espécie rara que não se confundia com nenhuma outra. Para alcançar Santo Amaro, ele cortava uma extensa zona de mato ralo, a partir da rua Domingos de Moraes. Quem morava na região sabia que o Santo Amaro não estava para brincadeiras e sua condução exigia perícia. O bonde de ida e o de volta deslizavam por um único trilho e era preciso abrir e fechar uma chave para dar passagem a um e a outro. Quando o motorneiro falhava, aconteciam choques assustadores, com mortos e feridos. Além disso, nos meses de inverno, a neblina baixava e incautos pedestres morriam despedaçados, ao tentar atravessar seus trilhos.

Mas, sentado em seus bancos, eu nunca pensei nos riscos. Viajar naquele tubo amarelo, respirando o ar da manhã, olhando à distância os telhados vermelhos das casas cuidadosamente pintadas dos imigrantes alemães, era um prazer até superior ao que me aguardava no ponto final — o piquenique de domingo na beira da represa.

Bonde era um gênero, com várias espécies. Um bonde aberto ou um fechado eram seres bastante diversos, a começar pela aparência. O bonde fechado se chamava camarão, por ser pintado de um vermelho forte. Embora o preço da passagem fosse o mesmo do bonde aberto, o camarão tinha algumas fumaças de superioridade social. Os passageiros iam nele mais protegidos, as senhoras não tinham os cabelos despenteados pelo vento e,

155

enquanto o bonde aberto sacolejava sempre, o camarão — mais pesado — parecia, às vezes, deslizar.

Além disso, o camarão fazia na sua fachada lateral, acima das janelas, uma afirmação grandiloqüente que enchia de orgulho passageiros e transeuntes: "São Paulo é o maior centro industrial da América Latina". No bonde aberto, dísticos prosaicos estavam dispostos na parte traseira dos bancos que se perfilavam horizontalmente: "Espere até que o carro pare"; "Prevenir acidentes é dever de todos".

Havia, porém, anúncios comerciais idênticos, nos dois bondes, como o da figura de um homem de olhos arregalados, com uma mordaça amarrada na boca, quase sufocado, tendo contudo tempo de dizer, exibindo sua correção pronominal: "Largue-me, deixe-me gritar: tosse, bronquite, rouquidão? Xarope São João". O mais famoso desses anúncios era o do rum Creosotado, ainda na esfera dos males pulmonares. Se este texto fosse lido apenas por gente da minha geração, poderia me dispensar de citá-lo. Essa gente tropeçava na letra do Hino Nacional, mas não nos dizeres do anúncio:

> *Veja ilustre passageiro*
> *Que belo tipo faceiro o senhor tem a seu lado.*
> *No entanto, acredite, quase morreu de bronquite*
> *Salvou-o o rum Creosotado.*

Sob o aspecto da sociabilidade, por força de sua disposição o camarão se revelava mais plebeu do que o bonde aberto. Os bancos deste último facilitavam apenas o contato com o "ilustre passageiro" do lado, com exceção da primeira fila de bancos, onde um se colocava diante do outro, permitindo um roçar distraído de joelhos e o início, quem sabe, de um flerte ou de um protesto. O camarão tinha uma conformação algo semelhante aos ônibus, com a diferença de que, proporcionalmente, era maior o espaço onde os passageiros viajavam de pé, segurando-se em uma balaustrada pintada de esmalte branco. Nesse espaço, as pessoas comentavam a precariedade da condução, o tempo, as dificuldades da vida e muitas vezes entravam em atrito, quando o camarão estava lotado.

156

Para além das conversas banais, surgiam, de quando em quando, diálogos inusitados. Por exemplo, num camarão cheio, que partia à noitinha da praça Ramos de Azevedo, um homem de pele amarelada e olhos amendoados esbarrou em um cavalheiro bem composto. A reação foi furiosa:

"Olha por onde anda, seu asiático!"

"Asiático? Fique sabendo que eu sou funcionário público federal."

Os tripulantes do camarão e do bonde aberto tinham profundas diferenças. Não por acaso, o cobrador do camarão se chamava efetivamente cobrador, enquanto o do bonde aberto se chamava condutor. É que existiam, entre ambos, diferenças de função. O cobrador não se diferenciava muito do seu colega dos ônibus, mas o condutor conduzia o bonde. Andava pelo estribo, cobrando os passageiros, abrindo espaços por entre eles, quando o estribo estava carregado de gente, entrava em infindáveis atritos com gente que afirmava já ter pago a passagem, se ele insistia em cobrar. Recebia o dinheiro e fazia o troco, tirando moedas de uma bolsa, ou notas de pouco valor encaixadas entre os dedos. Registrava as passagens recebidas, puxando uma alça sebosa de couro, pendurada na parte externa do bonde. Essa ação movimentava um marcador das passagens, colocado no interior do veículo. As dúvidas sobre a lisura do condutor se expressavam na onomatopaica síntese popular da sua operação: "Dim, dim dim, dois pra Light, um pra mim".

Apesar de realizar todas essas tarefas, o condutor merecia tal denominação sobretudo porque era ele quem, de certo modo, conduzia o bonde, ao dar um sinal ao motorneiro, autorizando a partida, ou gritando, simplesmente, "Toca!".

A espera de um bonde, aberto ou camarão, fazia parte da vida rotineira da grande maioria das pessoas. Na hora do *rush*, torcia-se para que determinado bonde aparecesse, em meio a tantas linhas. Quando surgia, havia sempre uma dúvida: espremer-se nele, ou jogar na sorte, esperando que outro viesse logo a seguir. Ou aguardar — no meu caso — que um 14 (Vila Buarque), sempre menos procurado, chegasse pouco depois da partida de um complicado 3 (Avenida). Acertar na espera redobrava o prazer de andar em um bonde relativamente vazio às seis e meia da tarde. Não faltavam também as decepções, quando se vislumbrava à distância um bonde vazio. Os olhares esperançosos se fixavam nele para, em seguida, baixarem decepcionados diante da indicação Alameda Glete, ou Almeida Glete, como diziam os motorneiros portugueses. Na alameda Glete ficava o dormitório onde os bondes iam descansar, depois da malhação diária.

AS EMPREGADAS

Na casa da avenida Angélica, sempre houve várias empregadas, algumas permanentes, outras transitórias. Trabalhavam quase todos os dias, inclusive aos sábados e, por muito tempo, aos domingos até após o almoço. Algumas foram integradas à casa, em posição subordinada; outras eram figuras distantes, olhadas com suspeita.

Ao selecionar empregadas, minha tia participava envergonhadamente do preconceito generalizado contra as mulatas e, sobretudo, contra as chamadas "pretas retintas". Nunca chegou a ponto de publicar anúncios, no *Diário Popular*, solicitando empregada branca ou, com alguma sutileza, de preferência branca. Mas havia em minha casa um preconceito latente contra as empregadas negras, identificadas por uma voz sussurrada como as *siah* ("preto", em turco). Talvez a hesitação em assumir o preconceito tivesse a ver com a lembrança de uma figura negra tão trabalhadora e tão afetiva, como fora a d. Maria do vovô.

No topo da hierarquia doméstica, ficava Maria Campaner, que chamávamos simplificadamente de Ia. A família de Ia viera de Treviso, no Norte da Itália, fazendo parte daquele contingente de camponeses pobres que permaneceram pobres no Brasil. Saíra de Americana, na época apenas Vila Americana, para buscar um emprego como empregada doméstica em São Paulo.

158

Apesar de ser de origem humilde e analfabeta, Ia tinha uma personalidade forte. De traços germânicos, ostentava uma figura imponente, em especial quando vestia sobre a roupa preta um avental branco irrepreensivelmente passado. Para desespero de minha tia, ela conseguiu estabelecer uma dualidade de poder no comando feminino da casa, a partir de uma posição de empregada tida como insubstituível, por proteger meu irmão menor, Nelson. Ia tinha uma relação sádica com as galinhas, habitantes transitórias de um galinheiro existente nos fundos do quintal. De repente, cismava que elas estavam doentes "das vistas" e lhes aplicava à força uma venda banhada em salmoura. O pior era quando revelava suas inclinações de contumaz assassina. Arrancava as galinhas de seu abrigo e as degolava com uma faca bem afiada, fazendo o sangue jorrar por toda parte.

No fundo, os crimes de Ia não eram diferentes dos crimes rituais perpetrados pelo sr. Mizrahi. Mizrahi era um sefaradi abissínio pobre — ainda não se usava a designação Etiópia —, muito rústico, de pele escura e olhos arregalados. Não compartilhava da aversão dos "turquinos" de classe média ao serviço militar. Pelo contrário, orgulhava-se da performance de um dos filhos convocado para o exército, atestando eloqüentemente: "Ele foi um soldado muito bom, chegou a 'tercer cabo'. Só faltou um dia porque era dia de Rosh Hashaná. Quiseram que ele ficasse no exército, mas acabou preferindo tentar a vida no comércio".* Como se vê, embora inventasse graus na hierarquia do Exército, o *mohel* abissínio tinha um grande respeito pela instituição.

Entre outros bicos, como o de auxiliar nos serviços da sinagoga, o sr. Mizrahi procedia à matança ritual das galinhas, na véspera das festas religiosas. Trazia as aves para a cozinha e aí as liquidava com um mínimo de derramamento de sangue, mergulhando a seguir os cadáveres, devidamente depenados, em água fervente.

Fosse qual fosse a forma da execução, minha repulsa era

(*) Na verdade, um dos filhos do sr. Mizrahi foi muito longe, tornando-se dirigente de uma importante instituição financeira.

igual. Tomei ojeriza, desde a infância, por frangos, canjas e aves aparentadas às galinhas. Dentre as muitas coisas desagradáveis da TV, poucas são para mim mais desagradáveis do que a visão supostamente apetitosa do cadáver fumegante de um frango. Aliás, sempre pensei que essa ojeriza e sua origem fossem um traço raro, até ter conhecimento de que tenho pelo menos um companheiro ilustre, embora não tão radical. O escritor americano Gore Vidal, falando dos tempos de infância, na casa de seu avô, conta que gostava de brincar com as galinhas. Até que um dia viu uma de suas amigas colocada em um prato à sua frente. Recusou-se a comer e permaneceu nessa recusa por muitos anos, fugindo a uma cena de canibalismo.

A segunda figura quase permanente de minha casa, em plano algo inferior ao da Ia, era a cozinheira, Henriqueta Reveli. Henriqueta realizou a façanha de converter em planta erótica um pessegueiro que existia nos fundos do quintal. Subia na árvore para colher pêssegos verdes, de que fazia doce, e eu ficava embaixo admirando suas coxas e algo mais. Não se pense, porém, que Henriqueta era uma grande atração. Baixinha, de pernas tortas, compensava a feiúra com a compreensão para com os meninos e as qualidades na cozinha. Descendente de italianos que tinham se instalado em Minas, consolidou na casa o gosto pelos pratos e temperos da Itália do sul, carregados de massa de tomate, e pelos torresminhos cheios de gordura. Desse modo, a variedade étnica da alimentação caseira foi enriquecida, pois minha tia conservou e transmitiu aos mais novos a atração pela comida sefaradi e pela do Oriente mediterrâneo em geral: a lentilha, prato respeitável, por ser "comida dos nossos antepassados"; os fongos — uma espécie de torta de queijo e espinafre; a roupa velha, feita de folhas de "maçã" — designação dada, por aproximação, ao pão ázimo (*matzes*) — recheadas de queijo ou de carne e regadas com mel, além dos *boios*, das *burrecas*. Na sobremesa, em dias especiais, à delícia das jabuticabas se misturavam doces como o *harosset*, o *mogadô de sussam*, o *pinhonate* onde entravam como ingredientes, além da massa, o mel e as amêndoas.

Tive raras oportunidades de vislumbrar o que era a vida das empregadas domésticas, a serviço de uma família de classe média. Uma delas veio de um problema que surgiu na vida de Henriqueta. Eu já era advogado quando ela veio me contar que ia ser despejada da casa onde morava, na rua Arruda Alvim, no bairro de Pinheiros. O proprietário promovia o despejo, alegando querer construir um prédio no local.

Fui ver a casa e me deparei com uma espécie de cortiço composto de construções precárias, rodeadas de terra batida. Apesar disso, Henriqueta queria ficar no cortiço, seja porque pagava um aluguel ínfimo, seja porque morava perto do local de trabalho.

Não gosto de relatos edificantes, sobretudo na primeira pessoa, mas abro uma exceção e um parêntese na narrativa para dizer que a defesa judicial de Henriqueta foi uma das coisas mais honrosas que fiz no exercício da advocacia. Exigi perícia, pressionei com petições um juiz irritado com uma mulher pobre que arranjara um jovem advogado pertinaz, e acabei prolongando sua permanência no cortiço por alguns anos.

Dirce foi uma empregada transitória, dos primeiros tempos da avenida Angélica. Rosto cheio, redondo, "parecia uma lua", como dizia Paisico, certamente atraído por ela. Dirce dormia às vezes no meu quarto, trocando de roupa no escuro. Só posso imaginar seu corpo moreno, cheio de curvas, sem as vestes pobres que usava, mas me lembro bem das músicas que cantava, no claro ou no escuro.

Foi principalmente através do rádio, mas também de empregadas como ela, que desde muito cedo a música brasileira se incorporou ao meu dia-a-dia. Dirce era fã de Orlando Silva e se revelou assim uma grande preceptora musical. Ouvindo a voz magnífica do "Cantor das Multidões", comecei a cantarolar e a decorar as letras de marchas, sambas, choros e valsas.

A música popular brasileira praticamente não sofreu a concorrência de outras influências de origem familiar. À parte as músicas espanholas entoadas por Paisico, pouco ou nada se cantava em casa. Minha tia Rebecca, quando muito, entoava algumas canções gregas ou melodias pobres, com versos do gênero: *"Mademoiselle Marica que quiere carrocica, carrocica de cautchouc"*; ou ainda, *"Se la mar era de leche y los barcos de canela yo me ensuciaria entera para salvar nuestra bandera"*. (Não sei que bandeira seria essa. A francesa? A espanhola? Certamente não era a turca.) Ao entrar muitos anos mais tarde em contato com a música sefaradi, fiquei surpreendido por sua qualidade e pelo fato de que, na família Salem, ela era praticamente desconhecida.

Meu pai não tinha o hábito de cantarolar, até porque ignorava as músicas, que mal ouvia no rádio. Da passagem pela Argentina não restara nenhum vestígio de gosto pela música popular, talvez porque o tango, em sua época, era um gênero associado à *mala vida*. Apenas recordava os grandes cantores que se apresentavam no Teatro Colón, mas não se lembrava de um simples trecho de ópera. Na esfera musical, era como se nada tivesse ocorrido em sua vida, desde que saíra de Korlufka. Durante as festas de fim de ano, perguntava a minha prima Odette — pianista oficial da casa — se sabia tocar o Kol Nidrê, oração cheia de lamentos, recitada na véspera do Yom Kippur.

Duas empregadas formavam uma dupla curiosa — Iusha e Geralda. Iusha era uma mulherona loura, alta, de maneiras ferozes e grandes olhos azuis. De origem polonesa ou lituana, viera do Paraná para ganhar a vida em São Paulo. Tinha um caso com um português, porteiro de um hotel suspeito, na rua Aurora. O português tinha lá os seus macetes e dava a Iusha — a quem chamava de Uja — muitos presentes. Quando minha tia perguntava a Iusha cómo Manoel arranjava dinheiro para essas larguezas, ela explicava: "O português tem muita sorte. Ele ganha no palitinho".

Geralda era muito magra, baixinha e angulosa, com uma cara de quem tinha bicha no intestino — diagnóstico muito freqüente naquele tempo. Nos domingos à tarde, quando o português não tinha folga, Iusha e Geralda iam fazer o *footing* no jardim da praça Marechal Deodoro. Em regra, voltavam a casa como pescadoras frustradas. Mas Iusha tinha uma explicação: "Uma porção de moços bonitos me olharam, mas no fim não saiu nada porque a Geralda me atrapalha".

Algumas empregadas eram uma fonte de erotização naquela casa esmagadoramente masculina, em que viviam quatro rapazes. Porém, tanto quanto eu saiba, ninguém chegou a transar com elas, fato que me parece excepcional. Na época, muitas famílias fechavam os olhos para essas relações, a partir do princípio de que "é melhor começar em casa do que na rua". Em minha casa, ao contrário, a regra implícita era de que os jovens deviam guardar distância das empregadas. Ao que tudo indica, a regra foi obedecida, revelando essa circunstância o poder de comando exercido por minha tia e por meu pai, e a inibição da rapaziada.

OS PERSONAGENS DE FORA

A campainha da casa da avenida Angélica tocava muitas vezes ao dia. Fornecedores, prestadores de serviços, vendedores de bugigangas se revezavam no portão. A maioria se compunha de gente que servia a família com regularidade, embora a regularidade pudesse oscilar entre a presença uma ou duas vezes por dia até a aparição em meses distanciados.

Uma dessas figuras era um misto de vidraceiro e arranjador de casamentos — um sefaradi mais alto do que a média, grisalho, de voz fanhosa. Ele trocava rapidamente os vidros quebrados, para se dedicar a uma longa conversa com a família, em especial com minha tia. Como dizia Paisico, em uma síntese brilhante, "o velho Curiel é *meo* chato".

Como esses médicos viciados no cigarro que tentam assustar os clientes falando dos males do fumo, o velho Curiel tinha um discurso divorciado da prática. Sugeria os nomes de moças casadouras — geralmente pobres —, enfatizando a qualidade de serem de "família dos nossos". Mas ele era casado, de longa data, com uma mulher católica. Acho que a insistência nos casamen-

163

tos intra-étnicos representava uma forma de purgar a culpa, por ter transgredido uma regra básica da comunidade.

Muito diverso do velho Curiel, que, bem ou mal, recebia as atenções da casa, era o consertador de guarda-chuvas. Ninguém sabia seu nome, nem se interessava em saber. Baixinho, de origem indefinida, curvado por força da profissão, cara estriada pelas rugas, onde avultavam os óculos de lentes de vidro de fundo de garrafa, consertava os guarda-chuvas no quintal, ou mais freqüentemente na cozinha. Seu lugar original de destinação era o quintal, mas, como aparecia na época das chuvas, não era possível deixá-lo fora de casa.

Repostas as presilhas, consertadas as varetas, minha tia e o homem do guarda-chuva entravam em uma ardida negociação sobre o preço do serviço. A tia se indignava com o preço, qualquer que ele fosse; o homem do guarda-chuva repelia suas contrapropostas, com igual indignação

Uma grave acusação era, de saída, lançada contra ele — a de ter se tornado um "carero". Como nunca lhe disseram outra coisa, seria difícil localizar no tempo quando se dera a passagem nefanda da condição de artífice comedido nos ganhos para a de "carero". O homem do guarda-chuva não se importava, porém, com esses detalhes. Impassível, desfilava uma justificação, arrolando muitos fatores, dentre eles a alta do preço da matéria-prima, referência que tinha a vantagem de conferir prestígio a seu ofício.

Minha tia reagia em cima:

"Matéria-prima? Do que o senhor está falando? Daqui a pouco vai dizer que banana também é matéria-prima."

"Não senhora, banana não é matéria-prima, mas um guarda-chuva é feito só com matéria-prima."

Se eu pudesse provocar o consertador de guarda-chuvas, hoje certamente morto, lembraria a ele que banana pode ser, sim, matéria-prima de muita coisa, a começar pela bananada.

Vinham também regularmente ao portão da Angélica os *panbuka tidji*. Eram dois mulatos esguios, que chegavam com um longo bastão nas mãos. Se minha tia lhes dissesse sua denomi-

164

nação profissional, certamente pensariam que ela estava variando. Eles constituíam figuras próximas não evidentemente pela afinidade étnica, mas porque consertavam colchões como seus colegas turcos que vinham bater à porta da casa familiar, em Ourla.

Os dois homens carregavam os colchões para o quintal e ali os espancavam, a pretexto de alisá-los, desfazendo bolotas de algodão. Quando o espancamento se revelava insuficiente, realizavam uma operação cirúrgica: abriam as costuras dos colchões, retiravam as bolotas renitentes e as substituíam por material novo.

Um personagem bem recebido era o sr. Ceccato, que trazia o pão nosso de cada dia, em dose dupla, pois ia à casa da avenida Angélica duas vezes por dia. Logo de manhã deixava um filão ou pãezinhos franceses, em uma visita trivial. Mas, na hora do almoço, esse italiano vermelhão, de boné branco na cabeça, chegava conduzindo uma cesta, com a graça de um garçom de restaurante de luxo. Nela alinhavam-se as bisnagas assadas no ponto certo, os pães doces, as broas, alternativas que tornavam difícil a escolha, mesmo porque não nos era dado escolher de tudo.

Nos primeiros anos em que morei na casa da avenida Angélica, a família não possuía geladeira elétrica. Quando foi introduzida, com o prestígio redobrado por ser um produto importado, constituiu uma bênção para minha tia e um objeto de veneração familiar. Passávamos um bom tempo diante daquele ícone, tocando de leve suas peças externas de metal prateado, admirando a fabricação do gelo, cada vez que se abria a porta.

Antes da entronização da geladeira elétrica, quem se encarregava da conservação da carne e de outros comestíveis era um grande móvel de cabriúva forrado por dentro com folha de flandres. Havia um compartimento especial para se colocar o gelo, fornecido pela Companhia Antarctica e trazido pelas mãos do "geladeira". O "geladeira" era um mulato esguio, sempre de olho comprido nas empregadas. Ele tinha especial habilidade na prática de um "esporte" que, à falta de melhor nome, poderíamos

165

chamar de "bocha no gelo". Tirava o cubo cinza-claro do caminhão fornecedor, abria o portão de entrada e lançava o cubo com uma precisão tal que ele chegava muito próximo à porta da cozinha, deslizando pelo corredor lateral da casa. Se as empregadas não atendessem logo ao rápido toque de campainha do "geladeira", alguém se encarregava de gritar "Gelo, gelo!", não fosse o minúsculo *iceberg* derreter sob os raios de sol.

Apesar de os pãezinhos serem uma atração e o cubo de gelo nem tanto, entre o sr. Ceccato e o "geladeira", minhas preferências pendiam para o último. É que o sr. Ceccato, obviamente, era palestrino e o "geladeira", para não negar a raça, corintiano. Às segundas-feiras, quando o Corinthians ganhava, o "geladeira" se esmerava no jogo de bocha e o cubo deslizava cantarolando até a porta da cozinha.

Ao lado desses personagens que, em graus variáveis, faziam parte dos serviços "oficiais" da casa, havia outros, desprezados nômades, que ousavam tocar a campainha do portão. As empregadas lhes dirigiam um "Não" irritado, quando se dignavam a tanto, pois em regra simplesmente lhes viravam as costas.

O peixeiro calabrês, vestido de preto, colete puído e chapéu amarrotado na cabeça, tentava superar a humildade se apresentando como dono de um estabelecimento imaginário. À distância, procurando superar o ruído da avenida, berrava: "Peixaria!". Sistematicamente repelido, talvez ignorasse a norma de minha tia, aliás muito justificada, de não se comprar peixe na porta de casa.

Uma pequena exceção dentre esses vendedores errantes era aberta para outro calabrês que parecia uma cópia do peixeiro. Vergado ao peso do saco carregado de palmitos, descansava o fardo no chão, antes de gritar: "Palmito, *qué?*". Às vezes, a gente queria.

Devíamos desconfiar, por definição, de várias figuras. O russo da prestação — ninguém dizia judeu — não despertava o mínimo respeito. As empregadas eram aconselhadas a não se deixar enganar, comprando mercadorias caras e de má qualidade. Era voz corrente em casa que as "bobas" (ou *bovas*, em bom ladino) sempre acabavam caindo na armadilha verbal armada pelos

166

russos. Não ocorria à família que elas eram atraídas pelo crédito aberto informalmente, coisa bem difícil de obter em uma casa comercial. Além disso, com o horário de trabalho que lhes era imposto, como poderiam buscar outra alternativa?

Os pedintes que se multiplicavam na porta de casa eram em regra repelidos quando pediam dinheiro, pois sobre eles pairava a suspeita de que iriam converter notas de pequeno valor e moedas em pinga. Dinheiro só se dava para instituições bem conhecidas, como a Padre Chico, que abrigava cegos sem recursos. Eles se destacavam à porta de casa, por conduzirem uma enorme quantidade de espanadores para vender, que os transformava em pavões de óculos escuros. Quando uma dessas figuras tocava a campainha, as empregadas berravam para dentro de casa: "Cego, cego".

As coisas mudavam até certo ponto de figura se os mendigos pediam comida. Não era possível negar-lhes alimento, mas eles tinham de colaborar: "Trouxe lata?". Caso estivessem assim, bem instrumentados, lá se iam eles com a lata de cera Parquetina, cheia de arroz e feijão, encimados por duas bananas.

Execráveis, no último grau da hierarquia, eram os falsos recém-chegados de além-mar e, sobretudo, os vendedores de perfume. Sobre estes, minha tia contava uma história *bene trovata*, ainda dos tempos da rua Theodoro Bayma. Uma empregada, atraída pelo preço e pelo olor, comprou um litro de perfume. Quando começou a usá-lo, descobriu que o olor provinha apenas de uma pequena parte superior do litro. Separado por uma fina película, o líquido de baixo era, na verdade, urina.

A GERAL DO PACAEMBU

Minha infância e a primeira juventude giraram em torno da casa e da escola. Escapava inteiramente desses dois círculos só por ocasião das férias. Elas representavam um corte festivo, em que o rígido quadro familiar não pesava, onde havia um grande espaço para brincar e as relações pessoais se multiplicavam, gerando namoricos e a paixão por mulheres mais velhas.

Apesar das promessas feitas a mim mesmo de mudar os rumos da vida de São Paulo, era obrigado na volta a me inserir na estrutura familiar e a retomar a rotina. O fim das férias, nesses momentos, parecia simplesmente o fim de tudo. Tentava manter as relações criadas, enviando cartas, para logo descobrir que amizades, fantasias e namoricos de férias cabem na definição dos amores de estudante, lembrada por um tango cantado por Gardel: *"Hoy un juramento, mañana una traición; amores de estudiante flores de un dia son"*.

Em São Paulo, aos domingos, como já mencionei, a família ia uma vez ou outra ao Horto Florestal e à Cantareira. Era divertido viajar no trenzinho de bitola estreita e passar o dia no parque, comer o lanche farto trazido de casa.

Uma diversão diferente consistia na visita ao Museu do Ipiranga, que ninguém chamava de Museu Paulista. Ao entrar, a solenidade do prédio, as carruagens imperiais do térreo me lançavam em outros tempos. Ao longo das escadas que levam ao segundo andar, deixava de lado provisoriamente o passado, para me entregar à contemplação de uma série de ânforas, contendo água dos principais rios da Amazônia. Aquelas águas aprisionadas me aproximavam dos mistérios da região e, ao mesmo tempo, me invadiam com uma sensação de ufanismo, semelhante ao inspirado por um livro do hoje esquecido conde Afonso Celso. Nunca ousei perguntar se aquelas águas correspondiam mesmo aos rótulos indicativos, certamente porque a pergunta poderia conduzir à quebra do encanto.

No andar superior do museu, a maior atração era a maquete em gesso da cidade de São Paulo no ano de 1841, quando tinha 20 mil habitantes. Os visitantes se debruçavam à sua volta, tentando reconhecer ruas e edificações. Se o esforço era inútil porque a cidade mudara imensamente, restava o sentimento reconfortante de que, de algum modo, todos nós, visitantes, fazíamos parte daquele presépio urbano.

Quaisquer que fossem os encantos do Horto, ou do Museu do Ipiranga, nada superava um desejo: o de ir ao Pacaembu. Não posso fugir à banalidade e espero que eventuais leitores de espírito religioso me perdoem, quando afirmo que o estádio do Pacaembu era o meu templo, a minha verdadeira sinagoga, catedral, ou templo evangélico. Não me refiro a mesquitas porque com essa área não se brinca.

Acompanhei a construção do estádio, erguendo-se passo a passo, em meio ao mato; vi a multidão passando na porta de casa, no dia da inauguração, quando Palestra e Corinthians honraram o futebol paulista, derrotando os dois Atléticos, o paranaense e o mineiro.

Mas freqüentar o Pacaembu foi, por um bom tempo, um desejo reprimido. Minha tia, assim como meu pai, não viam com bons olhos aquela idéia de um menino sair sozinho de casa e se misturar com um bando de fanáticos. Apesar disso, eu insistia. Passava a semana à espreita, sem nada perguntar, para não sofrer uma decepção antecipada; logo cedo, no domingo, fazia o pedido, invariavelmente recusado, ou porque estivesse garoando, ou porque fizesse muito sol, ou por qualquer outra razão inventada por aqueles que, a meu ver, só queriam me contrariar.

Até que Henriqueta se dispôs a me levar ao jogo, junto com meus irmãos. Henriqueta era são-paulina e, é forçoso reconhecer, uma são-paulina honrada. Torcia moderadamente para o tricolor, respeitando as paixões e até as gozações dos meninos. Para falar a verdade, havia pouca base para a gozação, nesses tempos em que o Corinthians era um exército de Brancaleone, formado por Sula, Nandinho, Jombrega, e o São Paulo um timaço em que reluzia a impecável linha média, formada por Bauer, Rui e Noronha.

Nas décadas de 40 e 50, um clássico era um clássico, um produto raro que merecia os qualificativos pespegados pelos cronistas esportivos: Derby, Choque Rei, Majestoso. Esses confrontos do trio de ferro não tinham sido ainda banalizados pela freqüência; não era incomum que a tabela previsse uma folga de quinze dias para que os "grandes" pudessem se preparar devidamente. Esse fato, somado à orquestração dos cronistas, fazia com que a ansiedade crescesse ao longo da semana. No domingo, a massa já não agüentava ficar em casa e ia bem cedo para o Pacaembu.

Por volta do meio-dia, chapéu de safári na cabeça (capacete Ramenzoni, meu chapeuzinho ideal, que me protege contra o sol e contra a chuva que me fazem tanto mal), já estávamos diante da bilheteria, ou melhor, diante dos portões monumentais, como diziam os locutores esportivos. A atmosfera se esfumaçava na calçada, não tanto pela fritura dos pizzaiolos mas pela fumaça que emanava dos churrasquinhos de gato.

Os pregões, bem diversos dos ouvidos ao longo das ruas, se cruzavam. "Olha a fotografia, São Paulo, Corinthians, Portuguesa e Palmeiras." "Olha o jornal pra ler e sentar, ói que está molhado." A primeira utilidade não existia, pois quem ia ler jornal velho? Mas a segunda podia representar um protetor eficaz para o traseiro submetido à dureza e à umidade do concreto da geral. Como a família não nos proporcionava — a mim e a meus irmãos — larguezas para ir ao futebol, concedendo, quando muito, pagar a entrada de Henriqueta, íamos sempre na geral. Sentávamos no concreto sem encosto e tomávamos de frente o sol da tarde, olhando, ofuscados, os privilegiados das numeradas, sentados à sombra, nas cadeiras de madeira pintadas de verde.

Umas três horas antes de um clássico a geral já estava lotada. Mesmo assim, havia sempre algum cara-de-pau que descobria uma certa folga e se encaixava em uma fileira. Os menos audaciosos se esparramavam em camadas junto ao alambrado, ou ficavam à distância, de pé, equilibrando-se no pedestal da estátua de David, depois do "gol do fundo", de onde não podiam ver grande coisa.

Os mais pobres e os que não conseguiam entrar no estádio iam para o "morrinho" — um ponto elevado e vazio do bairro do Pacaembu, de onde se podia ver uma parte do campo. Era possível saber o que se passava na outra parte ouvindo o jogo ou adivinhando os lances pelos gritos da torcida, lá embaixo.

Terminado o jogo de aspirantes, a massa fazia um relativo silêncio, à espera da entrada dos times em campo. Ficávamos com a atenção presa aos movimentos dos repórteres de campo, aos mínimos sinais na boca do túnel. De repente, os primeiros mascotes, os primeiros foguetes e a certeza: Corinthians entrando em campo. Era a visão do bem supremo, as cores alvinegras do uniforme, o dístico emoldurado pelos remos e a âncora em vermelho, a bandeira paulista no centro, a data vetusta no centro do dístico, coincidindo pela mão dos fados com a indicação da grimpa no telhado da casa familiar: 1910. Era a visão de uma entidade metafísica, acima das contingências de dirigentes marotos, de jogadores malandros, de arranjos extracampo conhecidos como "marmelada".

Acontecesse o que acontecesse depois, a entrada do alvinegro em campo representava, em si mesma, uma grande alegria. Convinha aproveitá-la ao máximo porque o jogo quase sempre trazia decepções. Os céus não se preocupavam em oferecer uma retribuição ao esforço da longa espera; pelo contrário, por alguma razão imperscrutável, enviavam um duro castigo. Lembro-me, por exemplo, de um São Paulo × Corinthians em que, aos vinte minutos do primeiro tempo, o tricolor já ganhava por 2 × 0. Eu e meus irmãos passamos todo o longo tempo restante à espera de uma virada que não veio. Pelo menos, agüentamos até o fim, pois não havia nada mais covarde do que reconhecer a derrota e sair antes do apito final, sob as vaias e as gozações do inimigo.

Foi na geral do Pacaembu que convivi com a massa torcedora. Seria excessivo dizer que essa massa era idêntica à que comparecia aos comícios ou às assembléias sindicais. Porém, não se tratava de categorias completamente diferentes, como mais tarde cheguei a pensar, idealizando a classe operária. Se tivesse levado a sério minha experiência da geral do Pacaembu, teria evitado muitas ilusões.

Aquele era um público essencialmente masculino que se assanhava diante da visão de qualquer mulher e assobiava para as primeiras repórteres de campo. Não havia ainda separação entre os torcedores dos times, sinal de que a violência não chegara aos níveis de hoje. As torcidas uniformizadas começavam a surgir, formando manchas coloridas no centro da geral. Como qualquer brasileiro sabe, o torcedor não se deixa invadir pelo sentimento de justiça. Tudo aquilo que seu time faz de errado está certo e vice-versa. O ataque do time do seu coração nunca se coloca em impedimento; a defesa pode ser de macho — afinal, futebol é ou era pra homem —, mas nunca comete faltas violentas. Esse critério só se modifica quando o time joga muito mal. Nessas ocasiões se insinua um pouco da aborrecida objetividade ou, nas situações extremas, o amor se converte transitoriamente em ódio.

Tanto quanto nos dias de hoje, o torcedor desconhecia sentimentos de piedade. Um jogador cansado era presenteado, na hipótese mais favorável, com um eufemismo: "Olha a gravata vermelha!"; ou recebia flechas mais certeiras: "Tuberculoso, morfético, morfeoso", esta última fruto da inventiva lingüística da geral.

O torcedor assumia o racismo em toda a sua crueza, sem hipocrisia. O árbitro João Etzel, considerado por muitos anos o melhor de São Paulo — por quem eu não poria a mão no fogo —, era recebido, na sua entrada em campo, com os epítetos conhecidos e o grito de "Judeu!", pouco importando se a "acusação" tinha procedência. Nesses tempos em que o Palestra não tinha jogadores negros — Og Moreira, o Toscanino, foi, se estou certo, o primeiro —, ouvi um torcedor do alviesmeraldino berrar na direção de um negro do Corinthians: "Escravo!".

Alguns torcedores podiam personalizar acusações, a partir de um conhecimento da vida dos jogadores. Ouvi um dia um corintiano, junto ao alambrado, gritar desesperado para o Colombo, medíocre ponta-esquerda do alvinegro: "Colombo, cria vergonha. Seu Trindade te protege, é teu 'afiador' e você não faz nada em campo" (para quem não sabe, seu Trindade era Alfredo Ignácio Trindade, presidente do alvinegro por muitos anos).

Apesar de tudo, a geral do Pacaembu tinha suas regras.

Como já disse, não era certo chegar tarde e tentar cavar um bom lugar. Um baleiro devia aquietar-se a um canto, tão logo o jogo começava, sob pena de receber uma chuva de bolas de papel e de detritos. Não fazia sentido sair do lugar a todo momento, mesmo antes de o jogo começar, perturbando quem agüentava firme, sem se mover: "Você deve ser parente de formiga para ficar andando toda hora de um lado para outro". Se essa circulação, quase sempre para ir ao banheiro, era condenável, certas práticas substitutivas eram ainda mais. A mais prosaica consistia em urinar em uma garrafa vazia de cerveja, borrifando os torcedores próximos ao autor da façanha.

Com o correr dos anos, deixei de freqüentar a geral do Pacaembu, passando a me sentar na arquibancada e, depois, na cobiçada numerada coberta. Revezei o Pacaembu com esse elefante sem charme que é o Morumbi. Obviamente, já não ia aos jogos levado por Henriqueta e sim com a malta dos amigos corintianos, alguns futuros juízes e desembargadores.

Em 1985, fechei um período da vida, sem me dar conta disso. Naquele ano, fui assistir a um jogo pela última vez, uma partida do campeonato nacional em que o Fluminense derrotou o Corinthians. A idade, a violência crescente nos estádios me converteram em um personagem que outrora desprezara, um torcedor de televisão. A televisão permite ver melhor os lances, mas aprisiona jogadores e torcida em um aquário. Nada substitui o contato com a massa, a festa da entrada dos times em campo, as infindáveis discussões sobre quem marcou, sobre se houve ou não um impedimento, sobre quem devia ser substituído. Se nunca mais voltar ao Pacaembu, espero um dia ter inspiração para compor uma valsinha cujo título já está pronto: "Saudades da geral".

O CENTRO E SEUS PERIGOS

Na São Paulo das décadas de 30 e 40, não havia supermercados e muito menos shoppings. A grande concentração comercial se localizava no centro velho, onde ficavam lojas como o Mappin Stores, primeiro na praça do Patriarca e depois na praça Ramos de Azevedo; a Casa Alemã, na rua Direita, que foi vendida e mudou de nome, no curso da Segunda Guerra Mundial; a Casa Kosmos, também na rua Direita; a Casa Fausto, loja de camisas e gravatas importadas, localizada na praça do Patriarca, que nada tinha a ver com minha família, como muitos de meus colegas pensavam.

Na visão de minha tia Rebecca, o centro era um território atraente e ao mesmo tempo traiçoeiro, com fronteiras bem delineadas. Não era necessário colocar barreiras ou arame farpado nas fronteiras para se saber que era vedado penetrar nos territórios do Mappin — a não ser para chegar excepcionalmente ao salão de chá — ou da Casa Slopper, onde se vendiam artigos finos. Quando muito, minha tia permitia que se lançasse um olhar furtivo à vitrine da Casa São Nicolau, na praça do Patriarca, onde se exibiam brinquedos de corda importados e um Papai Noel vestido de seda vermelha bordada com enfeites de renda branca, por ocasião do Natal. Para ela, tais objetos não passavam de iscas para atrair os incautos e os ricos.

Não devíamos parar na Ausônia, casa de roupas infantis, na rua São Bento, pois ali se pagava o luxo. O certo era descer a ladeira General Carneiro até o final, agüentando o incômodo dos vendedores das pequenas lojas de carregação, enfileiradas ao longo da ladeira. Esses vendedores recebiam a pior avaliação, sendo considerados gente desprezível que tentava ludibriar as pessoas, atraindo-as na calçada, com ofertas de roupas imprestáveis.

Valia a pena arrostar o incômodo para ir ao Empório Toscano, de que a Ausônia era a filial elegante. Mas mesmo nesse sóbrio e confiável armazém de roupas não podíamos nos deixar abordar sem maiores cuidados. Existiam vendedores e vendedores. Caixeiros queriam empurrar roupinhas apertadas, rangendo embaixo do braço, ou outras muito folgadas que escorriam pelos braços e pernas; pelo contrário, havia gente confiável através da qual se podia até mesmo ficar a par de pequenos se-

174

gredos mercadológicos da empresa. Era o caso do Júlio Balbo, um senhor italiano de olhos azuis, voz baixa e fala mansa, que nos servia sempre, por ocasião da visita anual ao Empório Toscano. Em certas ocasiões, esperávamos um bom tempo até que o sr. Júlio ficasse livre, mas nunca imaginamos quebrar uma fidelidade que durou vários anos.

Uma atitude que também nos colocaria à beira do precipício social seria perder as liquidações de certas lojas, especialmente as da Casa Kosmos. Quando cheguei aos quinze anos, um ritual obrigatório consistia em misturar-se à multidão de fregueses da loja para comprar camisas, gravatas pintalgadas de bolinhas, capas ou cuecas, a preço razoável.

Além da atmosfera geral de moderação, que era um traço cultural de casa, minha tia tinha razões bastante objetivas para adotar uma atitude restritiva dos gastos. Ela geria as despesas da casa e sabia do esforço de meu pai para sustentar os filhos e criá-los com um bom padrão de educação. Desse modo, não podia facilitar, dissipando recursos.

Essa cultura familiar, que implicava a busca de relações personalizadas, tinha marcas próprias e era também reflexo da predominância, em São Paulo, dos serviços autônomos e do pequeno comércio. A cidade mudou, os contatos tenderam a se despersonalizar, mas conservei muito do modo de se relacionar daqueles tempos. Por exemplo, não gosto dos grandes bancos, onde se é apenas um número e os funcionários desaparecem da noite para o dia. Sofro para mudar de preferências bancárias, mesmo quando crescem os boatos sobre a saúde de um banco. De algum modo me identifico com um homem simples que vi diante de um caixa, retirando o saldo de uma caderneta de poupança. Ele explicou longamente ao bancário não ter nenhuma razão de queixa; sacava o dinheiro porque precisava e, a partir daí, desfiava uma longa história justificativa de seus apertos financeiros.

TRANSCENDÊNCIAS DE VÔO BAIXO

Assim como a rivalidade no futebol exprimia as dissensões entre mim e meu primo, minha opção religiosa era referida à disputa surda travada entre meu pai e a família de minha mãe. Os Salem, como já disse, cumpriam os preceitos básicos do judaísmo e incorporavam ao seu universo transcendental o que os adeptos das religiões semi-oficiais chamam de certas crendices. Quando ocorria uma seqüência de doenças, ou uma contrariedade de outro tipo, o jeito era "ahumar" a casa. Tia Rebecca colocava ramos de alecrim em uma pá de catar lixo e punha fogo nos ramos. Percorria então as dependências da casa, que se esfumaçavam e se perfumavam, cantando baixinho uma melodia monótona, que suponho destinada a afastar seres maléficos.

Outra preocupação constante era o mau-olhado, que se evitava, quando saíamos bem-arrumados, usando uma pequena figa escondida no peito, debaixo da camisa. As figas ficavam também dependuradas nas bandeiras das portas, tendo uma preferência absoluta com relação às *mezuzas*, ou seja, os pequenos rolos de pergaminho contendo excertos da Bíblia, destinados a santificar a casa e a evitar o pecado. Mãos vermelhas, com o dedão e o indicador devidamente cruzados, um punho preto de madeira dura, barravam o azar mais do que o pecado.

Através de uma indiscrição de minha tia, soube que a família — e nesse caso também meu pai — freqüentava esporadicamente um centro espírita. Não seria exagero ligar esse fato à morte de minha mãe, sendo os espíritas, pela sua compreensão e pela proposta de chamar os mortos ao mundo dos vivos, um grupo religioso particularmente consolador, em situações de desespero. Não pude, porém, deixar de achar inusitada a "descida" de Antero de Quental em uma das sessões, segundo referência soprada por minha tia. Que diabo teria vindo fazer o vate português em uma reunião em São Paulo, muitos anos depois de sua morte, ele que "repousava na mão de Deus, na sua mão direita"?

Apesar dessas ressalvas, os Salem permaneciam fiéis à religião judaica. Quando menino, freqüentei a sinagoga da rua Abolição, por ocasião das festas religiosas. Sentava nos bancos com meus tios e, de vez em quando, subia ao balcão onde ficavam as mulheres, seres à parte que não eram computados na contagem de um *miniam* — o número mínimo de dez pessoas necessário para a realização de uma cerimônia religiosa.

Eram dois mundos separados, não só espacialmente. Lá em cima, elas cochichavam sobre assuntos domésticos, falavam mal da vida alheia, com um olho posto na cerimônia e nos maridos, enquanto o outro se fixava, disfarçadamente, na agulha de crochê. Vigiados do alto pelas mulheres, os homens mantinham um ar compungido; quando queriam *echar la shom*, ou seja, conversar, tinham o recurso de escapar para o vasto cimentado lateral da sinagoga.

Já me referi ao fato de que poucos elementos arquitetônicos ou ornamentos especiais convidavam à transcendência religiosa. A maior exceção ornamental residia em um armário entalhado, coberto por um pano de veludo de várias cores, com inscrições bordadas em hebraico. A peça se localizava na parte central da sinagoga, constituindo o *aron kodesh* (arca santa) onde são guardados os rolos bíblicos de pergaminho, envoltos em escrínios de prata lavrada, que formam a Torá. O mistério se quebrava por ocasião das festas religiosas, quando o *aron kodesh* era aberto e a Torá se tornava objeto de culto e veneração.

Um dos poucos momentos altos das cerimônias religiosas — além do canto de soprano da sra. Albahari — girava em torno do toque do *shofar*, na comemoração de Rosh Hashaná. (O *shofar* é um instrumento de sopro milenar, feito de chifre de carneiro, relembrando a gratidão de Abraão a Deus, por ter poupado do sacrifício seu filho Isaac, substituído por um carneiro.) Na sinagoga da rua Abolição, ao longo da celebração do Rosh Hashaná, crescia a expectativa de quem tocaria o *shofar* e como seria seu desempenho. À tardinha, um dos membros da comunidade empunhava enfim o instrumento e soprava com convicção. O som saía às vezes nítido e melodioso e os fiéis acenavam a cabeça, em sinal de aprovação; mas, em outras ocasiões, emanava do *shofar* uma tosse rouca, que crescia quanto mais se tentava transformá-la em melodia. Os membros da comunidade se transformavam então em jurados de um programa de calouros, gongando o responsável por aquela barbaridade sonora.

O rabino fugia à regra da mediocridade reinante. Embora fosse "turquino", o sr. Mazaltov, nascido em Constantinopla, cujo nome poderia ser traduzido para sr. Boaventura, tinha uma aparência que o distinguia dos demais membros da comunidade. Cara de pimentão, rubicundo, era mais fácil vislumbrar nele um parentesco com Dadina do que com aquela gente morena. Além disso, o sr. Mazaltov não economizava na ênfase dada às rezas, nos cânticos e em seus paramentos. Junto com um conhecido professor de português — Silveira Bueno —, traduziu do hebraico para o português as orações referentes às principais festas judaicas, que mandou imprimir em um livreto bilíngüe.

Além de receber um pequeno salário da comunidade, o rabino tinha uma fábrica de toalhas nos arredores de São Paulo, o que o enquadrava perfeitamente no dito sefaradi: *"Haham y mercader, alegria de la mujer"*. *La mujer* — a *rubissa*, ou seja, a mulher do rabino — era uma figura alegre e falante que, ao abrir a boca, exibia uma fileira de obturações de ouro. O casal vivia em uma casa modesta, perto da sinagoga. Fato excepcional, cuidava da casa uma empregada sefaradi, pobre mulher meio retardada.

Apesar de seus contatos com o mundo transcendental, a situação do sr. Mazaltov passou de estável a periclitante. Correu na comunidade um boato, cada vez mais forte, de que o *haham* tinha uma conduta censurável, confundindo os recursos da *kehilá* com os próprios. Um grupo passou a exigir a realização de eleições para a diretoria da sinagoga, coisa de que ninguém cogitara. Estavam em jogo o emprego e a honra do rabino, que seria certamente despedido, caso a oposição vencesse.

Na árdua campanha, os contendores jogaram todas as fichas disponíveis. A oposição empregou fórmulas verbais agressivas para definir o comportamento do rabino. Convocou também gente que não costumava freqüentar a sinagoga, mas fora acometida do súbito desejo de moralizar sua administração. No dia do pleito, os situacionistas tentaram facilitar a vida dos eleitores. Junto à urna, escreviam nas cédulas os nomes de sua preferência e as entregavam aos votantes, como uma oferta atraente: "Toma, toma, vota que já está pronto".

A oposição venceu e o sr. Mazaltov perdeu o emprego, para tristeza sua, da *rubissa* e quem sabe até da própria empregada, cujo magro salário deve ter caído a zero. Nunca mais, enquanto meus tios foram vivos, houve na *kehilá* da Abolição um rabino como o sr. Mazaltov. Temendo a contratação de outro personagem absorvente, a nova diretoria foi preenchendo o cargo com figuras obscuras, destituídas de carisma. Minha tia Rebecca, que detestava mudanças, sentenciou: todo esse movimento foi uma bobagem; o sr. Mazaltov podia ter seus problemas, mas essencialmente era uma figura "presentável".

Esses infortúnios rabínicos se referem a uma época posterior ao ano de 1943, em que completei treze anos. Tinha de decidir se realizaria ou não a cerimônia de iniciação como membro da comunidade — o Bar Mitzvá, expressão que ninguém utilizava em casa, referindo-se a "cumprir *miniam*".

Meu pai não se opunha frontalmente ao ritual, mas sua indiferença dizia tudo. A família de minha mãe, discretamente, me empurrava para a cerimônia. Talvez porque me sentisse mais amparado pelos "sefaradis", talvez porque em caso de dúvida seja prudente optar pela crença no além, decidi fazer o Bar Mitzvá.

Recebi algumas aulas do sr. Mazaltov, decorando frases em hebraico cujo significado ele não se deu ao trabalho de explicar, até porque eu nada lhe perguntei. Cumpri o ritual, colocando em volta do pescoço os *tifilim* — ou seja, os filactérios contendo pedaços de pergaminho onde estão inscritos textos de oração —, e ajeitei sobre os ombros o *talet*, xale de orações. Os filactérios não me sensibilizaram, mas me senti prestigiado com o uso do *talet* bordado, de cores claras, tantas vezes envergado por meus tios. Minha introdução na comunidade foi recepcionada em casa, discretamente, com doces da culinária sefaradi.

A "conexão religiosa" durou muito pouco. Depois de menos de dois anos já não freqüentava a sinagoga e considerava a iniciação um episódio ridículo. Engajei-me em longas elucubrações sobre a existência de Deus, a finitude da vida humana, o mistério da criação do universo. Desconhecendo a antropologia, arquivei a religião na gaveta das superstições nefastas.

Esse episódio é um exemplo de como fui influenciado por duas vertentes familiares. Tenho interesse preferencial pelas raízes sefaradis, pela vivência do grupo no Império Otomano; absorvi algo de sua língua e de sua tradição oral e me identifico com a comida mediterrânea. Porém, de uma forma menos explícita, o solitário Simon me influenciou fortemente na maneira de conceber o mundo, de enfrentá-lo sem apostar em demasia nos grupos e instituições, dependendo na medida do possível de si próprio.

Embora nunca mais tenha freqüentado a sinagoga da rua Abolição, entrei nela uma vez mais, em princípios de 1964. Por essa época, os "turquinos" haviam perdido o controle da sinagoga, substituídos pelas novas levas de sefaradis, italianos, búlgaros e especialmente egípcios perseguidos por Nasser. O prédio fora reformado e os vestígios da velha sinagoga tinham desaparecido. Já não existiam as grades externas, o pequeno jardim da frente, a construção sóbria onde se penetrava por duas escadas laterais de mármore. Tudo fora substituído por uma construção maçuda, com pretensões a certa imponência, erguida sem nenhum recuo junto à calçada.

Mas algo subsistia de velhos tempos. Como *chamaz*, espécie de guardião do templo, lá se encontrava o sr. Mizrahi, esforçando-se para que tudo estivesse em ordem. Eu estava acompanhado de um velho amigo sefaradi que — coisa excepcional — se tornara comunista. Esse amigo — estávamos no início de 1964 — pôs-se a provocar Mizrahi. Passava os olhos pelas instalações do templo e sentenciava: "Aqui vai ser uma farmácia para distribuir remédios a preço popular; lá vai ficar a escola para as crianças pobres do bairro" etc. etc. Aparentemente resignado, Mizrahi não objetava coisa alguma, limitando-se a repetir sempre a mesma frase: "*Sea lo que dios quiera*".

Hoje estou convencido de que o êxito do movimento militar de 1964 está vinculado aos contatos de Mizrahi com a esfera celeste, embora ainda não tenha ousado transmitir essa interpretação aos meus alunos de pós-graduação.

OS MORTOS

Depois que a morte de minha mãe se tornou um dado inevitável, eu e meus irmãos começamos a acompanhar a família nas visitas ao cemitério da Vila Mariana — programa cumprido penosamente, tanto pelos meninos como pelos adultos, em um ou outro domingo pela manhã.

Depois da longa viagem com a troca de conduções, tia Rebecca liderava a compra de flores, nas floriculturas em frente ao cemitério. Eu não chegava a entender como ela conseguia comprá-las como quem vai à feira, escolhendo as de preço médio, regateando com as vendedoras portuguesas. Aquelas pequenas ações de defesa do orçamento doméstico me pareciam risíveis diante da destinação simbólica das flores e do terror da morte.

O cemitério ocupa a metade de um quarteirão, confrontando com o cemitério católico. Os dois estão separados por um muro e por uma porta de ferro, trancada a chave. Apesar da curiosidade, nunca entrávamos no cemitério cristão, comportamento defensivo ditado, quem sabe, por inconscientes determinações atávicas. Víamos apenas, olhando do lado judeu, uma ou outra cruz mais ousada, a parte superior de um ou outro capitel, superando a linha da parede divisória entre os dois cemitérios.

À entrada, meio sem graça, colocávamos a *taca* para cobrir a cabeça. *Yarmulka, kipá* ou o pedante *solidéu* eram palavras desconhecidas em minha casa; suponho que *taca* tenha parentesco com touca, mas não posso garantir. Certo dia, já crescidos e desafiadores, entramos no cemitério com a cabeça descoberta e recebemos uma lição defensora da tradição, por parte de um jardineiro *goi*: "Vocês são desta religião?". Diante de nossa vacilação, pois a resposta importava afirmações ou negações metafísicas, ele ordenou: "Pois se são desta religião, tratem de cobrir a cabeça como todos".

A visita se concentrava nos túmulos de meus avós, de meu tio pelo lado paterno e de minha mãe. Diante deste, a situação era particularmente embaraçosa. Ninguém fazia comentários ou se lamentava, apenas os rostos se fechavam. Eu ficava olhando a inscrição amorosa que meu pai mandara colocar na lápide, contrastando, no seu desbordamento, com o mutismo geral. O único gesto de regrado afeto consistia na colocação simétrica das flores, nos vários túmulos. Sempre achei que minha mãe, pelas condições de sua morte e por ter permanecido sempre jovem na memória da família, recebia um quinhão floral maior.

Nessas visitas, Paisico ganhava destaque, por saber ler fluentemente hebraico. Ler é modo de dizer, porque nem ele, nem os circunstantes entendiam o conteúdo daquelas rezas. De qualquer modo, o tio sacava do bolso um livrinho amassado e se punha a reproduzir as palavras, a meia voz, lendo da direita para a esquerda. Algumas vezes, a essa altura, surgia um pobre rezador *ashkenazi*, de vestes puídas, que vislumbrava em Paisico um concorrente indesejável. Sua abordagem era inconveniente, na medida em que se imiscuía na vida do pequeno grupo e se dirigia a nós em uma algaravia estranha — mistura de iídiche com hebraico.

Em uma rara ocasião em que teve êxito na iniciativa, o rezador recebeu a sugestão de Zé Alto, cujo "materialismo vulgar" não se curvava nem mesmo diante daquele ambiente fúnebre: "Vamos aproveitar que o senhor está com a mão na massa e dar uma rezada no túmulo de um parentinho nosso". E lá fomos nós, contidos e irônicos, para acompanhar mais uma "rezada" diante do túmulo de meu tio Isaac.

O cemitério forçava um breve momento de contato com os *ashkenazim*, permeado de uma estranheza provocada não só pelo pobre rezador. De fato, pensávamos, que tínhamos nós a ver com aquelas mulheres "russas", incapazes de se controlar, que se descabelavam e choravam aos gritos diante de um túmulo?

Depois de cumprir a obrigação, os adultos acertavam um *pour boire* com o jardineiro para que cuidasse dos túmulos familiares com um pouco mais de atenção. O velho jardineiro, que perdera naquele silêncio a prática da fala, monologando de forma quase inaudível, tinha o grande mérito de dar vida a seus hóspedes. Eles não eram tratados como "restos mortais" ou como "despojos", e sim como pessoas que conservavam características próprias, inclusive o sexo, pois referia-se aos mortos, mencionando "ele ou ela", com menor ou maior cerimônia, de acordo com a idade.

Terminada a parte principal da visita, o grupo andava pelas fileiras de túmulos, em busca de um parente distante, de um raro amigo ou de um velho rabino. Esse périplo transformava o cemitério em drama coletivo, me subtraía à dor familiar e permitia algumas constatações etnográficas. A observação se voltava para datas de nascimento e morte, para o cálculo triste da morte do jovem e o cálculo conformista da morte do velho. As cidades de nascimento chamavam a atenção. Aquele não era um cemitério de judeus brasileiros, mas principalmente de imigrantes originários de muitas partes: Vilna, Lodz, Odessa, Salônica. Entretanto, a imigração acabava por juntar itinerários insólitos, combinando Brno e Itu; Lvov e Sertãozinho, pontos de partida e de chegada de uma vida.

Irmanados nos túmulos, mortos que chegaram de uma só vez, como os membros de uma família vítima de um desastre aéreo; em contraste, pais, irmãos, filhos voltando a reunir-se pouco a pouco, no mesmo espaço; ou as figuras isoladas, entrecortando os grupos. Alguns trazem sua marca própria: a lira do maestro, o compasso do engenheiro, a assinatura bem traçada de um empresário bem-sucedido. Aqui e ali, as fotografias tentam vivenciar os traços humanos dos restos mortais encerrados nos túmulos. Velhos barbudos, mulheres sorridentes, com um colar à volta do pescoço, homens enfarpelados, em sépia ou em preto e branco, miram os passantes para lhes sugerir, conforme o caso, que a morte é coisa séria ou não é tão ruim assim.

Como em todo cemitério israelita, a uniformidade das lápides predomina, assim como a sobriedade dos epitáfios. Raramente, jazigos como os da família Hessel Klabin, com seu pequeno jardim, cercado por colunas de mármore, quebram a uniformidade, mesmo assim com bastante discrição.

Em meio a essa paisagem, surge, em pedra rosa, o túmulo de José Preisz. Estudante da Faculdade de Direito, morreu como soldado constitucionalista lutando nos "campos do sul", no dizer de uma placa em sua homenagem, colocada pelos colegas do Centro Acadêmico XI de Agosto. Através de um de seus sobrinhos — o advogado Jorge Hajnal —, vim a saber detalhes da história. Preisz era proveniente da Hungria, de onde sua família emigrara, no início dos anos 20. Sua morte ocorreu nas últimas semanas da revolução de 1932, em São José do Rio Pardo, quando, junto com um colega — o futuro radialista Gregorian —, tentou aprisionar alguns soldados gaúchos. Ao se aproximar de um deles, Preisz recebeu um golpe de baioneta que o feriu no peito mortalmente.

Essa cena, tendo como protagonistas um jovem húngaro e um filho de armênios, participantes da "guerra paulista", talvez seja excepcional na sua radicalidade. Mas, de qualquer forma, diz muito acerca do grau de integração que imigrantes e seus filhos vinham alcançando na sociedade de São Paulo.

O túmulo de Preisz me levava a construir fantasias sobre sua história, durante as visitas fúnebres dos domingos. A sensação dominante, porém, era de inquietude e de angústia para a qual só havia um remédio eficaz. Algum consolo religioso? Talvez, se a tanto equivalia uma vitória corintiana, no fim da tarde.

184

GUERRA E POLÍTICA

A guerra é metaforicamente uma doença ou uma praga e foi assim que ela surgiu diante de meus olhos de pré-adolescente. Em 1º de setembro de 1939, estava encerrado no andar superior da casa da avenida Angélica, atacado de escarlatina. Interrompendo um jogo de botões, jogado comigo mesmo à falta de parceiros, apurei a escuta e ouvi a conversa do dr. Yazbeck com meu pai. Mais realistas, ou tendo menos a esconder do que os chefes dos estados-maiores, ambos falavam, com preocupação, de um longo conflito, cujo desfecho era incerto e certamente mudaria a face do mundo.

Até aquele momento, meu contato com os grandes acontecimentos coletivos resumia-se a imagens esparsas e, por algum tempo, continuaria a ser assim. Por volta de 1935, ainda na casa da rua Maria Antônia, comecei a ler para meu avô Samuel, quase cego, o noticiário internacional do *Estadão*, que, naquele tempo, era bastante extenso e informativo.

No ano seguinte, ouvindo as notícias da guerra da Espanha, meu avô me perguntou se eu era nacionalista ou republicano. Sem saber o que responder, escolhi os nacionalistas. Ele me corrigiu dizendo, incisivamente, que "nós éramos republicanos". Por essa frase, comecei a perceber que havia um interesse coletivo, subjacente àquelas notícias narrando as peripécias da guerra da Espanha e as decisões dos políticos. Mais ainda, intuí que esse interesse coletivo tinha a ver com o destino da nossa casa, embora não conhecesse ainda essa expressão pomposa.

Durante vários anos, o essencial da minha educação política veio pelas palavras e pelas indicações de leitura de Jacques Rousselle. Jacques tinha um profundo desprezo pela política brasileira, na proporção direta da admiração pela francesa. Ele me garantia, na sua linguagem preconceituosa, que os partidos só eram dignos desse nome quando tinham coerência ideológica. Na França, o partido radical abrigava gente de centro-esquerda, o socialista se compunha de socialistas, o comunista se compu-

185

nha de comunistas etc. etc. No Brasil não. Quando havia liberdade, surgia um montão de siglas, todas começando com *p*, mas, no fundo, dizia ele, "era tudo a mesma negrada".

Politicamente incorreto, o russo disfarçado de francês me chamou a atenção para as caricaturas de Belmonte e para os livros-reportagens de jornalistas franceses. Ao longo da guerra, Belmonte veiculou imagens que amenizavam o impacto dramático do conflito: no seu traço, aparecia a figura amável e vagamente melancólica de Roosevelt; o rosto determinado de Churchill, mascando o enorme charuto na boca; Mussolini, fantasiado de legionário romano; o homem do "bigodinho", sempre com cara de maus bofes; o lobo da estepe, de sorriso gelado; o príncipe Hirohito solene, sorriso enigmático, vestido de fraque e cartola.

Se a política internacional fez parte muito cedo da minha vida, mesmo através de imagens esparsas, a política nacional custou a chegar. Incorporei, em criança, a sensação de que São Paulo se erguera em favor do Brasil e fora traído e derrotado pelos homens do poder central. Vagamente, incorporei também a noção de que em São Paulo havia divisões partidárias: de um lado o Partido Constitucionalista, germe da futura UDN no estado, e de outro o Partido Republicano Paulista. Minhas simpatias, ouvindo aqui e ali fragmentos de conversas no bairro da Consolação, pendiam para o PC, pois o PRP, apelidado de Partido Rato Podre, não devia ser grande coisa.

As lembranças dos primeiros tempos do Estado Novo se reduzem à visão da partida para o exílio de nosso vizinho — Luiz de Toledo Piza Sobrinho —, fazendeiro de café e ex-deputado ligado ao PRP, que já fora deportado uma vez, após a revolução de 1932. Os Toledo Piza moravam em uma casa senhorial, na esquina da avenida Angélica com a rua Piauí, rodeada de jardins; junto ao muro de minha casa, existia uma jabuticabeira, objeto de algumas gulosas arremetidas.

Vendo aqueles homens que entravam e saíam da casa do Piza, estampando uma fisionomia grave, associei o momento do exílio a um velório. Não entendi, entretanto, o sentido político da cena, atribuindo apenas ao personagem central traços de culpa (algo de errado deveria ter feito) e de desprendimento.

A partir de setembro de 1939, a política internacional passou a ser sinônimo do desenrolar da guerra, uma guerra maniqueísta, dividindo os campos do bem e do mal. Quando tomei alguma consciência dos fatos, aí pelos onze anos, o incompreensível pacto germano-soviético já não subsistia e a União Soviética lutava contra o nazismo, em condições difíceis. Tudo era claro. De um lado, estavam os grandes heróis — Churchill, Roosevelt, Stalin e, naturalmente, De Gaulle. De outro, a figura sinistra de Hitler, Mussolini, que tinha cara de fanfarrão mas não deixava de ser perigoso, e os japoneses como Saburu Kuruzu e o almirante Tojo, puxando as cordas do boneco Hirohito.

A divisão dos campos do bem e do mal era tão profunda que ia além até mesmo da paixão futebolística. Admiti colecionar figurinhas da bala Futebol indistintamente, colando nas páginas de um álbum fotos de jogadores de todos os times de São Paulo, do venerado Corinthians ao execrado São Paulo, passando por times obscuros como a Portuguesa Santista e o SPR, onde surgiam figuras de nomes estranhos — Cabo Verde, Dedão etc. Mas nunca admiti colecionar figurinhas dos aviões de guerra em que, ao lado da RAF inglesa, apareciam, como se fossem a mesma coisa, os odiados Masserschmidt alemães.

O cinema americano contribuiu para reforçar os contornos dos personagens do mal. Não conhecia praticamente alemães no Brasil e, assim, a figura sinistra de Hitler e seus comparsas foi estendida a todo um povo. Custou um pouco mais deixar de lado a imagem enigmática dos feirantes japoneses e substituí-la pela dos fanáticos amarelos dos filmes de Hollywood.

Descontada a ingenuidade e o fato de que, na União Soviética, imperava um regime político tão terrível como o de Hitler, ainda que de natureza diversa — coisa que só vim a descobrir bem mais tarde —, é bom lembrar que nessa visão infantil havia uma verdade básica. Se os Aliados não expressavam o bem supre-

187

mo, o nazi-fascismo representava o mal absoluto, cuja vitória produziria um retrocesso trágico, como nunca ocorrera na história da humanidade.

A opção pela frente antifascista, desde o começo da guerra, resultava da origem familiar judaica. Em nossa casa, os adultos evitavam comentar diante das crianças os fatos mais terríveis. Só vim a saber da tragédia dos campos de concentração quando, em 1945, vi no cinema as imagens dos sobreviventes de Auschwitz. Mas as crianças percebiam através dos gestos, da ansiedade, dos momentos de alívio e alegria dos mais velhos, que algo de decisivo estava em jogo.

A princípio, a maioria da população brasileira não mostrou preferência por um dos campos em luta. Isso só aconteceu com integrantes das etnias envolvidas no conflito, caso, por exemplo, dos italianos e japoneses que simpatizavam com seus países de origem ou apoiavam abertamente sua ação. Quanto aos demais, as simpatias variavam e a indiferença me parece ter sido muito comum, a não ser quando o conflito repercutia na vida cotidiana. Esse quadro mudou a partir da ruptura de relações do Brasil com os países do Eixo em janeiro de 1942, a que se seguiu, mais tarde, a declaração de guerra.

A adesão do Brasil aos Aliados teve, em minha casa, uma conseqüência inesperada. Meu pai considerava-se mais brasileiro do que a patriótica segunda geração. Como gostava de lembrar, tendo chegado a estas bandas aí por 1913, tinha mais anos de Brasil do que qualquer um de seus filhos. Tanto assim que, já antes de estourar o conflito mundial, vinha tentando obter, em meio a mil dificuldades burocráticas, um título declaratório de cidadania brasileira, considerado superior a uma simples naturalização.

Após a ruptura de relações com os países do Eixo, portador de uma carteira de identidade de estrangeiro — a modelo 19 — em que figurava como austríaco, Simon foi convertido em súdito de nação inimiga. Para suas freqüentes viagens de negócios ao interior de São Paulo e ao Rio era obrigado a obter um salvo-con-

188

duto que devia ser continuamente renovado. Muitas vezes, cansado de pedir o documento, saltava do trem em estações próximas a São Paulo, evitando descer na estação da Luz ou do Norte, onde teria de enfrentar um interrogatório policial.

Esse vexame representava para minha família uma incompreensível injustiça: a condição aparentemente benéfica de judeu não valia nada e a ela se sobrepunha a de súdito do Eixo. No plano de casa, a nacionalidade de meu pai abria um flanco nas minhas brigas com Ia. Quando a xingava de quinta-coluna, por ser filha de italianos, ela respondia tranqüilamente: "Semos".

A entrada do Brasil na guerra provocou uma onda de patriotismo, incentivada pela propaganda do governo. Entre outras coisas, era proibido falar idiomas do Eixo em público. Paisico estava sempre atento para que a ordem fosse cumprida. Um belo dia, chegou em casa orgulhoso de uma pequena derrota infligida às forças do nazi-fascismo: interrompera um cidadão que, em um boteco, conversava em italiano, ordenando sem meias palavras: "Só língua portuguesa".

Paisico viveu o conflito com uma intensidade inigualável. Acompanhava as notícias, trazia para casa fragmentos de conversas animadoras e, como sempre, se divertia fazendo descobertas. Assegurou a todos em casa, sob o olhar de censura de minha tia e o entusiasmo da meninada, que a Alemanha estava perdida pois tinha um general que se chamava Von Merda. Era um certo general Von Boch, "merda" em turco. Apesar da previsão, não deixava de lembrar que os russos também tinham suas complicações, pois um dos líderes do Partido, como dizia, enfatizando a palavra, era o Kaganovitch, que "se cagava em cima".

A vida cotidiana da população foi afetada pelo racionamento e pelo blecaute. Se excluirmos a ansiedade das famílias que tinham filhos na FEB, as restrições eram, porém, brincadeira, quando comparadas às privações que vinham sofrendo os povos da Europa. Fazia-se fila, muito cedo, nas padarias, para entregar os cartões de racionamento e obter, em troca, a parcela correspondente de pão e de açúcar mascavo. Estávamos ainda longe da

189

moda dos produtos naturais e esse açúcar "sujo" era desprezado. Pela escassez de farinha de trigo, a população culpava a Argentina — eterna rival —, que estaria deliberadamente restringindo as exportações para o Brasil.

Faltava gasolina. Em substituição, os automóveis particulares utilizavam o gasogênio, colocado na parte traseira, em grande cilindros que lembram os usados hoje para o engarrafamento de gás doméstico. Algumas pessoas obtinham no mercado negro, que ainda não tinha a denominação eufemística de "paralelo", mais pão, açúcar branco e, sobretudo, gasolina. Era fácil identificar os carros com tubos de gasogênio, mas movidos de fato a gasolina: subiam ladeiras sem solavancos, com uma velocidade denunciadora. Em casa não tivemos a experiência pessoal do gasogênio, pois os automóveis eram ainda um bem relativamente raro, cuja posse constituía marca de riqueza.

Começaram também os blecautes, um exercício para enfrentar improváveis bombardeios, contendo um aspecto cívico e um aspecto lúdico. Apagavam-se as luzes da rua, apagávamos as luzes de casa e, grandes e pequenos, ficávamos sentados diante do velho rádio Pilot para ouvir as notícias. Quando o locutor discursava, cantando loas às virtudes do povo paulista que respondera aos apelos e lançara a cidade na mais completa escuridão, nos enchíamos de orgulho. Éramos parte integrante do povo paulista e contribuintes, embora em mínima escala, para o esforço de guerra.

Mas o blecaute era sobretudo uma liberação do controle dos adultos e um momento festivo. Os meninos passavam alguns minutos concentrados diante do rádio e logo corriam pelos corredores e pelo grande quintal da casa que, às escuras, ganhava maiores e misteriosas dimensões. Com revólveres prateados de brinquedo entre os dedos, carregados com espoletas, atirávamos uns nos outros. As espoletas falhavam muito, contribuindo para aumentar o suspense do jogo-teatro. Quando alguém era atingido, tinha por obrigação morrer ou ficar gravemente ferido, rolando pelo chão. De repente, as luzes voltavam e o encanto se quebrava.

190

No mundo do Mackenzie, onde eu estudava, nesses tempos de Estado Novo a direção tinha o cuidado de não deixar a menor margem de suspeita quanto ao apoio ao governo. Por ocasião das festas, dávamos vivas entusiásticos tanto a nossa diretora quanto ao dr. Getúlio Vargas. No plano da política internacional, era clara a opção mackenzista pelos Estados Unidos. Aprendíamos inglês, reconhecíamos de longe a bandeira americana, cantávamos hinos religiosos protestantes e "God save America", em uma tradução mambembe.

Vivi os episódios da guerra com sentimentos opostos. Nos primeiros tempos, quando minha compreensão era menor e os nazistas acumulavam vitórias por toda parte, interiorizei o clima de muita apreensão reinante em casa. Por exemplo, no dia em que os alemães entraram em Paris, meu pai chegou da cidade, de cara fechada, fumando mais do que nunca. Não trazia nas mãos o pacote bem-feito da Casa Godinho, contendo os pepinos em salmoura e os arenques que tanto apreciava.

Quando a situação foi se alterando na Europa, os acontecimentos passaram a ser um jogo em que, cada vez mais, se alcançava a vitória. Os milhões de mortos e feridos, aqui na periferia, eram apenas figurantes dos jornais cinematográficos de atualidades, onde o sangue não escorria.

Com enorme admiração, acompanhei a batalha da Inglaterra, repetindo a arquiconhecida frase de Churchill, "Só lhes ofereço sangue, suor e lágrimas"; vivi, ao longo dos dias e dos meses, a resistência soviética em Stalingrado; a travessia, pelos ingleses, do deserto do Norte da África, quando eles repeliram o general Rommel, às portas do Cairo. Os desembarques na Itália e na Normandia, a retomada de Paris foram saudados com o mesmo entusiasmo com que se cantava a "Canção do expedicionário", produto da inspiração canhestra do maestro Spartaco Rossi.

Por sua vez, o rádio contribuía para acentuar o clima lúdico do fim da guerra. Quando as clarinadas do *Repórter Esso*, "o primeiro a dar as últimas", "testemunha ocular da notícia", anunciavam a voz de Heron Domingues, era certo que algum cruzador tinha sido afundado, alguma linha de frente inimiga desbaratada. Os concursos de sempre, do tipo "quem sabe mais, o homem ou a mulher", entremeavam-se com outros em que se perguntava: em que dia os Aliados entrarão em Berlim?

Ao mesmo tempo, a política nacional começou a fazer parte da minha vida, na medida em que me tornava um adolescente e a oposição a Getúlio surgia à luz do dia. Do seu desprezo pela política brasileira, Jacques excluía um personagem digno, encerrado em uma masmorra pelos esbirros do Estado Novo. Para mim, Prestes era uma fusão das imagens de Tiradentes e do conde de Monte Cristo.

Mas, ao lado da admiração por Prestes, havia a atração pela democracia ocidental, resultante direta da experiência da guerra, corporificada aqui na União Democrática Nacional. A candidatura do brigadeiro Eduardo Gomes despertou meu primeiro entusiasmo pela política nacional e me permitiu um dos primeiros atos de opção pessoal, em questões públicas, no interior da família. Por minha iniciativa, uma foto colorida do Brigadeiro ficou colada na parede de nossa sala de jantar durante toda a campanha às eleições presidenciais de 1945.

Em um sábado, surgiu em casa Matilda, irmã de Paisico, moradora da Mooca. Matilda era casada com Campeas, um personagem que fugia ao estereótipo do imigrante. Vendedor ambulante pelas ruas dos bairros pobres — profissão que o assemelhava aos "russos" —, fazia seu próprio horário de trabalho. Saía de casa relativamente cedo, mas lá pelas três da tarde parava, alegando que já tinha feito para o dia. Até a hora do jantar, quando regressava a casa, ficava nos bares da Mooca com os amigos, jogando dominó e tomando sambuca.

Campeas não fazia orçamentos nem previsões. Alugava uma casa por um preço elevado para as suas possibilidades e, quando lhe perguntavam como ia se arranjar, tinha a resposta pronta: "Ainda estamos no meio do mês. Dios é grande". "Dios" ensinara a Campeas o truque de ficar uns meses em uma casa, pagando esporadicamente o aluguel, até arranjar outra e se mudar. Paciente com o marido, Matilda tinha suas convicções. Estranhou o pôster do Brigadeiro e assinalou: "Vocês são partidários de Brigadeiro? Eu não, eu sou de Dutra. Getúlio apóia Dutra, ah! Getúlio tão bom, protegia os *beneamenos*". E para não deixar margem a dúvidas completava: "Protegia sim".

Se eu tivesse prestado mais atenção à desprezada Matilda, tida em casa como uma pobre ignorante, teria pelo menos amenizado uma grande desilusão que se seguiu a um sonho. O sonho consistia na realização de uma aliança entre a UDN e o PC. Em anos posteriores, considerei o sonho apenas um desejo ingênuo, até que soube da existência de figuras intelectuais de prestígio, no interior do PC, gente como Caio Prado Jr. e Astrojildo Pereira, que tinham defendido o apoio dos comunistas ao Brigadeiro. No fundo, a aliança era mesmo uma quimera: o PC preferia aliar-se aos piores personagens a entrar em entendimentos com os liberais-conservadores. Estes nem queriam saber dos comunistas liberticidas e inimigos da propriedade privada.

Nos primeiros meses de 1945, multiplicaram-se os anúncios, logo desmentidos, do fim da guerra. Até que, em um dia de abril daquele ano, as sirenes da *Gazeta* soaram fora de hora, não para anunciar o meio-dia, como acontecia sempre, mas para saudar a rendição incondicional da Alemanha. O povo encheu as ruas, nas proporções de uma cidade ainda relativamente provinciana. Daquele dia, guardo a imagem de um homem andando altaneiro em frente ao Teatro Municipal, com uma bandeira vermelha na mão, onde estavam estampados a foice e o martelo. Algum tempo depois, a cidade vibraria de entusiasmo, com a volta dos pracinhas desfilando pela avenida Pacaembu.

Em sentido estrito, o conflito mundial ainda não terminara. Restava a luta no Pacífico, que se prolongou por alguns meses. Mas essa luta, aqui na periferia, perdeu o interesse, por ser travada em um cenário longínquo e ter um desfecho previsível. Nem mesmo o terrível episódio de Hiroshima, cobrindo a primeira página do *Estadão*, despertou em mim muito interesse. Talvez fosse um mecanismo de defesa, evitando constatar que a encarnação do bem não hesitava em perpetrar muitas maldades, em busca da destruição do inimigo.

O ano de 1945 não foi um ano qualquer. Mais do que o novo arranjo nas relações internacionais, o centro das atenções em minha casa era o julgamento de Nuremberg, todos torcendo para que "os desgraçados dos nazistas" fossem executados. Certo dia, saiu no *Estadão* que o Uruguai levantara dúvidas sobre a legalidade do julgamento, pois não havia lei prévia definindo os crimes de guerra. Paisico me "consultou", sem rodeios, a respeito: "O que você acha da proposta besta do Uruguai?".

Em um domingo, 15 de julho de 1945, vi uma multidão passar em frente de casa, rumo ao Pacaembu, empunhando bandeiras que não pertenciam a nenhum time conhecido. Entre eles, meu pai reconheceu um velho amigo, o sr. Emanuel, um judeu russo que, por causa das orelhas de abano, recebera dos meninos o apelido de sr. Elefante. O sr. Emanuel tinha sido militante comunista na Rússia; participara da revolução de 1905 e estivera exilado na Sibéria. Vislumbrando o homem, que caminhava com passo seguro, visivelmente rumo a algo importante, meu pai lhe perguntou:

"Onde vai, senhor Emanuel?"

"Vou ver Prestes."

Ver Prestes, naquele ano, era realmente um acontecimento extraordinário. Cerca de 100 mil pessoas se espremeram no estádio e nas adjacências para ver o mítico Cavaleiro da Esperança e, entre outros ditirambos, ouvir um poema que Pablo Neruda fizera em sua homenagem.

O último mês do ano que marcou o fim da guerra e os anos seguintes se encarregaram de desfazer muitas ilusões. Sem conhecer o elitismo udenista, o peso da máquina pessedista e o prestígio de Getúlio, a vitória de Dutra sobre o Brigadeiro provocou em mim a primeira grande desilusão política.

Ao mesmo tempo, a frente única do bem se desfez rapidamente diante de meus olhos, com o início da Guerra Fria. Nem todo bem estava de um lado, nem todo mal estava do outro. Primeiros fios de barba, opções complicadas. O mundo perdera seu encanto.

6
COLÉGIO MACKENZIE

MENS SANA IN CORPORE...

Entrei no Colégio Mackenzie em 1936. Quase toda a família — meus primos que me antecederam e meus irmãos que vieram pouco depois — estudou por muitos anos no colégio. O primo Alberto foi a única exceção, pois cursou uma instituição pública — a Escola Caetano de Campos, mais conhecida ccmo a Escola da Praça, por se localizar na praça da República.

A história do Mackenzie liga-se à presença em São Paulo de uma comunidade presbiteriana americana, ampliada com a vinda de emigrados, após a Guerra de Secessão. Para atender a essa comunidade, George Chamberlain e sua mulher Mary fundaram em 1870 o Colégio Protestante, que alguns anos depois passou a chamar-se Escola Americana. Comparativamente, o Mackenzie ganhou fama de um colégio misto liberal, receptivo ao ingresso de alunos de todas as origens, tendo um currículo diversificado de atividades escolares.

Quando entrei na escola, os alunos eram, em sua maioria, filhos de imigrantes em ascensão, médios comerciantes ou industriais e raramente profissionais liberais, pois a primeira geração de imigrantes pouco penetrara nesse setor. Os raros alunos pobres pagavam parte de seus estudos realizando tarefas como recolher as cadernetas escolares, ajudar na organização das filas. Excepcionalmente, estavam matriculados no Mackenzie meninos de classe alta. O caso mais típico era o dos Jafet, cuja família vinculava-se à escola, sob influência das instituições protestantes que tinham se instalado no Oriente Médio, desde o século XIX. Entre os alunos de origem síria ou libanesa, abundavam os nomes anglo-saxões — os Washington, os Wellington —, como fruto dessa influência. Italianos, espanhóis, armênios, árabes, judeus, protestantes e mesmo católicos conviviam na escola, sem que, da parte dos alunos, as diferenças étnicas fossem o centro das rivalidades e das agressões. Comparado a outro colégio laico com que rivalizava — o Rio Branco —, o Mackenzie se diferenciava, em termos gerais, por abrigar em maior número a classe média estrangeira, enquanto o Rio Branco atraía a burguesia industrial nativa.

Embora houvesse escolas públicas de boa categoria, a maioria dos imigrantes de classe média acreditava que o ensino pago devia ser de melhor qualidade. Para os judeus, colocar os filhos em colégios católicos era uma hipótese descartada, pois não só esses colégios exigiam certificado de batismo, como obrigavam meninos e meninas a cumprir os preceitos da religião católica. Constituindo uma religião minoritária, os protestantes tinham uma atitude bem mais aberta em relação aos judeus.*

O fato de um dos ramos do protestantismo ser a "religião oficial" da escola não causava problemas mais sérios para os meninos provenientes de famílias judaicas ou católicas. No curso primário — a Escolinha — cantávamos hinos religiosos, cujas letras acabávamos por decorar, a partir de um hinário de capa encerada. Quase nunca associei a cantoria a uma opção estrita sobre os caminhos que levam à divindade, embora tenha guarda-

(*) O comportamento receptivo aos judeus pela direção do Mackenzie não era algo específico do colégio, mas, ao que me parece, tinha a ver com uma atitude mais geral dos grupos protestantes. Em seu livro já citado, Helena Salem observa que tanto ela como sua mãe foram educadas em escolas protestantes no Rio de Janeiro, lembrando o ambiente pouco preconceituoso dessas instituições. Em um contexto dramático e muito diverso, Pierre Vidal-Naquet narra em suas memórias a atividade de grupos protestantes do Sul da França visando a proteger os israelitas, na época do governo de. Vichy e da ocupação nazista.

197

do pela vida afora fragmentos de letras e de melodias. Cantávamos os hinos com toda a força dos pulmões ("Brilhando, brilhando, brilhando qual doce luz,/ brilhando, brilhando, brilhando por meu Jesus"), em um alegre exercício de expressão.

Às vezes, um aluno tentava fazer uma exegese de texto. Por exemplo, o personagem central Jesus surgia em um hino em que aparentemente se enfatizava sua presença: "Juntos estaremos com Jesus, com Jesus". Só na aparência pois, como dizia o exegeta, "esse segundo 'com Jesus' é veadeza". Da minha parte, um hino se destacava do conjunto, ao acentuar: "Seja adorado o deus supremo, deus adorado em Israel". A partir dele, cheguei à conclusão de que um cordão umbilical secreto ligava judeus e protestantes, em uma aliança defensiva contra os católicos.

Quando os alunos passavam da Escolinha para o ginásio, as cantorias eram substituídas pelo culto, que consistia em uma rápida leitura de um trecho da Bíblia, no intervalo entre uma aula e outra, durante o chamado recreio grande. A presença no culto não era obrigatória e havia até quem trouxesse dispensa de casa. O ato supostamente religioso era mal recebido pelos alunos, não por alguma opção filosófico-religiosa, mas por uma constatação pragmática: de um modo ou de outro, o culto acabava roubando alguns preciosos minutos do recreio grande, regalia muito superior aos pequenos intervalos entre uma aula e outra. Afora isso, a cerimônia não tinha o entusiasmo dos cantos infantis e o próprio professor responsável, que nem sempre era o mesmo, tartamudeava versículos, à guisa de leitura, cumprindo o ritual. Só uma vez a leitura despertou as atenções gerais. Às vésperas de um clássico, o professor anunciou: "Hoje vou ler a epístola de são Paulo aos coríntios".

Eu e meus irmãos, por influência familiar interiorizada, ocultávamos as nossas origens. Quando perguntados, respondíamos vagamente que éramos protestantes, o que nos identificava com a linha religiosa do colégio e nos deixava em situação confortável. Aproveitando a informação histórica que recebíamos, desorientávamos os perguntadores curiosos nos rotulando de "huguenotes".

198

Gabriel Bolaffi, sefaradi italiano, desconfiava de nossas afirmações e nutria a esperança de que os Fausto eram seus correligionários. Pela via oral, seria quase impossível confirmar a suspeita, pois nossa retranca estava bem armada. Amigo de meu irmão Ruy, começou a freqüentar nossa casa e a ganhar intimidade. Certo dia, indo a um quarto dos fundos, deparou-se com a prova provada do que buscava. Meu pai, para agradar os filhos, fizera o sacrifício de trazer de uma de suas viagens ao interior do Espírito Santo um sagüi que recebeu, na pia batismal, o nome de Zeferino. Pois Zeferino, submetido a uma dieta variada, comia um pedaço de pão ázimo — sobra da Páscoa judaica — quando foi surpreendido por Bolaffi. O futuro sociólogo deu pulos de alegria e nós ficamos com a cara no chão: adiantaria insistir e explicar que a casa era pluralista, permitindo a convivência entre os humanos huguenotes e o símio israelita?

Não obstante o liberalismo da direção mackenzista, havia professsores francamente xenófobos. Destacava-se na xenofobia um professor de ginástica e folclorista amador, aliás muito popular entre os alunos. Ele atirava na cara dos filhos de estrangeiros a frase discriminatória: "Uma gata pode parir dentro de um forno, mas nem por isso suas crias são bolinho", versão popularesca do princípio do *jus sanguinis*. Circunscrevendo-se a um alvo específico, um velho e simpático professor de francês — monarquista luso — fazia caretas ao enunciar o nome dos alunos de origem sírio-libanesa, durante a chamada para verificação da presença.

O alvo principal do preconceito eram os meninos judeus alemães fugitivos da guerra, que o Mackenzie recebeu, em meados da década de 30 — meninos traumatizados, de mãos geladas e trêmulas, ar de resfriado constante. Formavam um contingente muito diverso de outros garotos judeus da escola, pertencentes à segunda geração de origem imigrante, integrados à vida paulistana.

Os meninos alemães converteram-se em presa fácil da maldade humana, por várias razões. A escola cultivava o trabalho manual e a educação física, áreas para as quais não tinham sido treinados e em que se revelavam desastrosos. Além disso, sua insegurança e dificuldade de adaptação eram evidentes. Tremiam na classe diante do professor, e olhavam o mundo através de óculos de armação pesada com lentes de fundo de garrafa. A gozação impiedosa dos alemãezinhos ia da imitação da fala, com seus erres guturais, até a encenação gestual de bombardeios, que aterrorizava os mais vulneráveis.

As violências provocaram uma corajosa reação de Bolaffi: "Se querem atacar os 'judeuzinhos', tratem de me atacar também, pois eu sou judeu tanto quanto eles". A resposta revelou, entretanto, que o preconceito tem suas nuanças insuspeitadas: "Deixa de bobagem, Gabi. Não estamos falando de você, mas de judeu branquinho".

Em todos os objetivos valorizados pela direção do Mackenzie, eu ia mal das pernas, embora não chegasse ao extremo dos meninos alemães, que se tornaram para mim uma referência compensatória. Fisicamente frágil, meu tormento era ser sempre o primeiro da fila formada no recreio para ingressar nas classes, segundo um critério de altura que começava com os "tampinhas".

Praticar bem os esportes — o futebol, acima de tudo, e o então chamado bola ao cesto — foi expectativa que não se realizou. Considerava tão importantes as façanhas esportivas que, ao receber a bola, ela queimava nos meus pés: tratava de me livrar dela o mais depressa possível, sem me destacar, mas também sem errar, como fazem certos jogadores profissionais inseguros, guardadas as óbvias diferenças.

A leitura, a escrita, a história e a geografia eram meus fortes. Isso era reforçado por algumas façanhas de *idiot savant*, que embasbacavam adultos ávidos em descobrir algum gênio infantil. Por exemplo, sabia de cor o nome das capitais do mundo, favorecido pelo fato de que a geografia política ainda não tinha sofrido o impacto da descolonização e do surto das nacionalidades. O estímulo dos adultos concorria para aumentar o desequilíbrio da minha formação: capengava em matemática e nas primeiras noções de ciências físicas e naturais.

Entretanto, o pior de tudo era o descompasso entre as atividades manuais e as minhas habilidades nesse setor. Em casa, como em outros lares de cultura judaica, a educação humanística constituía o valor supremo, havendo um implícito desprezo pelas atividades manuais. Meu pai não consertava panelas, não mexia em fios, mas pelo menos tinha sobre mim uma vantagem, oriunda da profissão que abandonara: era um craque com a agulha e a linha. À desvalorização genérica do trabalho manual veio juntar-se minha condição de órfão. Tendo sido até certo ponto maltratado pela vida, os mais velhos me cercavam de cuidados compensatórios e consideravam justo que ficasse livre de tarefas próprias das empregadas e da gente pobre em geral.

A ideologia mackenzista, derivada do caldo anglo-saxão, seguia uma linha oposta e certamente mais salutar. Para mim, era, porém, um martírio. Penosamente, à guisa de trabalhos manuais, trancei cintos e cestas de fibra. Na oficina de marcenaria do paciente seu Roque — velha figura de cabelos brancos que se assemelhava ao Gepeto, personagem de Pinóquio — fiz, com muito esforço, uma régua de madeira, borrada pelo verniz mal aplicado.

Na época da guerra mundial, tive de freqüentar as aulas de instrução pré-militar, ministradas pelo sargento Jacó e pelo sargento Sydnei, gorda figura apertada em um uniforme amarrotado. Um dos piores tormentos consistia em pegar nas mãos um pesado fuzil, provavelmente veterano da guerra da Criméia, e desmontá-lo peça por peça. A desmontagem até que eu conseguia fazer, mas o problema era recolocar tudo no devido lugar. Pensando bem, não se tratava de um problema e sim de um milagre. Tinha nessa época o dom miraculoso da multiplicação das peças: depois de ter desmontado e montado a arma mortífera, algumas delas brotavam das minhas mãos.

Dentre os colegas do Mackenzie, lembro-me de poucas pessoas que tiveram projeção na vida adulta. Uma figura que recordo é Caciporé Torres, bom nos esportes e bem integrado na vida mackenzista, virtudes que me pareciam incompatíveis com a imagem de um futuro escultor, pois associava a arte a algum tipo de marginalidade. Destaco também, já no início do curso colegial, duas moças. Hilda Hilst, loura de cabelos trançados, muito magra para os padrões da época, que já era conhecida na escola por compor versos. A outra é Maria Alice Mencarini, socióloga e professora da USP, falecida prematuramente.

Embora achasse que havia algo em comum entre os interesses dessas moças e os meus, minha timidez impediu uma aproximação. Cada uma era perturbadora a seu modo: Hilda Hilst tinha um ar de mistério romântico; Maria Alice, ao contrário, se caracterizava por um relacionamento franco e às vezes desabrido, fugindo ao estereótipo feminino.

Em vez de insistir em trajetórias de vida, prefiro tentar reproduzir "cenas mackenzistas", indicativas do relacionamento diário, dos desejos e frustrações, dos esforços de afirmação individual por parte de um conjunto de adolescentes. As cenas têm a forma de fragmentos, pois é assim que elas se conservam em minha memória.

A BOLA DE PEDRA

Rubens Brodolsky era um desses judeuzinhos polacos, magro, mirrado, de costas vergadas pelo peso dos ancestrais sapateiros ou mascates. No campo grande de futebol do Mackenzie, meio terra, meio gramado, Rubens era um desastre. Não conseguia dominar a imensa bola de capotão; quando chutava de bico sentia uma dor que percorria todo o corpo; no confronto físico com os adversários, caía à simples aproximação. Às vezes, por maldade, era escalado para bater um escanteio, verdadeira tortura, pois não conseguia lançar a bola no miolo da pequena área.

Mas, na calçada larga da rua Maranhão, Rubens se transformava no craque da pelota, ou melhor dizendo, da pedra. Trabalhava a pedra lisa como um jogador de xadrez que ziguezagueia eufórico, no tabuleiro, o lance do xeque-mate. Fazia tabelas brilhantes no paredão de uma das laterais do cimentado, como um jogador de sinuca de primeira categoria. Os adversários nem chegavam a encostar nele e, se alguma vez conseguiam realizar a façanha, se davam muito mal. O troco vinha em seguida, com a brilhante utilização da pedra-pelota, levantada por Rubens a meia altura, atingindo a canela do adversário. Não havia nada a reclamar, nesse jogo sem juiz, de decisões tomadas coletivamente, pois pedrada, tal como bolada, não é falta.

Havia um segredo em tudo isso: o judeuzinho curvado, saído da Europa central, era pura máscara. Rubens Brodolsky vinha de um tempo em que seres humanos não tinham nome, os tempos heróicos do Neolítico.

O VÍCIO EXCESSIVO

Sempre me impressionou a freqüência com que as mulheres desmaiam nas novelas do século XIX. O enredo vai ficando tenso, as mulheres vão se enredando em relações complicadas e, de repente, apagam, impondo um corte na narrativa. Essa cena que pode parecer ficcional era bastante realista, em uma época em que a muleta dos tranqüilizantes ainda não tinha sido inventada. No Mackenzie dos anos 40 deste século, não só as meninas continuavam desmaiando, como também os meninos.

Luís Carlos era um garoto alto, de pele terrosa e olheiras profundas, desajeitado nas calças curtas. Como mandava a hierarquia da altura na distribuição dos alunos em classe, sentava-se nos últimos bancos. Certo dia, em plena aula de português, levantou-se, balbuciou alguns sons incompreensíveis e desabou no chão. O professor e alguns funcionários chamados às pressas carregaram Luís Carlos para fora da sala de aula. Os adultos trataram de nos explicar que o caso não tinha maior gravidade, Luís Carlos não fora acometido de epilepsia. (Isso nós estávamos cansados de saber, pois tínhamos visto muita gente bater o corpo freneticamente e espumar no cimentado do recreio.) Tudo não passara — diziam — de um mal-estar passageiro, resultado de alguma comida que não caíra bem no estômago. Nós, que conhecíamos os prazeres da pré-adolescência, sorrimos superiormente diante daquele diagnóstico equivocado. Bastava olhar Luís Carlos para descobrir a causa do mal: excesso de punheta.

A referência a excesso basta para demonstrar o que todo menino sabe, que a masturbação moderada, também chamada no colégio, onomatopaicamente, de xique-xique, constituía a forma normal de prazer, a única que tínhamos como garotos, encantados com bicos de seios, pernas, centímetros de coxas. O xique-xique indicava também o grau de audácia da meninada. O prazer solitário era prática corriqueira, contrastando com o alcançado em plena aula, nas últimas fileiras da classe. O protagonista se estimulava com alguma capa de revista e, em pouco tempo, entrava em orgasmo real ou fantasiado, levando no embalo a turma à sua volta.

Uma cena coletiva competitiva se desenrolava em uma pracinha, no alto da praça Buenos Aires. Os meninos se postavam em círculo, em torno de um observatório astronômico abandonado, e se lançavam à tarefa de "quem acabava primeiro". Era sempre designado um juiz que circulava entre os competidores, proferindo a nem sempre fácil decisão. Por pudor, timidez, ou ambas as coisas, nunca fui atleta nem juiz. Limitava-me ao modesto papel de vigia, postado no caminho por onde se chegava ao local da competição, correndo para avisar da aproximação rara de alguma mamãe empurrando um carrinho de bebê.

OS OLHOS DE ÂNGELA

As salas de aula pareciam ter uma composição uniforme. Fileiras de carteiras pesadas alinhavam-se longitudinalmente, separadas por um corredor estreito. A aparência descritiva banal esconde uma geografia afetiva, que traçava uma intransponível fronteira. Entre a última das várias fileiras masculinas e a feminina interpunha-se uma barreira cerrada, com seus guardas atentos, suas portas lacradas.

Desse país remoto, Ângela emitia raios poderosos na minha direção, surpreendentes pela ousadia e pela intensidade, pois partiam de minúsculos olhos azuis. Impossível evitar os raios, que constrangiam e envaideciam. Tentava fugir deles, olhando distraído o professor, que desenrolava sua fala monótona diante da classe, apenas para voltar depressa ao influxo poderoso dos raios.

Que fazer? Resolvi consultar um colega tido como experiente nesses desbarrancamentos femininos, o fogoso armênio Floriano. A receita veio sem rodeios. Eu deveria, no próximo encontro com os raios, pôr a mão nas partes baixas e sacudi-las com vontade, como uma suculenta oferenda. Talvez a idéia não fosse má e pudesse produzir excelentes resultados eróticos, mas não me decidi a levá-la avante. Era demasiado romântico para tomar uma iniciativa daquelas, ou talvez fosse simplesmente muito tímido. Um belo dia, os raios se desinteressaram de mim e foram imantar um colega.

Mas me vingo de Ângela contando o desfecho da sua história. Do nosso lado da fronteira, perscrutávamos os movimentos na terra do mistério, passando por todas as barreiras: um centímetro de saia levantada, um riso malicioso, um cochicho aberto à decifração. O mais importante era desvendar os signos de amadurecimento das meninas e de atos proibidos praticados por elas. Detectar uma gravidez constituía o máximo da ambição. Pois — não sei se nisso tive a culpa maior — descobrimos que Ângela estava grávida, não só pelos olhos brilhantes, como também pela barriguinha que crescia milímetro a milímetro diante de nossa diária inspeção ocular. Quando Ângela desapareceu do colégio, de uma hora para outra, quem iria acreditar na historieta da transferência do pai — funcionário público federal — para outra cidade? O que já havíamos detectado apenas se confirmava.

205

DIFERENÇAS

No colégio, além da diferenciação básica entre os sexos, havia outras. Uma das mais significativas distinguia alunos internos de externos. No relacionamento com os externos, os internos estavam em posição superior. Eram os donos do território, casa e local de ensino. Entravam na classe com os cabelos ainda molhados pelo banho de chuveiro rápido, ou com cara de sono, aí encontrando as "visitas". Seja porque em geral fossem mais velhos, seja porque os pais só enviassem para o internato os fisicamente mais aptos, seja porque dispusessem de um tempo maior de atividades na escola, os internos eram bons no esporte e bons de briga, o que os valorizava imensamente.

Não formavam um grupo homogêneo, mas assim se apresentavam diante de nós, os externos. Mexer com um interno equivalia a mexer com o grupo dos galos de briga. Mas os galos viviam em um terreiro estranho. Na roupa mal-ajambrada, onde faltavam vários botões, imprimiam-se traços de abandono, em contraste com os externos, que recebiam diariamente os cuidados da família. Era quase impossível, além disso, conseguir revelações da vida cotidiana do internato. Ele ficava atrás de um muro alto, reforçado por uma espessa cortina de bambu, distante das edificações principais do colégio. Segundo dizia um ou outro indiscreto, aí se passavam coisas terríveis. Rituais de "salgamento", mergulhos seguidos da cabeça em um tonel cheio de água, ataques homossexuais. Nunca me foi possível saber o grau de verdade dessas histórias, ou se tudo não passava de fantasia para aterrorizar os mimados externos.

A SAÍDA

A saída da escola era um momento — o fim das aulas — e um espaço, localizado na frente do colégio ou nas ruas adjacentes. Nessa hora e nesse espaço, concentravam-se os sonhos de poder chegar perto de uma menina e até conversar com ela, assim como os acertos de conta. As meninas iam embora, sob a escolta da mamãe ou, em casos mais raros, de algum namorado ousado. Os acertos de conta quase sempre se realizavam. Uma briga de recreio, interrompida pela chegada de um vigilante, um xingamento à mãe não respondido à altura davam origem à ameaça: "Te pego na saída".

O horizonte das ofensas guardava, aliás, íntima relação com o triângulo familiar. "Filho da puta" — xingamento supremo — constituía, quase sempre, sinal do início de uma luta sem tréguas. Excepcionalmente, propiciava uma resposta que nos parecia de uma suprema sabedoria: "Minha mãe é puta sim, mas é puta do meu pai. Não é como a sua que é puta da Itaboca". A rua Itaboca, que compunha a zona do meretrício com a rua dos Aimorés, era por definição a mais decadente, onde acreditávamos — não sem razão — terem sido atiradas as mulheres no último degrau da carreira.

Uma ou outra vez, as tensões acumuladas durante o dia não terminavam em confronto na saída. Isso aconteceu no caso em que Henrique Gandelman, judeuzinho esperto, de cara bexiguenta e verdes olhos aguados, entrou em conflito com Waldemar Saad, moreno, buço despontando firme, figura temível de beduíno. Talvez a disputa fosse uma ressonância das rivalidades entre judeus e árabes, em curso no Oriente Médio, transfigurada em luta pela posse de um pedaço de recreio ou pelo controle do bebedouro de água.

Seja como for, Gandelman não estava disposto a enfrentar um adversário reconhecidamente superior. Assim que tocou o sinal de saída, saiu na carreira pelos corredores, seguido por Saad. Superior na corrida, desceu a rua Itambé, com alguma vantagem sobre o contendor. Teve a sorte de vislumbrar o 14 — o bonde Vila Buarque —, que corria pela avenida Higienópolis. Saltou no estribo e desapareceu com o coletivo, na descida da rua Major Sertório; Saad chegou alguns segundos atrasado.

Aparentemente, a briga tinha sido apenas adiada, os ódios acumulando-se pela frustração. Mas não foi assim. No dia seguinte, a fúria de ambos amainara. Os dois adversários se sentiam de algum modo vencedores: um pusera o outro para correr; o outro mostrara sua esperteza.

A cena normal, na hora da saída, não era essa, pois não se fugia ao confronto. Os contendores se estudavam, cercados pela malta que os provocava. De repente, um deles cuspia no chão e esfregava o pé em cima, com ares de profundo desprezo; ou então dizia "Dá um soco aqui", para esquentar a moleira. Em quaisquer das hipóteses, soava o gongo e a luta começava. Vale-tudo, sem assaltos e sem marmelada, terminava pela intervenção da turba, quando o desequilíbrio se tornava notório e um dos briguentos estava a ponto de machucar seriamente o outro.

A briga da hora da saída teve certa vez um desfecho inesperado, unindo contendores e espectadores. Os adversários estavam embolados no chão, a torcida urrava, quando surgiu um jovem cavalheiro, ex-mackenzista. Ele apartou os protagonistas e lembrou a todos que a cena depunha contra o bom nome do colégio. Fez mais, entrando no terreno escorregadio das causas do conflito. "Ele disse que eu não sou homem, que eu gosto mesmo é de pinto", contou um dos adversários, apontando o dedo acusador. O jovem cavalheiro riu superior: "Que bobagem, nos meus tempos de escola, eu comi e fui comido por muito garoto...". Erro fatal: briguentos e torcida se uniram, em um brado unânime: veado, veado!

A opção ou o destino sexual dos meninos abrangia duas possibilidades básicas: ou se era macho, ou se era veado. Um macho tentava seduzir os colegas no presente e tinha a expectativa de atrair as mulheres, no futuro. A noção de que o homossexualismo ativo integraria a lista dos comportamentos socialmente censuráveis era completamente estranha ao quadro mental da meninada. Cobiçavam-se colegas, elogiavam-se suas partes atraentes, que não constituíam um território remoto, mas algo concreto, vislumbrado no vestiário onde se trocava de roupa para ir à ginástica. Os veados ou os suspeitos de veadagem eram tão estigmatizados quanto desejados e muita gente queria dividir com eles a

208

carteira para ficar roçando as coxas, ao longo das aulas sem graça.

Uma terceira categoria sexual vinha confundir, porém, a nítida classificação. Era a formada pelos giletes, personagens ambíguos "que cortavam dos dois lados". Ninguém ou quase ninguém conhecia um gilete de perto. Existiria, afinal de contas, um cara tão estranho que rompia a barreira da ordem natural das coisas?

PROFESSORES

Do ponto de vista da trajetória curricular dos alunos, o Mackenzie se dividia em dois mundos — o do curso primário e o do ginásio —, com um ano que deveria corresponder a um rito de passagem, o ano preparatório de admissão ao ginásio. A própria denominação desses mundos marcava as diferenças profundas: o ginásio correspondia, na nomenclatura, ao Colégio Mackenzie; o curso primário era de responsabilidade da Escola Americana — a Escolinha, na designação usual, misto de carinho e de irrelevância. Se professores e alunos conhecessem um pouco da história da instituição, talvez percebessem que a marca de irrelevância era injustificada; não só porque a Escola Americana fora a primeira unidade da instituição como principalmente porque, nos anos finais do Império, abrigou, em um mesmo teto, os "bíblias", os filhos dos positivistas e de outros republicanos.

A passagem para o ginásio marcava várias perdas: fim da professora única, dos jogos destinados a estimular a competição, de um boletim às vezes cheio de estrelas. Seu Chagas, bom professor de ginástica, marcou em certa ocasião essa diferença. Quando um garoto trouxe uma justificação de casa explicando a ausência à última aula, recebeu a resposta: "Aqui não é a Escolinha; aqui, faltou, faltou".

Antes de entrar na Escolinha, freqüentei por uns poucos meses o jardim-de-infância, que ficava em uma casa de tijolinho

209

à vista, como quase todas as construções do Mackenzie. Ela se diferenciava das demais edificações por seu ar de prolongamento de casa dos alunos. Em seu interior não havia carteiras pesadas e fixas, mas pequenas mesas e cadeiras que se podia movimentar à vontade. Na parte externa, um muro alto escondia a criançada dos curiosos que passavam pela rua Itambé. Brincávamos sossegados, no tanque de areia ou sob a folhagem das árvores.

Minha rápida passagem pelo jardim-de-infância deveu-se à alfabetização precoce, a partir do ensino de uma pajem e do treino diário, proporcionado pela leitura do *Estadão* para meu avô. Tão logo a professora detectou meus conhecimentos, com a melhor das intenções, tratou de me indicar como exemplo às outras crianças. Era colocado em uma espécie de cadeirinha de honra, de onde lia trechos de cartilha para colegas aborrecidos ou embasbacados. Tratava-se, no fundo, de uma tarefa fácil. Como frases do tipo "Ivo viu a uva" ou "O cavalo é egoísta" podiam se comparar, em complexidade, com os editoriais maciços do jornal dos Mesquita?

Em conseqüência do meu adiantamento, fui promovido à Escolinha, passando a freqüentar classes de meninos mais velhos do que eu. O destaque no jardim-de-infância, a rápida promoção me envaideciam, mas fizeram mais mal do que bem, servindo para acentuar a dificuldade de integração que constituía um de meus problemas centrais.

Apesar das diferenças entre o jardim-de-infância e a Escolinha, esta mantinha ainda um ar doméstico. A professora única estabelecia um contato diário com os alunos e se abria às suas dificuldades. Mesmo a diretora, de origem americana ou canadense, de rosto fechado como convém a uma diretora, deixava transparecer que era pastora de um rebanho infantil.

Alguns jogos estimulantes da competição eram particularmente atraentes. Uma das professoras, bem apreendendo as atrações dos meninos, dividiu a classe em dois grupos: o do Ford de um lado, o do Chevrolet de outro. Para quem brincara de "Ford ou Chevrolet", espiando pelo portão da casa da rua Maria Antônia, a brincadeira era perfeita. No caso, cada grupo era proprietário de um veículo de papel, recortado de anúncios de jornal e espetado ao longo da moldura superior do quadro-negro — ou, melhor dizendo, da pedra, pois o quadro podia ser verde — que corria pelas duas paredes mais longas da classe. A cada vitória de um grupo, respondendo corretamente questões da professora ou do grupo adversário, correspondia um avanço na posição do respectivo carro. Ganhava quem, ao longo dos deslocamentos que se estendiam pelos meses afora, chegava a um ponto final situado na interseção entre duas paredes. Quando a meninada entrava na classe, no início das aulas, o primeiro olhar se fixava no ponto em que o carro de seu grupo se situava e logo vinha o desejo de avançar ainda mais ou de melhorar a colocação.

Uma atração pessoal da escolinha eram as redações. A professora colocava diante da classe um rolo de cenas diversas, assentadas em um cavalete. Havia dois conjuntos distintos: o natural, que abrangia paisagens e naturezas-mortas, e o dos quadros históricos. Estes excitavam a minha imaginação: canhões troando, nuvens avermelhadas no céu, navios avançando, outros indo a pique; ou então cavalos relinchando, sob o pulso dominador dos soldados, feridos espalhados pelo chão, negros e índios ao lado dos portugueses, holandeses espavoridos, mal-ajambrados para a vida nos trópicos. A batalha do Riachuelo ou a batalha dos Guararapes, passado o impacto inicial, eram enquadradas em uma descrição que, invariavelmente, começava mais ou menos assim: "Ao fundo, onde as nuvens se atufam no horizonte, vê-se uma destemida figura" etc. etc.

A aferição do rendimento escolar, da freqüência e do comportamento, penosa para a maioria dos alunos, está associada, na minha lembrança, a um sentimento de agradável expectativa. A aferição vinha expressa em um boletim de cartolina, onde existiam as colunas "tarde vezes", "ausente vezes" e onde se atribuíam notas para duas disciplinas genéricas: aplicação e comportamento. Além disso, havia as disciplinas específicas — aritmética, leitura, caligrafia, geografia, linguagem, desenho, inglês

211

e trabalhos manuais. O boletim tinha um "campo celeste"; nele, dependendo do nível geral das notas, a secretaria colava uma estrela brilhante, de ouro ou de prata, conforme o caso, ou deixava um espaço vazio. Como eu obtinha boas notas, sempre ganhava estrelas e, assim, no fim do ano, passava os olhos satisfeito pela constelação dourada do meu firmamento escolar.

Se o curso de admissão deveria preparar os alunos para alguma coisa, seria para a passagem da atmosfera maternal ao mundo dos confrontos. O diretor do ginásio era uma figura temida, que quase sempre víamos à distância. Ir parar na diretoria por razões disciplinares constituía uma ameaça terrível, sobretudo se o aluno tinha de enfrentar o olho vivo e a voz rouca do diretor. Prova da sua capacidade de penetração na vida dos alunos era seu apelido, em duas versões: "Pistolinha", na carinhosa; "Pica", na versão pornô.

Em vez da professora única, sucediam-se no ginásio várias figuras, ao longo das horas, com predominância masculina. Um conselho comum naqueles tempos, que os professores mais velhos davam aos colegas iniciantes, se resumia na frase: "Não entre na sala de aula sorrindo porque você sai chorando". Havia boas razões para o conselho. Quando um professor entrava na sala de uma turma nova, carregava consigo o "boletim de antecedentes", a imagem que os alunos tinham dele antecipadamente, através da informação dos colegas mais velhos. Fugir da expectativa, envolta em apreciações acerca da capacidade de conter ou não a classe, era quase impossível. Os professores não tinham espaço para novas manobras, entrando na batalha vencedores ou derrotados de antemão. Os estreantes eram para os alunos o centro de maior interesse. Ao longo das aulas, sofriam seguidas provocações e do seu desempenho decorria uma imagem neles estampada para sempre.

Havia também um enorme interesse em se conhecer algo da vida privada daqueles homens e mulheres que desfilavam diante de nós. Para além da máscara de ator — condição indispensável da sobrevivência como mestres —, teriam algum tipo de vida

212

pessoal? Contar que se tinha visto algum professor na rua, mais ainda dentro de um cinema, era um tema especial de interesse nas conversas de segunda-feira.

Alguns alunos pagavam pelo crime de ter surpreendido professores em situação incômoda. Uma das professoras de português, de meia-idade, muito empoada, ostentando belos e abundantes cabelos, foi a causa da expulsão de um colega. Quem iria acreditar na desculpa esfarrapada de que ele pedira voluntariamente transferência para outro colégio? Embora nunca tivéssemos conseguido ouvir o depoimento de Aguinaldo, sabíamos o que acontecera. Com faro de bom detetive, o colega vinha seguindo a professora para confirmar uma forte suspeita. Um dia, quando a aula terminara, voltou à classe, com o pretexto de buscar um objeto que esquecera na carteira. E teve a sorte de surpreender a professora sem os belos e abundantes cabelos, com a calva à mostra. A cena, mais grave do que se tivesse visto a professora sem roupa, valeu-lhe — ninguém duvidava — a expulsão.

Outro núcleo de interesse era a relação entre os professores, especialmente entre homens e mulheres. Um fragmento visual, colhido por um colega de olho esperto, fez furor no colégio. Uma das professoras de matemática tinha uma aparência de freira assexuada, que se reforçava pela ausência de busto: "era lisa como uma tábua". Tendo ido a uma aula particular ministrada pela professora, esse colega entreviu uma cena doméstica: um homem, de camisa de meia, como se dizia, fazendo a barba antes de começar o dia de trabalho. Quem era ele? Segundo garantia, tratava-se do fogoso sargento Jacó, descendente de árabe e professor de instrução pré-militar no colégio.

Por maior boa vontade que tenha, não consigo construir um relato edificante a respeito de minha atração pela história, a partir do incentivo de algum manual ou de algum professor. Joaquim Silva ou mesmo Rocha Pombo não encantavam ninguém. O mais conhecido professor de história era o Cabral, tido como descobridor do Brasil e inventor de um método revolucionário, pelo qual convertia instituições, processos sociais, ações individuais

213

em uma apertada realidade espacial. Sua técnica consistia em passar aos alunos exercícios de perguntas e respostas, a partir de um caderno que condensava toda a sua ciência. A cada pergunta correspondia um determinado número de linhas reservadas para a resposta. A quantidade delas indicava a importância do fato histórico envolvido na pergunta. Mas nada de respostas longas: o leque variava entre uma e no máximo cinco linhas. Além disso, Cabral não admitia variações nas respostas que considerava certas. Por exemplo, se perguntava "Que fato relevante ocorreu em 13 de maio de 1888?", a resposta "o fim da escravidão" estava errada. Fiel antes de mais nada àquela resposta que concebera, temeroso de desbordamentos que o obrigariam a pensar e, quem sabe, antiescravista indignado, Cabral retificava, com sua voz fanhosa e irritada: "Não responda assim. O que ocorreu em 13 de maio foi o fim da nefanda instituição do cativeiro".

Os alunos planejavam subtrair o caderno cabralino ou, mais sutilmente, riscar perguntas-chave, das quais derivavam outras, em seqüência. Isso forçaria o professor a nos propor questões enigmáticas do tipo: "Que sucedeu então? E que mais?", pairando no ar.

D. Edméia era professora de matemática e às vezes tapava buraco na história. Neste último caso, não revelava nada de especial. De um lado, tinha consciência de seu raso saber histórico e, de outro, sentia-se fazendo um favor. Limitava-se a ler o livro de Joaquim Silva, enfatizando, quando muito, os títulos. Um deles me sensibilizou: "Açoca e o budismo". Como teria sido esse Açoca? Gente como nós, ou um daqueles personagens sentados de pernas cruzadas, braços e pernas múltiplos? Resolvi homenagear o Açoca, batizando com seu nome um dos zagueiros de meu time de bolinhas de gude. Desse modo, o Açoca budista se converteu em um avantajado beque de espera, de cor acobreada.

Se a história não tinha atrativos para d. Edméia, nas aulas de matemática ela se transformava. No comando de um exército de Brancaleone, lançava o grito de guerra: "Fatorar!". O exército se movia, as primeiras fileiras avançando, enquanto as últimas —

214

entre as quais me encontrava — iam ficando lastimosamente para trás, sob o olhar implacável da comandante.

Havia também um componente masoquista em seu comportamento, que se revelava por ocasião da visita do inspetor escolar. O inspetor era um tipo míope, de cara fechada, sulcada pelas rugas, cabelos negros espessos insistindo em cair sobre os óculos. Apesar da aparência mais ou menos lastimável, a presença do inspetor provocava uma crise na forma como os alunos concebiam a estrutura hierárquica do colégio: quem era mais importante, ele ou o "Pistolinha"?

Quando o inspetor entrava na classe de d. Edméia, ela tratava de dar uma demonstração às avessas das virtudes dos alunos. Escolhia qualquer um dentre nós para resolver um exercício complicado. Fosse quem fosse, no clima de tensão que se instalava, o resultado desastroso era previsível. Triunfante, a professora sublinhava: "E esse ainda é dos melhores".

Mas não se pense que fosse desfavorável a opinião que os alunos tinham sobre d. Edméia. De quando em quando, ela demonstrava um conhecimento inusitado e de grande valia; por exemplo, riscava um traço no quadro-negro e perguntava algo sobre sua direção. Diante do silêncio, concluía triunfante, com uma pergunta arrasadora: "Então vocês nunca ouviram falar em diagonal no futebol?".

Além disso, d. Edméia tinha uma invejável capacidade de percepção. Voltada para o quadro-negro onde, além das diagonais, rabiscava indecifráveis fórmulas algébricas, era capaz de detectar os menores movimentos da classe, sem se virar. A razão desse prodígio era simples: a professora tinha a virtude miraculosa de enxergar por aquela parte que Paisico chamava de "olho do português".

O Mackenzie contava com alguns professores-chave, havia anos na instituição, que garantiam a continuidade do ensino. Entretanto, em certas áreas, os professores não se firmavam e ocorriam lastimosas experiências. Não sei como era recrutada essa gente, mas imagino que o recrutamento se dava por afir-

215

mação do candidato. "O senhor é professor de francês?" "Sou", e lá ia o homem enfrentar e, ao mesmo tempo, martirizar uma classe. O exemplo se refere ao francês não por acaso. Só havia uma boa professora de francês no colégio. Ela nos ensinava o idioma utilizando um livro que narrava uma história edificante da França, a partir do título: *France glorieuse*. Dentre os demais, quase esquecidos em conseqüência da mediocridade e do alto grau de rotatividade, lembro-me de um cavalheiro de terno escuro e olhar triste. Certa vez, ajudava os alunos a traduzir uma frase quando perguntou: "Que significa essa palavra *maintenant*?". Um pouco por piada, um pouco por ignorância, respondi: "Mantimento". Até hoje, pela reação comedida do mestre, acho que ele ficou na dúvida.

Na luta travada entre professor e aluno, um alvo preferido era atingir o primeiro naquilo que deveria ser um dos pontos básicos da sua superioridade: o conhecimento. Como me julgava muito sabido, tratava de acertar um golpe nessa área. Bento Prado — pai do filósofo —, excelente professor de latim, nos havia ensinado que em latim não existiam palavras oxítonas (dessa carência devem ter se vingado os frutos lingüísticos do Lácio, especialmente o francês). Respondíamos a chamada, para registrar a freqüência, com uma palavra latina, acentuando fortemente a tônica: *adsúm*. Pensei ter pego o professor no pulo: "O senhor diz que em latim não existem palavras oxítonas e no entanto...". Condescendente, Bento me respondeu: "Não é *adsúm*, é *ádsum*, pense duas vezes antes de falar". Bom conselho, que até hoje não consigo seguir.

Em memórias do tempo de escola, há quem se lembre de figuras eruditas, de demonstrações brilhantes de conhecimento. Eu me lembro sobretudo de professores que, tendo de enfrentar uma rotina difícil, marcada pela agressividade de adolescentes, conseguiam manter o bom humor. Um deles era o latinista Stevanoni, italiano de meia-idade, austero, meio perdido naquela escola que abrigava, em sua maioria, filhos de comerciantes futuros candidatos ao curso de engenharia. No primeiro ano do colegial olhava com tristeza o parco número de alunos sentados no denominado "banco dos clássicos", a quem dedicava especial atenção.

Em certa ocasião, um desafeto — que ninguém duvidava ser um aluno reprovado — fez publicar nos jornais a notícia da morte de Stevanoni. Tendo lido bem cedo o jornal da manhã, Stevanoni postou-se de perfil, junto à janela do pavimento superior do sobrado em que morava, bem visível da rua. O "fantasma" transformou a agressão em divertimento, pois passou o dia gozando o espanto que sua imagem provocava nos compungidos visitantes.

Outro italiano que se destacava pelo lado do humor e da ironia era Rigoletto Mattei, professor de desenho ornamental. A matéria constituía um dos meus problemas. A muito custo, conseguia traçar aqueles capitéis, aquelas colunas dóricas ou jônicas. Era preciso ainda lhes dar cor, a cor cinzenta com tons prateados, que vinha do grafite do lápis. Para tanto, raspava-se cuidadosamente o grafite, a seguir acumulado em um mata-borrão. Depois, "com engenho e arte" — como dizia o Mattei admirador de Camões —, passava-se o mata-borrão nas colunas, sem exagerar no grafite. Eu não tinha nem engenho, nem arte; carregava na dose e borrava o desenho, traçado penosamente.

Diante do risco iminente de ser justamente reprovado, meu pai foi à casa de Mattei, "apelar para ele", como costumava dizer quando dependia da decisão de alguém com maior poder do que ele. Utilizou o método comparativo, mostrando que o filho era ótimo aluno, mas não tinha vocação para o desenho. O argumento convenceu o compreensivo professor, que me deu a nota mínima para passar de ano. Pedir mais seria impossível.

Mattei resolvia bem os problemas com os alunos irrequietos ou desatentos. Quem costumava levantar-se de repente da carteira e percorria as fileiras, dando uma olhada nos trabalhos dos colegas, era "fiscal". Quanto aos sonolentos, havia um — Domingos — que era o alvo principal de sua atenção, no começo da semana. Mal ele começava a desligar, vinha a observação: "Domingo, hoje é segunda-feira".

217

Próximo a Mattei pela origem italiana, pela matéria leciona-da e pelo humor, situava-se seu Ferrigno, professor de desenho, ou melhor, o professor Ferrigno, como ele corrigia com dignidade. O professor Ferrigno se utilizava de um acordo secreto com o tempo para amenizar a aula. Com isso, conseguira estabelecer uma ponte com os alunos. Lá pelas tantas, alguém se ajeitava na carteira e perguntava: "Seu Ferrigno, que horas são?", ou, mais diretamente, "Seu Ferrigno, quanto falta para acabar a aula?". O professor Ferrigno olhava para a janela, perscrutava um sol real ou imaginário descendo na linha do horizonte e respondia, dando a hora, os minutos e às vezes, em dias de especial inspiração, até os segundos. Quase nenhum de nós tinha relógio e assim ficava difícil contestá-lo. Se alguém mais atrevido e mais instrumentado tentava corrigi-lo, era repelido de saída. Como ousava enfrentar o leitor do tempo com um mísero reloginho de pulso? Tudo isso parecia apressar o toque estridente e alegre do fim da aula, que vinha libertar o professor Ferrigno e os alunos de uma penosa obrigação.

7

FINAL DA HISTÓRIA

PRISÃO E LIBERDADE: O COLÉGIO SÃO BENTO

Terminado o ginásio, meu ingresso no curso clássico acentuou a percepção de que seguia um caminho marginal no Mackenzie. Ninguém se interessava pelas chamadas humanidades e o fato de que minha classe fosse composta esmagadoramente de meninas, sem rumo profissional claro, aumentava ainda mais minha sensação de estar perdendo tempo. Uma conversa aqui, outra ali me levaram à conclusão de que deveria ir para o São Bento, onde os beneditinos valorizavam a cultura humanística. Meu pai — sempre disposto a me atender e a escandalizar os parentes — concordou com a idéia, reforçada pelo conselho de um amigo seu negociante de café e membro de uma tradicional família paulista.

Mal conhecendo o prédio do colégio São Bento, sem contato com qualquer de seus alunos, em princípios de 1947, atravessei, pela primeira vez, os portões da instituição, no centro da cidade. Que imenso susto! Logo à entrada, um bedel fardado, olhos perscrutadores de policial, um chaveiro de incontáveis chaves nas mãos, vigiava a entrada dos alunos. Os longos corredores recusavam a entrada do sol; os crucifixos multiplicados nas classes pareciam me responsabilizar pela morte do homem, ou do deus, ali transfixado. O espaço interno, por onde se entrava atravessando um pesado portão de ferro que ocultava a visão da rua,

219

era constituído de uma área em parte cimentada e em parte de terra batida. Esse espaço tinha funções de recreio e de praça de esportes. Que contraste com os edifícios ensolarados do Mackenzie, com suas salas desprovidas de imagens e sobretudo com a imensidão das áreas livres, especialmente do campo de futebol. Visto do recreio do São Bento, o campo do Mackenzie se transfigurara, parecia coberto de grama perfeita, estádio de Wembley plantado em Higienópolis.

Além do controle da entrada e da saída, havia um sistema incompreensível de castigos e recompensas. Os alunos do colegial eram dispensados de copiar, centenas de vezes, frases corretivas do comportamento. Mas, em certas ocasiões, ficávamos retidos no colégio, após as aulas, expiando coletivamente o crime praticado por algum colega que nos recusávamos a delatar.

Para minorar as penas, existia o sistema de "pontos bons", materializado em uns cartõezinhos que os alunos recebiam com naturalidade e que me pareciam saídos da mente de um membro do Concílio de Trento. Os "pontos bons" podiam ser obtidos por comportamento adequado, como também por uma forma incompreensível para a minha cabeça que começava a tomar uma dimensão cartesiana. Eram os "pontos" alcançados em comemoração ao Dia do Papa, ao aniversário do colégio, do padre-prefeito etc. etc. O único exemplo que até então conhecia da falta de correlação entre medida compensatória ou punitiva e a natureza de um ato vinha de uma ameaça jamais concretizada do professor de música do Mackenzie: "Fica quieto, menino, senão te dou dois zeros e duas faltas".

Por outro lado, existia toda uma hierarquia eclesiástica e de postos dirigentes no colégio que me soava estranha: o abade na cúpula, os padres na base, o padre-prefeito; como prefeito, se aquilo não era uma cidade?

Nos anos 40, o colégio São Bento já entrara em progressiva decadência. Por falta de renovação de métodos e sobretudo pela insistência em permanecer no centro da cidade, ia deixando de ser um dos principais colégios de elite. Suplantado por um velho rival — o São Luís —, iria ficar em posição de visível desvantagem com relação ao Santo Américo, ao Santa Cruz, colégios religiosos mais abertos, contando com amplos edifícios e espaços ajardinados. Tenho a impressão de que a população do São Bento, no meu tempo, não era muito diferente da do Mackenzie, em termos de origem social e até certo ponto de diversidade étnica. Havia, porém, diferenças no plano dos valores: o São Bento era um colégio masculino que se caracterizava por uma forte homogeneidade conservadora derivada do fato de que todos os alunos provinham de famílias católicas.

Tratei de sair daquela penitenciária o mais rápido possível. Fui ao Mackenzie desfiar um *mea culpa* e reivindicar a volta, na pior das hipóteses no meio do ano, invocando a qualidade de mackenzista por mais de dez anos. Recebido com frieza, deixei meu nome inscrito como um candidato qualquer e percebi como era verdadeira a frase proferida pelos professores, quando passávamos do limite: "Cuidado, o Mackenzie não precisa de aluno".

Dois meses depois dessa ida humilhante a meu antigo colégio, tinha me esquecido completamente do pedido de retorno e nunca mais lá voltei. Como e por que a penitenciária abatera suas grades e se convertera em um espaço de liberdade? A resposta básica é que acabei encontrando no São Bento a afinidade com colegas que me faltava, principalmente através do gosto pela literatura. Ao mesmo tempo, recebi dos beneditinos incentivos intelectuais, na proporção inversa do que ocorria no Mackenzie. Pouco a pouco, apesar de um transferido ser visto com desconfiança, fui me tornando prata da casa, boa prata, embora rebelde. Acho até que os padres gostavam de contar no seu rebanho com uma minoria não de ovelhas negras, mas de ovelhas inconformadas.

A entrada de um jovem judeu, ainda que não praticante, em um colégio católico trazia dificuldades para ambas as partes. Em primeiro lugar, havia o problema do batismo, contornado pelos "apelos" de meu pai. Ele foi ao padre-prefeito, que por essa época se inclinava a posições liberais, e conseguiu convencê-lo a dispensar a exigência, acentuando que eu queria muito ingressar no colégio, porém não estava disposto a fazer nenhum ato de contrição. Outro obstáculo religioso a ser vencido era o da obrigatoriedade de assistir à santa missa aos domingos. Felizmente, os alunos do colegial eram dispensados de ir ao colégio para cumprir a prescrição religiosa, podendo comparecer a qualquer igreja da cidade. Comecei indo a uma igreja perto de casa, no final da missa. Esperava a saída dos fiéis endomingados e ia à sacristia, onde pedia ao oficiante que assinasse minha caderneta escolar com a prova do dever cumprido: "Compareceu à santa missa". Aquilo era uma falsidade desagradável, não porque fosse falsidade, mas porque cortava meu domingo e, além disso, me obrigava a sair bem-arrumado, coisa que detestava particularmente.

As musas vieram então em meu socorro. O rapaz que controlava a freqüência à obrigação dominical era um mulato tímido, de voz mansa, perdidamente enamorado por uma presumível beldade do Tucuruvi. O advérbio pode ser banal, mas é o que melhor exprime os sentimentos do Manoel. Para encantar a amada, ele escrevia uns versos românticos, de pé-quebrado, que não produziam nenhum efeito, pois a bela não se deixava seduzir por aquelas estrofes cheias de arestas, pelas rimas forçadas e imagens sem imaginação.

Manoel me pediu socorro, o que me levou a engendrar um plano franciscano. Apararia os versos do vate apaixonado e, em troca, ele não exageraria na verificação da minha presença à missa. O acordo foi tácito — nunca falamos sobre o assunto —, mas funcionou perfeitamente. Os poemas do Manoel melhoraram, pois eu me esforçava em escrever sonetos convencionais bem-acabados, copiando imagens do repertório romântico, apesar das minhas veleidades modernistas. A amada — se entendia algo dessas coisas — deve ter ficado agradavelmente surpreendida com o aperfeiçoamento do estro manoelino. Quem sabe até imaginou que o progresso fosse conseqüência de suas qualidades de musa inspiradora.

Da minha parte, liberei-me do aborrecimento dominical. Nos domingos à noite, empregava, a princípio, alguns minutos imitando a assinatura de algum padre. Depois, ganhando confiança, passei a me divertir, inventando nomes que sempre foram tidos por bons e verdadeiros. Se alguém me dissesse que, ao praticar aqueles atos, incidia em um artigo do Código Penal, eu poderia sair pela tangente e dizer que o crime está hoje prescrito. Mais do que isso, argüiria a justificativa da legítima defesa e estou certo de que, pelo menos nas mãos de um juiz protestante, conseguiria a absolvição.

Tratei de fugir às poucas obrigações religiosas que os alunos deviam cumprir no colégio, tendo conseguido muitas vezes evitar a mais penosa delas: a confissão. Mas uma manhã, chegando ao colégio depois de tomar em casa o café reforçado pelo prato de aveia que me acompanha desde criança, caí numa cilada. Por alguma razão solene, a classe deveria assistir à missa e comungar. Não havia como fugir. Fiquei olhando aquelas figuras compungidas, de mãos postas, em diálogo direto com o divino, que retornavam do ato litúrgico, e me preparei para o pior. Avancei pelo corredor, me ajoelhei sob protesto mental e engoli o biscoito da maneira mais trivial possível. Apesar de tentar manter a racionalidade, confesso que, por alguns dias, senti uma vaga inquietação, como se algum castigo dos céus pudesse desabar sobre a minha cabeça, me punindo pelo "pecado" cometido. Não sei se essa sensação provinha da atmosfera religiosa do colégio, que de qualquer forma grudava nas almas, ou de um terror atávico. Afinal de contas, por muito menos, algum ascendente deve ter morrido nas fogueiras da Inquisição.

Uma coincidência permitiu que os poucos anos de São Bento — dois ao todo — se convertessem em um período especialmente feliz. Foi o encontro com dois antigos e respeitados alunos do colégio, os irmãos Campos — Augusto, colega de classe, e Haroldo, dois anos à frente. Naquela época, meu entusiasmo pela literatura estava no auge. Lia toda ficção e poesia brasileira que me caísse nas mãos, sem critério seletivo, sonhando em converter-me em bom escritor e sobretudo em bom poeta. Os Campos andavam pela mesma trilha que, como se sabe, iriam continuar a percorrer com grande êxito, ao longo da vida.

Eu descobrira que românticos, parnasianos e até simbolistas eram coisa do passado e que havia uma poesia livre, ousada, extremamente sedutora. A vanguarda artística explodira em 1922; um menino sem preceptores ouvia o estrondo em 1947. Numa tarde, folheando os volumes de uma livraria da avenida São João, dei com um livro de capa vermelha que me causaria um enorme impacto: *Poesia até agora*, de um certo Carlos Drummond de Andrade.

Comprei o livro e me encantei com as diferentes fases da poesia de Drummond. Olhando de trás para diante, ali estavam os poemas engajados, da breve fase de fim da guerra e de namoros com o PC, do gênero "Com o russo em Berlim". Ali estavam os poemas mais antigos, o insólito "Dentaduras duplas" e o hoje arquiconhecido "No meio do caminho".

Tornei-me o "arauto" de Drummond no São Bento, não só diante dos ignaros, mas diante dos já respeitáveis irmãos Campos. Com a paixão da primeira juventude, Drummond, sob meu "patrocínio", terçou armas com o então poeta preferido dos Campos, o verde-amarelista Cassiano Ricardo. Quase não é preciso dizer que Drummond ganhou a parada, pois os Campos — que entendiam do ramo — logo reconheceram sua superioridade e me deram créditos por isso.

A poesia de Drummond, especialmente "No meio do caminho", foi minha bandeira de rebeldia e da afirmação de uma superioridade intelectual que incidia no pecado do orgulho. O núcleo de encontro da "vanguarda" do colégio era o Centro Literário de São Bento, entidade já existente, mas que os meus contemporâneos souberam dinamizar. Assumi a direção do paralisado jornalzinho do grêmio e o relancei, com poemas de Drummond e um editorial intitulado "Me apresentando". A próclise fez furor no colégio; um dos professores de português me recriminou por não dar o bom exemplo e por incentivar os ignorantes da língua a permanecer ignorantes para sempre.

Com o apoio dos padres, que nos abriam as portas do colégio, nós — ou seja, a auto-intitulada vanguarda — nos reuníamos aos sábados à tarde, quando o colégio, imerso no silêncio, parecia nos pertencer. Aquele era um momento precioso, em que contribuímos para decidir os destinos da literatura e, por vezes, os rumos da política nacional.

Nesse último campo, depois de sonhar com o entendimento entre a UDN e o PC, perdi a simpatia pelos dois. A UDN optara por uma linha marcadamente de elite; o PC afundava cada vez mais nas alianças sem princípios com Cyrillo Júnior, com Adhemar de Barros, que pretendia purificadas pela sua simples presença como "partido portador da verdade histórica". Felizmente, abandonei a mitologia prestista, embora fosse aderindo a outras. Passei a detestar o culto da personalidade de Prestes, de quem sempre tive má impressão nas raras ocasiões em que o vi. Se o herói da Coluna, o Cavaleiro da Esperança tivesse tomado o poder, teria promovido um banho de sangue, não sem antes instalar uma "justiça popular e revolucionária".

Como social-democrata em embrião, antes de tomar o rumo de posturas radicais, me manifestei contra o fechamento do PC, em uma memorável reunião do grêmio. As opções políticas dos freqüentadores do Centro Literário de São Bento abrangiam um espectro amplo: se não existiam comunistas, havia liberais, socialistas e um representante do integralismo — José Feliciano — que cumpria o indispensável papel de representante do mal. A única coisa que o tornava repulsivo a meus olhos eram as frases estereotipadas sobre os males causados pelo judaísmo e pela finança internacional (será que ele sabia com quem estava falando?).

Na acalorada discussão sobre o fechamento do PC, José Feliciano — em posição francamente minoritária — conseguiu encaixar um golpe na maioria. Rubens Paiva — fogoso debatedor, que morreu cedo trucidado por carrascos do regime militar — foi à tribuna defender a moção de repúdio ao fechamento do partido. No auge do entusiasmo, lembrou que a imprensa internacional tomara posição nesse sentido. Foi mais longe, lendo em francês um trecho de um jornal. Estávamos encantados com o argumento de autoridade, quando Feliciano disparou: "Dá o nome desse jornal!". Pego em flagrante, Rubens respondeu, em tom quase inaudível: "*Le Drapeau Rouge*".

Apesar do escorregão, o Centro Literário de São Bento aprovou moção de repúdio ao fechamento do PC. Cada vez que me recordo desse episódio, não consigo impedir a infiltração de uma ponta de ironia, lembrando a história da manchete de um jornal de Alagoas: "Desprezando nossas advertências, as grandes potências européias iniciam uma conflagração mundial".

Quase dez anos depois de sair do São Bento, de passagem por Corumbá, fui procurar José Feliciano, cuja família era de lá. Consegui encontrá-lo e tivemos um rápido diálogo político: "Você ainda é cor-de-rosa?". Menti, dizendo que sim, com receio de estragar o reencontro se dissesse que tinha avançado no espectro do arco-íris, passando de cor-de-rosa a vermelho. E contra-ataquei: "Você continua integralista?". Um sorriso cético se desenhou no rosto do Feliciano: "Eu não, hoje sou udenista e principalmente criador de gado".

Dentre os professores do São Bento, pelo menos um se destacava. Tranqüillo Tranqüilli, figura irreverente apesar do nome. Ensinava latim e francês. Na visão dos alunos, era um mestre de assombrosa cultura, o que não era bem o caso, apesar de sua versatilidade inegável. Anticlerical às escondidas, tinha um aspecto compungido diante dos padres, a quem acusava de tentar roubar suas aulas de latim, para fazer economia e deixar um pobre professor às portas da miséria. Não obstante o físico frágil, ou talvez por causa disso, era militarista ferrenho e admirador de Napoleão. Quando a banda da Força Pública atacava um hino militar nos baixos do Anhangabaú e o vento ajudava a trazer os acordes, o professor Tranqüillo interrompia a aula e se perfilava, os olhinhos brilhantes brilhando ainda mais.

Gostava de recitar poemas militaristas de má qualidade em francês, com um sotaque carregado. Meu desamor ao militarismo e aos maus poemas deu origem a um pequeno incidente. No auge de um recitativo, intitulado "Marche à cheval au galop", cortei a escalada rumo ao êxtase: "O senhor vai me desculpar, mas isso é uma versalhada das piores". Desorientado por um breve momento, Tranqüillo reagiu: "Vejam todos que belo exemplo da inveja lívida dos críticos literários". A frase fez imenso sucesso e me acompanhou até os últimos tempos no colégio.

LIBERDADE E PRISÃO: ARCADAS

Eu tinha feito a escolha do curso universitário que iria freqüentar, logo ao entrar no colegial. O leque de escolha se reduzia a três possibilidades: a engenharia, com a qual não tinha a menor afinidade; a medicina, fora de cogitação pelo horror a cadáveres e incompatibilidade com efusões de sangue; e o direito. Quanto à Faculdade de Filosofia, não tinha sequer informação de sua existência. Por exclusão, já havia pois optado pelo direito, que não me parecia má escolha. Minha realização pessoal, segundo pensava, deveria seguir os caminhos da literatura ou da política. Pelas Arcadas tinham passado os poetas românticos e aquela tradição, modificada ao longo do tempo, deveria existir.

Por outro lado, a Faculdade de Direito estivera ligada às lutas pela Abolição, à revolução de 32, ao combate à ditadura getulista, e dela tinham saído, como continuavam saindo, muitos políticos de projeção nacional.

Haroldo, que ingressou na faculdade antes de mim e do irmão Augusto, nos transmitiu uma visão pessimista das Arcadas para que não sofrêssemos uma súbita decepção. Ao fazer o exame vestibular, acreditei que ele tinha exagerado. O exame era restrito a cada escola e abrangia, no ano de 1949, por volta de cem candidatos ao curso de direito. Havia, em primeiro lugar, as provas escritas e depois as orais, de português, latim e uma língua estrangeira (francês ou inglês). A barreira era o latim, não só pelo conteúdo da matéria, mas pela fama do latinista Alexandre Correia. Um erudito, de hábitos bem diferentes do conjunto dos professores, Alexandre vinha às vezes, de bicicleta, do bairro de Santo Amaro para a faculdade. Desleixado no vestir, colarinho da camisa e gravata amarrotados, notabilizava-se por calçar sapatos sem meia e por ser também um implacável argüidor.

No exame oral daquele ano de 1949, Alexandre já demolira uma fileira de letras *a*, quando, felizmente, um pouco antes de mim, chegou a vez de Augusto, excelente latinista que traduzia Ovídio com facilidade. Como Alexandre Correia era duro, mas não atrabiliário, Augusto saiu-se muito bem e a seqüência demolidora se interrompeu, desanuviando-se o clima de matadouro, ao chegar minha vez.

Meu interesse maior se concentrava na prova de português porque havia nela uma parte de literatura e eu entrevia a oportunidade de exibir meus dotes. Enquanto Alexandre Correia monopolizava o exame de latim, o de português ficava a cargo de dois professores, muito diferentes: o obscuro José Amazonas — que suponho não tinha parentesco com o dirigente do PC do B — e Sampaio Dória. Eu não conhecia Sampaio Dória pelas suas atividades mais relevantes, como secretário da Educação, responsável, nos anos 20, pela reforma do ensino em São Paulo. Mas me bastava a credencial de ser o autor de uma gramática inteligente, que fugia ao ranço de quase todas as outras.

A sorte me ajudou e me vi diante de Sampaio Dória, respondendo bem às questões até a parte da literatura. Minha ansiedade aumentara, pois sorteara o poeta simbolista Cruz e Sousa, o máximo que poderia pretender, mesmo porque o modernismo ainda não tinha sido autorizado a atravessar do Teatro Municipal ao largo de São Francisco. Depois de fazer perguntas sobre a vida e as características da obra do poeta, Sampaio Dória lançou a esperada pergunta: "O senhor conhece de cor alguma poesia de Cruz e Sousa?". Decorador de capitais de países, de letras alfabéticas, para demonstrar teoremas de geometria, como eu não iria saber? O final feliz é previsível e me dispenso de narrá-lo.

Ao entrar na faculdade, me dei conta de que, infelizmente, Haroldo não exagerara e até amenizara alguns traços negativos da "velha e sempre nova academia". Para começar, havia um trote brutal, liderado por alguns personagens sádicos cujos nomes me dispenso de lembrar, transformando os primeiros contatos com as Arcadas em semanas de terror. Que beleza de recepção, ter de ficar à espera com Augusto, na praça do Patriarca, até os amigos veteranos virem nos avisar que o terreno estava relativamente limpo ou, pelo contrário, que era melhor ir para casa, pois a atmosfera estava carregada de presságios.

De qualquer forma, a ameaça do pogrom contra os calouros passaria, permanecendo as decepções de longa duração. Não havia poetas na faculdade — alguém objetaria, não era missão da faculdade "formar poetas" —, a não ser uns dois ou três pobres eternos estudantes, viciados em álcool, que tentavam imitar Álvares de Azevedo, em uma cidade sem postigos e sem mantilhas. A Abolição, a revolução de 32 tinham ocorrido havia muito tempo e mesmo a recente resistência ao Estado Novo deixara poucos vestígios, a não ser um clima de forte antigetulismo, entre professores e alunos.

No fundo, à medida que a cidade se tornava socialmente mais complexa e o número de faculdades se expandia, a Faculdade de Direito perdia seu papel privilegiado de termômetro das manifestações sociais. A atividade política estudantil, por sua vez, era uma caricatura da política oligárquica paulista, com seus partidos personalistas, seus conchavos, suas panelinhas.

A entrada da faculdade, na minha época, não era vedada por nenhuma grade. Entrava-se e saía-se livremente, passando por baixo das arcadas, em direção ao pátio. A regra de obrigatoriedade de freqüência às aulas incomodava, mas existia o recurso — sempre em legítima defesa — de se comprar a freqüência, pagando cinco mil-réis ao bedel. No entanto, o espaço físico de liberdade era enganoso, como enganosa era, em sentido inverso, a penitenciária beneditina. Fim do pequeno grupo de eleitos, das discussões do Centro Literário de São Bento, da rebeldia bem recebida pelos padres.

Mas se isso não é outra história, como se costuma dizer, é uma história em que a memória começa a se aproximar do presente. E o presente para um historiador, por mais que se diga o contrário, é sempre um terreno pantanoso.

1ª EDIÇÃO [1997] 2 reimpressões
2ª EDIÇÃO [2011]

ESTA OBRA FOI COMPOSTA PELA HELVÉTICA DESENVOLVIMENTO
EDITORIAL EM TIMES E IMPRESSA PELA GEOGRÁFICA EM OFSETE
SOBRE PAPEL PÓLEN SOFT DA SUZANO PAPEL E CELULOSE PARA A
EDITORA SCHWARCZ EM DEZEMBRO DE 2011